elefante

conselho editorial
Bianca Oliveira
João Peres
Tadeu Breda

edição
Tadeu Breda

assistência de edição
Natalia Engler

preparação
Daniela Fernandes Alarcon

revisão
Tomoe Moroizumi
Adriana Moreira Pedro

capa
Sidney Schunck

diagramação
Fernando Zanardo
Daniela Miwa Taira

direção de arte & projeto gráfico
Bianca Oliveira

Felipe Milanez

Lutar com a floresta
—

Uma ecologia
política do martírio
em defesa da
Amazônia

Para Claudelice Santos,
José Batista Afonso e
Laisa Sampaio

Luta que, pela finalidade que lhe derem os oprimidos, será um ato de amor, com o qual se oporão ao desamor contido na violência dos opressores.

— Paulo Freire,
Pedagogia do oprimido

Prefácio
Contar o outro Antropoceno
Stefania Barca **13**

Introdução
Documentando a *coragem* e o *martírio* 21

Sobre a pesquisa 33

1 Luta e ousadia 39

Trajetória extrativista **44**
O risco do ambientalismo popular **50**
A coragem feminina **61**
Ética e transformação do mundo **71**
Contra-pedagogia da escravidão **78**

2 Espaço de terror e de insurgências 95

Memórias das guerras **97**
Movimento sindical e guerrilha **108**
Extrativismo da castanha
como luta de classe **112**

3 Conquista e colonialidade da natureza 127

Crescimento e mito civilizatório **140**
O cerco do capital e a apropriação de um território **153**
O capital no solo: agronegócio neoextrativista **156**

4 Injustiça, violência e a política da morte 165

O crime **170**
A repercussão do crime **175**
Garantia jurídica da impunidade **183**
Aqueles que devem morrer **200**

5 Por suas próprias vozes: as entrevistas com José Cláudio e Maria 209

José Cláudio Ribeiro da Silva **209**
Maria do Espírito Santo da Silva **260**

Referências 293

Sobre o autor 301

Prefácio

Contar o outro Antropoceno

No meio do grande coro das obras que vêm nos falando de Antropoceno — a época da destruição da biosfera por parte da Humanidade —, este livro faz parte daquele essencial contracanto que nos conta uma história meio escondida, mas muito resiliente e resistente, de cuidado com a biosfera, de luta para realizar uma outra Humanidade (nas palavras de Chico Mendes) e, com ela, uma outra época. Essa luta, como sabemos, teve um dos seus epicentros globais na Amazônia, e não apenas no Acre, onde o movimento extrativista nasceu e de onde se espalhou por todo o Brasil, mas também no sul do Pará — e justamente na região de Nova Ipixuna, naquele primeiro Projeto Agroextrativista (PAE) castanheiro fundado em 1997 por Maria do Espírito Santo da Silva e José Cláudio Ribeiro da Silva, junto com outros e outras.

Este livro nos mostra os e as extrativistas como "verdadeiros ambientalistas" — ou seja, nas palavras de Zé Cláudio, os que não vendem (e não se vendem) ao capital. Mas também, ao contar a história dos movimentos que geraram o extrativismo, *Lutar com a floresta* mostra como estes integram uma classe trabalhadora que cuida dos sistemas terrestres em uma relação de interdependência. Essa é a classe trabalhadora da qual a narrativa do Antropoceno não fala, mas que representa aquela verdadeira humanidade que era o objetivo de Chico Mendes, a ser realizado por meio da instituição das Reservas Extrativistas (Resex).

Desde a morte do líder acreano, os e as extrativistas da Amazônia têm cuidado da floresta, protegendo-a do impacto destrutivo da mineração e do desenvolvimento industrial e garantindo a regeneração do solo, das plantas, da água e da biodiversidade. Suas vidas e trabalhos foram e continuam sendo decisivos para *desacelerar* a degradação dos sistemas terrestres na era da "grande aceleração". Ao mesmo tempo, seu trabalho foi violentamente combatido e sua própria existência, ameaçada por aquelas forças da sociedade brasileira que os veem como obstáculos ao crescimento do PIB. Contudo, sua história ainda está ausente das narrativas do Antropoceno e sua voz não é ouvida nas políticas ambientais e climáticas globais.

O PAE Praialta Piranheira representava uma forma nova de assentamento, unindo de modo orgânico e inovador a reforma agrária e a conservação da floresta, enquanto resultado de uma convergência histórica das lutas de movimento sociais e ecologistas. Sendo assim, Praialta representava também um sonho, no sentido de possibilidade concreta de realizar uma potencialidade, um "ainda não" que começava a fazer-se presente: esse era *o sonho de Maria*. Nas palavras da própria, das quais o autor se tornou guardião fiel e "falador" ao longo da década passada, tratava-se de "um sonho coletivo de ver [...] estas quase quatrocentas famílias [que vivem no PAE] [...] agregando valor em sua renda com o extrativismo" (p. 267). Era um sonho mais-que-humano, que envolvia da mesma forma os castanheiros e as castanheiras e ainda o castanhal como seres interligados, que em conjunto realizariam as potencialidades das suas vidas. Os primeiros porque a castanha era a fonte de sua alimentação material e cultural e possibilidade de desenvolvimento autônomo; o segundo porque, sem os/as castanheiros/as, ele teria sido sacrificado à "pata do boi", como nos lembra o autor, acabando em madeira morta e carvão.

Como explica Milanez na introdução, este livro pretende (e, a meu ver, consegue) ser muito mais do que a biografia de um casal de ambientalistas martirizados por terem se oposto ao avanço da destruição na Amazônia. O livro que você tem em suas mãos *é*, de certa forma, o casal, no sentido de que reflete a voz, a experiência, o pensamento de Zé Cláudio e Maria, espalhando-os no espaço e no tempo: do lote onde ele e ela viviam e onde contaram suas histórias num dia de outubro de 2010, a todo o Brasil, e além. Hoje e, estou certa, por muito tempo no futuro. Sua história — falada pelo pesquisador que os conheceu, mas também por eles próprios (no último capítulo, bem como no filme *Toxic Amazon*) — resiste e atua contra aquela compressão do tempo e do espaço que Milanez refere como caraterística fundamental do capitalismo colonial, premissa necessária para a acumulação de renda e causa principal da destruição de diversidade biocultural.

Contar esta história, que não é apenas individual, mas coletiva, e não apenas humana, mas mais-que-humana (pois envolve a castanheira como um ser vivo), torna-se uma forma de *desfazer o Antropoceno*. Isto porque — como argumento em meu livro *Forces of Reproduction* [Forças da reprodução] (2020), inspirado na história de Maria e Zé Cláudio — toda a vida, a luta e o trabalho do casal foram dedicados a desfazer os processos que fundamentaram o Antropoceno, tornando-se invisíveis e normalizados por sua narrativa: a opressão de classe, de raça, de gênero e de espécie. Essa complexidade e riqueza do engajamento deles com o mundo explica, para mim, não apenas o martírio (final triste de uma luta que para ele e ela *valia a pena*), mas sobretudo a potência e relevância dessa história ao longo dos anos, e por todo o mundo.

Stefania Barca é pesquisadora na
Universidade de Santiago de Compostela.

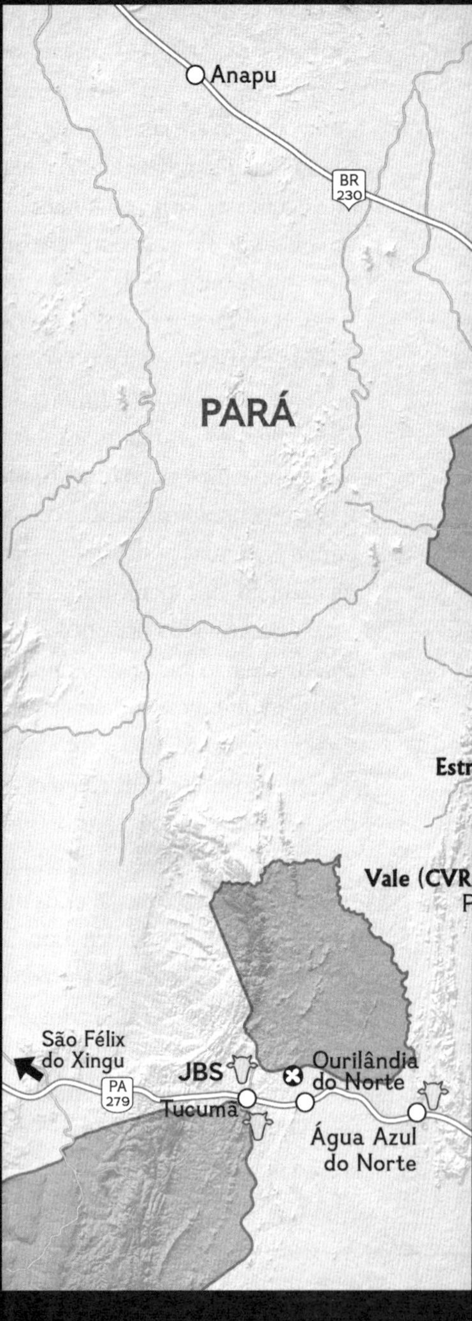

Imagem 1: Sudeste do Pará, com destaque para os projetos econômicos extrativistas citados.

Fontes: Instituto Brasileiro de Geografia e Estatística (IBGE), Amigos da Terra (2013) e pesquisas do autor (Elaboração: L. F. Martini).

Imagem 2: Sudeste do Pará, com referências a eventos históricos de violência na região.

Fontes: Instituto Brasileiro de Geografia e Estatística (IBGE), Amigos da Terra (2013) e pesquisas do autor (Elaboração: L. F. Martini).

Introdução

Documentando a coragem e o *martírio*

Ideias mudam vidas, mobilizam lutas. Com as palavras do casal José Cláudio Ribeiro da Silva e Maria do Espírito Santo da Silva, aprendi sobre as relações políticas de convívio que podemos estabelecer e construir com a natureza, especialmente com a floresta, narradas neste livro. Aprendi sobre como a floresta ensinou um casal, que vivia do extrativismo sustentável e decidiu construir o seu amor em vida em coexistência com ela, na luta pela libertação. Viveram, amaram e lutaram por suas ideias, até o fim de suas vidas.

José Cláudio e Maria foram assassinados por dois pistoleiros dentro do Projeto de Assentamento Agroextrativista (PAE) onde viviam, no Pará, em 2011. Depois do bárbaro assassinato, tentaram matar as ideias de Maria e José Cláudio, difamando a militância e a vida do casal. Chegaram a acusá-los de provocar a própria morte, em razão de suas ideias e do ativismo em defesa da Amazônia. Mas essas ideias continuaram a vagar pelo mundo, abrindo horizontes para imaginar uma vida coletiva e em convívio com o planeta.

As ideias centrais que conduzem este livro foram narradas em um encontro que tive com José Cláudio e Maria, contadas em uma fala suave, poética e extremamente corajosa. Posteriormente, foram revisitadas em pesquisa aprofundada, em meu doutoramento na

Universidade de Coimbra, em Portugal. Quando fui visitá-los, temia que pudessem ser assassinados. Havia sido alertado pelo advogado da Comissão Pastoral da Terra (CPT) em Marabá, no Pará, José Batista Afonso, do risco a que estavam expostos e das ameaças que vinham recebendo. E por isso mesmo eu havia sido convidado a entrevistá-los.

Naquele dia, eles falaram sobre suas visões de mundo, suas trajetórias e os sentidos da luta em defesa da floresta como uma luta em defesa da vida. José Cláudio me disse: "Se você tem coragem de lutar, lute". Uma frase forte, que remete à famosa citação de João Guimarães Rosa, em *Grande sertão: veredas*: "O que a vida espera da gente é coragem". Maria definiu que o mais importante da luta era a "ousadia": "Eu acho que a ousadia é uma coisa que alimenta. Para mim, é o que alimenta a luta".

Ao longo da última década, depois das mortes, me juntei às famílias de José Cláudio e Maria, bem como a companheiras e companheiros dos movimentos sociais, na luta por justiça, compartilhando a história de seu martírio para ajudar a trazer reconhecimento às lutas de suas vidas. De alguma maneira, acredito que meu trabalho através do jornalismo, do documentário *Toxic Amazon* (2011) e da circulação de fotografias, assim como de reflexões em espaços acadêmicos, tenha contribuído para trazer visibilidade à mobilização dos familiares e da CPT no caso. Para mim, além de possibilidades de somar na luta por justiça e na ética de transformar a sociedade, foram sempre oportunidades para compartilhar, como eu aprendi com José Cláudio e Maria, um sentido mais profundo da experiência de conviver com a floresta — e da própria vida.

Estive na casa de José Cláudio e Maria no dia 9 de outubro de 2010. Era um lindo sábado de sol da estação seca no sudeste da Amazônia. No caminho para visitar a área onde viviam, vimos incêndios na floresta e em pastagens, que ainda queimavam quando retornamos no fim do dia — lembro de uma castanheira em chamas no meio do pasto degradado, uma vítima exposta da destruição. Eu investigava o desmatamento provocado pela produção ilegal de carvão, associada com a extração ilegal de madeira e a grilagem de terras, a explosiva cadeia de destruição que incinerou mais de vinte milhões de hectares dessa região em vinte anos.[1] E vinha acompanhando algumas operações do Instituto Brasileiro do Meio Ambiente e dos Recursos Naturais Renováveis (Ibama) contra a extração de castanheiras e o funcionamento de madeireiras ilegais na região, junto a um grande servidor do órgão, José Roberto Scarpari.

Na região do PAE Praialta Piranheira, onde Maria e José Cláudio viviam, no município paraense de Nova Ipixuna, muitas famílias pobres tinham que sobreviver da venda ilegal de madeira de seus lotes individuais de floresta e da produção ilegal de carvão advinda das árvores nativas. Vendiam o carvão para carvoeiros, que revendiam para as siderúrgicas de ferro-gusa localizadas em Marabá, que, por sua vez, exportavam o ferro produzido de árvores da Amazônia e minério de ferro de Carajás para diversas indústrias nos Estados Unidos e na Europa. Então, a matéria-prima servia para a grande indústria mundial fabricar carros, eletrodomésticos etc.

José Cláudio e Maria, ambos com 54 anos em 2010, eram bem conhecidos na região como ambientalistas, opondo-se a essas práticas predatórias e denunciando crimes ambientais. Ele e ela eram reconhecidas lideranças do movimento social, defendendo a vida sustentável com a floresta no Praialta Piranheira. Como já mencionado,

---

[1] Essa investigação resultou posteriormente no relatório da campanha "Carvoaria Amazônia: como a indústria de aço e ferro-gusa está destruindo a floresta com a participação de governos", lançada em 2012 pelo Greenpeace.

José Batista, da CPT, foi quem me alertou sobre a situação crítica do casal, devido às ameaças de morte, e me apresentou aos dois. Segundo ele, naquele momento, seria importante eu "tentar fazer alguma coisa" para chamar a atenção do governo federal por meio da mídia. Levei um equipamento simples para gravar tudo o que pudesse, sem nada definido em mente. Fui apresentado ao casal por um funcionário da CPT, que me conduziu até a área. Era uma pessoa da confiança deles, que vinha ajudando no desenvolvimento do trabalho em uma agrofloresta, e prestando apoio e solidariedade na luta.

Tivemos um grande dia juntos. No café da manhã, tomamos um maravilhoso suco de cupuaçu, fruta coletada por José Cláudio, preparado por Maria. Depois, José Cláudio e eu nos preparamos para a primeira entrevista, enquanto Maria cozinhava o almoço — lembro que ela usou óleo de castanha caseiro extraído por José Cláudio, e também farinha de castanha feita por ele; a sobremesa, inesquecível, foi creme de cupuaçu com a mesma farinha de castanha. Conduzi algumas entrevistas, a maioria delas filmada, em um total de três horas e quarenta minutos de material bruto. Como passei cerca de oito horas com ele e ela, registrei quase metade de nossas interações. Tinha consciência de que o momento era especial e delicado.

Foi um dia prazeroso, enquanto eles me mostravam diversas coisas de que gostavam em sua casa e em suas vidas, e os locais da floresta que amavam, como a maravilhosa castanheira que José Cláudio chamava de Majestade, uma verdadeira entidade. José Cláudio portava uma boina preta em homenagem a Che Guevara, com um broche de estrela do Partido dos Trabalhadores (PT). Era o período das eleições presidenciais de 2010, e eles apoiavam Dilma Rousseff. Quando pedi a ele para abrir os braços e mostrar como era grande a Majestade, percebi que estava diante de uma poderosa imagem, que poderia materializar sua luta em defesa da floresta. Essa fotografia depois circulou o mundo, expondo o seu martírio e a tragédia do assassinato de defensores ambientais.

Com Maria, fiz a última entrevista gravada, por uma hora, no final da tarde, logo antes de partirmos. Todos sabíamos que a conversa seria difícil. Maria estava tensa e ansiosa. Vinha recebendo acompanhamento psicológico por crises de pânico causadas pelas ameaças. A entrevista foi intensa. Ela chorou, eu chorei, todo mundo chorou. Maria detalhou as ameaças de morte, as contradições do PAE, os crimes ambientais, o papel dos agricultores nessa situação, sua trajetória familiar, a memória da luta dos assentados, seus sonhos. Não foi uma entrevista de denúncia, simplesmente; a conversa teve profundas reflexões sobre o sentido da vida. Ao final, precisei interrompê-la devido ao avançado da hora, para retornarmos.

Depois do diálogo com Maria, a realidade nos prendeu e eu tive uma sensação muito ruim de angústia, de medo da morte, uma sensação de desconforto, mal-estar e insegurança. Havia pessoas que estavam tentando matá-los, e eu estava lá para tentar trazer atenção pública para essa situação, pressionar o Estado a combater os crimes ambientais, garantir a vida do casal com proteção especial e dissuadir as ameaças. Mas o que eu poderia fazer efetivamente era publicar suas vozes na imprensa. Ela me disse que a entrevista tinha tudo o que queria dizer, que isso deveria ser levado para a televisão, para onde eu pudesse. Estava com receio de decepcioná-la, pois era jornalista independente e não tinha a rede de contatos necessária. Mas compartilharia o que me disseram e tentaria chamar atenção para as ameaças a suas vidas e para o amor dele e dela pela floresta. Disse que poderiam contar com minha dedicação e luta. Eu havia me tornado parte de sua pequena rede de aliados.

A primeira coisa que fiz depois desse encontro foi publicar uma entrevista com José Cláudio no portal da revista *Vice*[2] e convidá-los para participar da conferência TEDx Amazônia, aproveitando que eu tinha acesso à comissão organizadora. Apenas um poderia viajar, e eles decidiram que José Cláudio iria — seria arriscado ele ficar só, e seu pai, que vivia com o casal, necessitava de cuidado. Maria conta na entrevista que ela acreditava que não a matariam se ela estivesse sozinha, mas, na mesma situação, poderiam matar José Cláudio: "Se pegar, pega os dois. Agora, pegar a Maria e deixar o Zé Cláudio, isso eles não fazem". Algumas semanas mais tarde, estive com José Cláudio em um hotel no rio Negro, próximo a Manaus, onde a conferência aconteceu. Em apenas nove minutos, ele conseguiu sintetizar o que vivia e o que sentia em uma fala histórica, que chocou toda a audiência, tomando sua atenção.

Não havia transmissão ao vivo, e as gravações seriam publicadas nos meses subsequentes. Apenas em fevereiro de 2011 sua apresentação foi ao ar no canal do YouTube do evento.[3] A conexão em Marabá, na época, não permitia que se assistisse na íntegra. Por essa razão, a transmissão acabou tendo pouco impacto local, mas se tornou uma poderosa denúncia póstuma da violência contra os defensores da floresta. Foi quando ele deu testemunho do seu fim: "Vivo da floresta, protejo ela de todo jeito. Por isso, eu vivo com uma bala na cabeça a qualquer hora. Porque eu vou para cima, eu denuncio os madeireiros, eu denuncio os carvoeiros, e por isso eles acham que eu não posso existir". Estive com José Cláudio nos dias do evento e ajudei a preparar a apresentação da sua extraordinária fala no TEDx Amazônia, com imagens que tinha feito da Majestade e de uma castanheira anônima, assassinada, que jazia em chamas em

2 "Zé Cláudio e a Majestade", *Vice*, 28 out. 2010.
3 "TEDxAmazônia — Zé Cláudio Ribeiro acha que matar árvores é assassinato — Nov.2010", 1º fev. 2011.

uma área desmatada, já ocupada por pasto degradado. José Cláudio trazia a realidade dura da Amazônia que, naquela época, estava escondida por trás dos números positivos de queda do desmatamento, constantemente celebrados pelo governo e utilizados para abafar as contradições existentes por baixo do dossel.

Nos meses seguintes, falamos algumas vezes pelo telefone rural que tinham em casa. Maria e eu choramos na última vez em que nos falamos. Antes de nosso primeiro encontro, dois pistoleiros haviam procurado José Cláudio em sua residência; ele suspeitava de uma encomenda por parte de um madeireiro que teve a sua serraria fechada pelo Ibama. Depois de alguns anos de completa inação, em 2010 o Ibama realizou operações de combate à extração ilegal de madeira e a carvoarias no assentamento, fechando serrarias, multando proprietários e destruindo fornos de carvão, amparado por uma ação do Ministério Público Federal (MPF) voltada ao combate do trabalho em condições análogas à escravidão e da produção ilegal de carvão na região. A ação se devia à existência de um MPF bastante ativo no Pará, mas sobretudo ao compromisso do novo gerente do Ibama que passou a atuar em Marabá, José Roberto Scarpari. Com as operações, José Cláudio e Maria passaram a sofrer retaliações, aumentando a inimizade dentro do PAE.

Em paralelo às ameaças de madeireiros, havia uma crescente tensão decorrente da chegada de um novo fazendeiro pecuarista e à reorganização do setor ruralista local, o latifúndio. Zé Claudio e Maria estavam certos de que sua sina era objeto de articulação de um consórcio da morte, que unia interesses criminosos de madeireiros, carvoeiros e fazendeiros. José Rodrigues Moreira havia adquirido, poucos meses antes, de forma ilegal, dois lotes grilados dentro do PAE, negociados por uma cartorária em Marabá, justamente em uma área de tensão previamente grilada por um antigo fazendeiro, que havia resistido de forma violenta à implantação do projeto. Quando José Cláudio retornou do TEDx Amazônia, essa situação piorou. José Rodrigues estava ainda mais agressivo, havia expulsado duas famílias de agricultores, contando com pistoleiros armados e com apoio da Polícia Militar, e novamente ameaçava José Cláudio e Maria. Isso porque o casal havia denunciado ao Instituto Nacional de Colonização e Reforma Agrária (Incra), ao MPF e à CPT a compra ilegal da terra, as ameaças, a violência e a concentração fundiária.

José Rodrigues não estava só ao declarar guerra contra o casal. Ao contrário: recebeu apoio de um fazendeiro, que era dono de uma loja agropecuária na cidade, e de outro assentado, ex-amigo e ex-aliado de José Cláudio, que estava grilando terras, tornando-se já um fazendeiro médio ilegal dentro do PAE. José Rodrigues contratou dois pistoleiros. Um dos assassinos era seu violento irmão, Lindonjonson Silva Rocha, que trabalhou junto a Alberto Lopes do Nascimento para emboscar o casal.

José Cláudio e Maria foram assassinados em uma manhã fresca e chuvosa de terça-feira, em 24 de maio de 2011, apenas seis meses depois de nosso primeiro encontro. Escondida em uma ponte precária, que José Cláudio e Maria tiveram de cruzar muito lentamente em sua motocicleta, a dupla de assassinos a mando emboscou o casal e atirou pelo menos duas vezes a queima-roupa com uma espingarda de caça. O laudo pericial apontou que os ferimentos no antebraço de José Cláudio eram característicos de defesa, e que os disparos atingiram o pulmão e o coração de ambos. Em seguida, os pistoleiros puxaram os corpos da estrada, retiraram o capacete de José Cláudio e cortaram uma parte de sua orelha como prova de que cumpriram a encomenda da morte. O corpo de José Cláudio foi abandonado ao lado de um cajuaçu (*Anacardium giganteum*) e o de Maria ficou estirado ao lado de uma andiroba (*Carapa guianensis*). As duas árvores ainda estão lá, e Laisa Santos Sampaio, irmã de Maria, comenta sempre quando passamos pela área como essas espécies eram importantes para o casal. Maria amava a andiroba, de cujos frutos ela e José Cláudio extraíam óleo. A mesma árvore que ela defendeu testemunhou seu assassinato.

José Rodrigues foi absolvido pelo tribunal do júri no primeiro julgamento, que ocorreu em Marabá, em 2013. Esse juízo foi marcado por um processo parcial e injusto. "Ao meu sentir, enquanto familiar — portanto, também vítima da circunstância do caso —, o juiz não revelou imparcialidade na condução do julgamento, condição indispensável para a magistratura", analisou Claudelice Santos, irmã de José Cláudio (Santos, 2021b, p.18). O juiz escreveu em sentença que José Cláudio e Maria "contribuíram, de certa maneira", para seus assassinatos, um argumento recorrente, segundo Claudelice, para "culpabilizar vítimas, as que deveriam receber atenção e proteção do seu bem violado: a vida". Nesse caso, para ela, "a opção do Estado foi responsabilizar Zé e Maria pelos seus assassinatos" e, com isso, "condenaram a vida de luta por direitos das vítimas" (Santos, 2021b, p.18). Não apenas havia um evidente desconhecimento do juiz e dos integrantes do júri sobre os sentidos da militância de José Cláudio e Maria, mas, de forma incisiva, havia a intenção de condenar as suas ideias. Por isso, também, tornou-se relevante compreender a complexidade e sofisticação do pensamento ambientalista de José Cláudio e Maria.

Apenas em 2016 o mandante foi condenado, em um segundo julgamento do júri, ocorrido em Belém. A razão do crime, apontada pela acusação e acolhida na condenação, foi a disputa pela posse da terra: o fazendeiro que mandou matar o casal, José Rodrigues, tinha interesse direto em dois lotes — mas ele também serviu a interesses de outros fazendeiros, de um verdadeiro "consórcio" do saque e da grilagem. Estava em marcha um processo de reconcentração fundiária dentro do PAE, associado à intensificação das atividades madeireiras, de carvoejamento ilegal para a indústria de ferro-gusa e da pecuária. O casal resistia a esse movimento, defendendo os princípios do agroextrativismo sustentável.

Recebi a notícia do assassinato através de uma mensagem de email de José Batista, e imediatamente procurei uma forma de me deslocar para cobrir o crime para a imprensa, investigar e ajudar a dar visibilidade para a tragédia, no que se tornou uma longa luta de seus familiares por justiça, impulsionada sobretudo por Claudelice e Laisa, junto a Batista. Desde 2015, Claudelice lidera uma grande Romaria dos Mártires da Floresta, que acontece dentro do PAE, partindo do local do assassinato até a casa onde viviam José Cláudio e Maria, acompanhada de uma série de atividades culturais e místicas que tratam da memória do casal.

Escrevi muitas vezes sobre os assassinatos de José Cláudio e Maria — para diversas revistas, jornais e sites, em artigos de pesquisa e em uma tese de doutorado, da qual este livro tem origem. Mas as cenas fílmicas registradas dele e dela, com suas vozes suaves e o tom irônico, falando sobre como aprenderam a viver com a floresta, as imagens de José Cláudio me mostrando a Majestade, são os registros que melhor documentaram seus gestos e suas vozes. Olhando para a câmera, algumas vezes fora de foco, ele e ela sabiam que esse era um momento para documentar suas ideias de forma urgente. Quando os filmei, estava interessado em tudo o que diziam, e podia expressar isso em silêncio, por meio de meus gestos e meu olhar. A gravação em vídeo acabou favorecendo que minhas perguntas fossem mais curtas e suas falas, mais longas, enriquecendo a documentação de nosso encontro.

O fato de estarem sendo filmados fez com que se concentrassem ainda mais em me contar o que acreditavam que deveria ser dito, pois tinham consciência de que suas vozes poderiam circular e chegar a pessoas distantes. É emblemático um momento em que Maria narra o seu temor de não ter tempo suficiente de vida para conseguir deixar escritas suas reflexões:

> Tenho uma porção de coisas [escritas]. E alguém vai juntar, fazer os recortes, e outro vai pegar e dizer: "Não, a dona Maria tinha esse plano, esse projeto de vida, não deu para fazer". Mas alguém chega e fundamenta, dá uma melhorada aí, pega o que eu já tenho aqui, e faz alguma coisa.

Eu estava lá para escutar suas histórias, e me tornei uma ponte para alcançar uma audiência. Queria denunciar a brutalidade dos madeireiros, carvoeiros, fazendeiros e grileiros de terra, matando pessoas que posteriormente passaram a ser chamadas de "defensores ambientais". No final, essas entrevistas compuseram o documentário *Toxic Amazon*, que codirigi e coproduzi com Bernardo Loyola para o canal estadunidense da *Vice*. Esse filme contribuiu para a visibilidade internacional do crime e para o reconhecimento póstumo pela Organização das Nações Unidas (ONU) de Maria e José Cláudio como Heróis da Floresta — por esse trabalho, recebi uma menção honrosa de Herói da Floresta. A entrevista com José Cláudio que publiquei no site da *Vice*, em que ele fala de sua relação com a Majestade e denuncia as ameaças de morte, foi lida no plenário da Câmara dos Deputados no dia de seu assassinato, trazendo visibilidade e atenção pública para a tragédia.

Minha vida mudou depois de conhecer José Cláudio e Maria, depois da tragédia que se sucedeu e do longo processo de luto que vivi. A vida se tornou mais urgente.

O engajamento ganhou outra dimensão de existência. José Cláudio e Maria se tornaram vozes no meu inconsciente. Algumas conversas reverberam na minha cabeça, como estas palavras de José Cláudio:

> E é barra, viu? Mas a gente faz, a gente tem uma bandeira de luta. A gente tem uma obrigação como cidadão. Eu jamais vou ver uma injustiça e ficar de boca calada, eu não fico. De jeito nenhum. Nem que isso custe a minha vida. Mas eu não fico calado. Enquanto eu tiver fôlego de vida e viver aqui dentro, eu combato as injustiças. Seja pela depredação do meio ambiente, seja por apropriação da terra, que ninguém tem direito a ter a terra só para si. A terra tem que ser distribuída para todos.

Sempre lembro, nos momentos difíceis que atravesso, que José Cláudio tinha medo, mas o enfrentava em busca do sonho de um mundo mais justo:

> Eu tenho medo. Mas, no mesmo instante em que eu tenho medo, além de eu ter a minha obrigação como cidadão, o impulso que eu tenho quando eu vejo uma injustiça me tira o medo. Faz com que eu tenha coragem de lutar. Porque o homem é o que ele é. Então, se você tem coragem de lutar, lute. Porque mais antes você morrer tentando que morrer omisso.

Reconforta-me que eu tenha perguntado a Maria sobre seus sonhos. Seu sonho era um sonho coletivo, das quase quatrocentas famílias que vivem no PAE. Estávamos sentados na varanda de sua casa; atrás da mata, víamos um pôr do sol colorido, alaranjado, brilhante, como são na época da seca. Eu queria fazer uma fotografia deles com essa linda luz de fim de tarde para mostrar o amor dela e dele, um sentimento tão belo, mas que tem sido esquecido quando se fala da tenacidade das lutas sociais. Guardo na memória as últimas palavras de Maria com a sombra de um belo entardecer, com um fundo escuro do verde da floresta na contraluz: "Nós estamos aqui". Lembro do cheiro doce da farinha de castanha e do suco de cupuaçu, e, quando a minha cabeça cai de tristeza e saudade, posso ver no chão o tapete feito de flores de jambo rosas. A utopia dele e dela de conviver com a floresta, de reaprender a compartilhar este planeta com a natureza, com outros seres, tornou-se uma necessidade urgente como a vida.

Sobre a pesquisa

Neste livro, não busco escrever uma biografia de José Cláudio e Maria, tampouco realizar um trabalho etnográfico sobre as relações sociais no assentamento. Minha pretensão é pensar com ele e com ela, refletir sobre suas ideias. Juntar alguns recortes de pensamento e refletir a partir da forma que compartilharam comigo nas entrevistas. Busco assim colocar suas ideias em diálogo tanto com referenciais teóricos que contribuíram para as suas formações quanto com perspectivas que encontrei nestes anos e que me ajudaram a aprofundar as reflexões que eles deixaram. Maria havia sido explícita ao citar Chico Mendes, Paulo Freire, Moacir Gadotti, Leonardo Boff e a perspectiva marxista, além de intelectuais orgânicos do movimento social, como Emmanuel Wambergue, Raimundo Cruz, José Batista Afonso e frei Henri des Roziers, professores da educação no campo do Programa Nacional de Educação na Reforma Agrária (Pronera), como Evandro Costa de Medeiros, Fernando Michelotti e Haroldo de Souza. Esses referenciais foram fundamentais para construir um quadro analítico do contexto que viveram e imaginar os sentidos que davam para a luta de suas vidas.

Os capítulos que integram este livro têm origem na tese de doutoramento em sociologia que defendi no Centro de Estudos Sociais da Universidade de Coimbra em dezembro de 2015, como parte do projeto da European Network of Political Ecology (Entitle), com financiamento do 7th Framework Programme (FP7) para pesquisas, desenvolvimento tecnológico e demonstração (Marie Curie-Skłodowska Actions), sob a tripla orientação da historiadora ambiental Stefania Barca (então na Universidade de Coimbra), do economista ecológico Joan Martínez-Alier (Universidade Autônoma de Barcelona) e do antropólogo Alf Hornborg (Universidade de Lund). Posteriormente, depois de revisões específicas e novas reflexões, excertos da pesquisa foram parcialmente publicados em diferentes revistas científicas e em apresentações de trabalhos em eventos: na *ReVista: The Harvard Review of Latin America* (trechos desta introdução); no *Boletim do Museu Paraense Emílio Goeldi: Ciências Humanas* (parte do capítulo 1); nos anais da Associação Nacional de Pós-Graduação em Ciências Sociais (Anpocs) (também uma versão preliminar do capítulo 1); no livro *Perspectivas de natureza: geografia, formas de natureza e política*, organizado por Marta Inez Medeiros Marques e outros, publicado pela Annablume em 2018 (parte do capítulo 3); e no seminário internacional Human-Forest Relations: Equity and Inclusion in Law, Culture and Ecology, ocorrido na Universidade de Sussex, no Reino Unido, em 2019 (trechos do capítulo 4). Para este livro, todos foram revisados, ampliados em suas reflexões, editados, atualizados e retranscritos para melhorar a leitura e a compreensão.

Além das entrevistas que realizei na visita de campo em outubro de 2010, cuja íntegra está no final deste livro, a pesquisa se apoia em documentos encontrados nos processos judiciais, no acervo da família de Maria e José Cláudio organizado e cuidado pelo Instituto Zé Cláudio e Maria (IZM) e no extraordinário arquivo da CPT em Marabá, em observação participante e em mais de sessenta entrevistas realizadas nos anos subsequentes aos assassinatos. Na documentação, merecem destaque os trabalhos universitários realizados por Maria, Laisa e por uma das irmãs de José Cláudio, Claudenir Santos, no âmbito do Pronera, junto ao curso de educação no campo da Universidade Federal do Pará (UFPA), campus Marabá, atual Universidade Federal do Sul e do Sudeste do Pará (Unifesspa), bem como os trabalhos de Claudelice, em direito da terra, na mesma universidade.

Maria ingressou no Pronera em janeiro de 2000 e finalizou seu trabalho de conclusão de curso (TCC) em março de 2011. Produziu artigos, ao menos quatro trabalhos e um memorial (Espírito Santo da Silva, 2004), além do TCC, que constitui um potente legado intelectual: "O Pronera fez com que passasse a gostar de ler", escreveu em seu memorial (Espírito Santo da Silva, 2004, p.21). Maria também elaborou um breve artigo direcionado às mulheres do movimento social, republicado em minha coluna na *Carta Capital*.[4] Tive acesso a essa documentação através dos arquivos de Laisa e Claudelice, que deram seguimento à luta, à defesa da memória e das ideias do casal.

Juntos, Maria e José Cláudio produziram ao menos dezesseis denúncias, cartas e informações sobre crimes ambientais entre 2001, quando informaram estar recebendo ameaças de morte, e 2011, já no contexto do conflito provocado por José Rodrigues Moreira. Esses

[4] "A ousadia da mulher guerreira: a reflexão de Maria do Espírito Santo", *Carta Capital*, 4 nov. 2015.

documentos estão localizadas no arquivo da CPT em Marabá e no processo judicial do homicídio, constituindo também uma fonte importante de pesquisa sobre suas ideias.

Desde sua entrada na universidade e do início da militância no movimento social, Maria passou a desenvolver um pensamento original da práxis sobre a luta e a formação de sujeitos, produzindo uma poderosa autorreflexão sobre sua formação política, bem como uma sofisticada análise do sistema econômico e de poder de exploração da natureza e das pessoas, de matriz colonial. Esse processo intelectual singular que ela e ele atravessaram permite conhecermos melhor o processo de formação do sujeito ambientalista popular na Amazônia, sua potência crítica e insurgente, e a consciência como agente transformador da realidade.

De modo geral, abordo o martírio de José Cláudio e Maria como um caso "analisador-revelador", expressão que aprendi na leitura de José de Souza Martins (2009) sobre as fronteiras na Amazônia: são aqueles casos a partir dos quais o estudo pode desvelar um panorama social mais amplo. Não se trata apenas de um estudo de caso, mas também de um estudo a partir de um caso, uma investigação que utiliza um caso crucial enquanto analisador-revelador das contradições da sociedade capitalista. Através da mediação do olhar e da experiência deste que escreve, da busca dos diálogos teóricos com o pensamento expresso por Maria e José Cláudio, ainda que de forma curta, abreviada abruptamente pela violência, espero ter conseguido oferecer uma breve contribuição sobre a dimensão epistemológica das lutas com a floresta: mataram José Cláudio e Maria, mas não mataram suas ideias.

1 Luta e ousadia

A luta de Maria e José Cláudio estava inserida no contexto dos movimentos camponeses do Pará, uma luta coletiva pela reforma agrária. A proposta de criação do PAE Praialta Piranheira remete a reuniões que aconteceram no início dos anos 1990 e se intensificaram depois do Massacre de Eldorado dos Carajás, reunindo o Sindicato dos Trabalhadores Rurais (STR), a cooperativa Correntão, o Centro de Educação, Pesquisa e Assessoria Sindical e Popular (Cepasp), o Conselho Nacional dos Seringueiros (CNS) [hoje, Conselho Nacional das Populações Extrativistas], a Federação dos Trabalhadores na Agricultura Familiar no Estado do Pará (Fetagri) e a CPT. A ideia de uma reforma agrária em áreas de castanhais para o uso de trabalhadores da floresta já estava presente no primeiro encontro do CNS, em 1985, mais especificamente no debate para a criação de uma reserva no chamado Polígono dos Castanhais (Allegretti, 2002).

Houve uma ampla discussão sobre qual modalidade de assentamento seria mais adequada para proteger os castanhais e acolher as famílias agricultoras. O Incra havia recém-recategorizado os projetos de assentamentos extrativistas em uma nova modalidade, a agroextrativista. Eles foram criados em 1987, por meio da Portaria 627, de 30 de julho, a partir da reivindicação dos seringueiros, como uma alternativa aos projetos de assentamento dirigido (PAD), de 1980, que tinham o objetivo de instalar colonos sem-terra em lotes de cerca de cem hectares na Amazônia, para promover a reforma agrária-ecológica ou legalizar a situação fundiária de comunidades tradicionais. Eram uma alternativa às reservas extrativistas (Resex).

A principal diferença entre essas modalidades reside nas instituições que as supervisionam: o Incra para os PAE, e, para as Resex, o órgão ambiental federal ou estadual (na época, o Ibama; hoje, o Instituto Chico Mendes de Conservação da Biodiversidade [ICMBio], ligado ao Ministério do Meio Ambiente [MMA]). Essa diferença administrativa muda o foco e os objetivos das modalidades, já que os órgãos ambientais têm uma perspectiva mais conservacionista e de fiscalização, enquanto o Incra visa promover a ocupação e a regularização fundiária na Amazônia. Os PAE, assim, destinam-se "à exploração de áreas dotadas de riquezas extrativas, através de atividades economicamente viáveis, socialmente justas e ecologicamente sustentáveis, a serem executada pelas populações que ocupem ou venham ocupar as mencionadas áreas" (Portaria nº 268, de 23 de outubro de 1996). Posteriormente, outras modalidades surgiram, tanto de assentamento como de desenvolvimento sustentável, em que não há parcelas individuais, ou de reservas ligadas aos órgãos ambientais. A portaria definia que o regime de ocupação seria de concessão de uso, em regime comunial, "segundo a forma decidida pelas comunidades concessionárias — associativista, condominial ou cooperativista"; para isso, seria necessário criar uma associação de moradores para decidir sobre a ocupação.

Com amplo apoio nacional do movimento camponês e a participação de 77 agricultores extrativistas, em junho de 1997 foi fundada a Associação de Pequenos Produtores do Projeto Agroextrativista Praialta Piranheira (Apaep). José Cláudio foi eleito o primeiro presidente da associação, com a responsabilidade de liderar o primeiro assentamento dessa modalidade no país, criado em agosto daquele ano.

O PAE Praialta Piranheira tinha 22 mil hectares, que deveriam servir ao uso de quase quatrocentas famílias. Um dos principais desafios, desde o início, era acolher migrantes em busca de terra que vinham de diferentes formações e territorialidades. Pesquisas realizadas pelas entidades que apoiaram a criação do projeto identificaram que a maioria dos moradores do PAE, bem como as famílias assentadas, acreditavam no agroextrativismo como uma possibilidade de desenvolvimento sustentável (Lumiar, 1999). Ele foi formado sobre seis fazendas, e sempre houve resistência e sabotagens, com permanente omissão do Incra na regularização fundiária, bem como pressão daqueles que tinham interesse em sabotar a proposta, como madeireiros donos de serrarias, fazendeiros, pecuaristas e carvoeiros, que fomentavam oposições internas. Até mesmo o prefeito de Nova Ipixuna à época, um grande fazendeiro, agiu ativamente para sabotar o projeto.

Uma das atribuições da associação seria distribuir a ocupação e regularizar o uso dos recursos existentes, o que deveria ser feito por meio do plano de uso do assentamento. A associação deveria identificar a adequação de camponeses em busca de terra ao modelo, ajudar a distribuir o uso coletivo do espaço do PAE e zelar pela sua proteção, sendo a ponte com os aparelhos do Estado na fiscalização do uso dos recursos naturais.

Quando o PAE foi criado — como vimos, em 1997 —, 36% de seu perímetro já era desmatado. Em 2014, ele possuía 54,04 quilômetros quadrados de floresta e apresentava 134,23 quilômetros quadrados de área desmatada, mais de 70% do total (Araújo *et al.*, 2019). Por falta de implantação de políticas públicas, alguns assentados que participaram das mobilizações iniciais acabaram sendo levados a vender seus lotes. A chegada de novos ocupantes trouxe desafios para o desenvolvimento do agroextrativismo, bem como evidenciou o limite da prática extrativista em pequenos lotes individuais. Um estudo da Empresa de Assistência Técnica e Extensão Rural (Emater) do Pará, realizado depois dos assassinatos de José Cláudio e Maria, identificou ocupantes do PAE vindos de onze estados, sendo a grande maioria (37,8%) do Maranhão.

A pressão externa se intensificou ao longo dos anos, primeiro com fazendeiros e grileiros, depois com madeireiros e, em seguida, carvoeiros. Esses interesses externos agiam ativamente para sabotar o modelo agroextrativista. Tal é a lembrança relatada por um agricultor: "Espalhavam mensagens contrárias, falavam das desvantagens, que iria ser controlado pelo governo, e que essa questão ambiental era uma necessidade dos países que não tinham mais mata, que a estavam impondo ao Brasil".

A proposta do PAE pressupõe um compartilhamento de funções e responsabilidades entre a comunidade e o poder público, como uma parceria. Caberia aos moradores, através da Apaep, realizar a fiscalização e, quando as irregularidades fossem consideradas graves, informar os aparelhos do Estado. Cabia ainda à associação aprovar a entrada de novos assentados, tendo que verificar se o perfil dos pretendentes se encaixaria na proposta. Em um texto sem data (reproduzido à folha 383 do processo judicial relativo aos homicídios), Maria expunha seu desacordo com o Incra, que descumpria os princípios de compartilhamento de responsabilidade estabelecidos no estatuto de criação da Apaep. Além de descrever a destruição, ela criticava a "compra e venda de lotes para outras classes (empresários), para empresários de carvoarias, e o pior, pessoas que são financiadores de carvão, concentração de terras, todas essas problemáticas acima citadas estão acontecendo". Maria escreveu que a informação da concentração de terras "foi passada para um servidor do Incra, o senhor Celso Trajano Borges, e o mesmo não repassou para a Associação tal situação de retomada". Enquanto o crime de compra e venda ilegal beneficiava "um certo fazendeiro José Ribamar", colocava na mira desse fazendeiro e de seus pistoleiros seis famílias que ocupavam os lotes de acordo com as normas da associação.[5]

Ao assumir a presidência da Apaep, José Cláudio já era um dos maiores interessados na ideia agroextrativista e, com Maria, assumiu a responsabilidade de liderar o desenvolvimento do projeto, mesmo diante dos desafios da regularização fundiária e da falta de apoio do Estado. Com a visibilidade e as responsabilidades, passaram a ser foco de violência. Assim relata José Cláudio:

> Eu era fora de movimento social. Eu não fazia parte de movimento social. Eu cuidava da minha vidinha, eu fazia minha roça, eu criava meu porco, eu vivia no meu cantinho. Em 1995, começou a discussão. Essa discussão já vem há mais tempo, desde os anos 1990 que já tem a discussão para a criação de um projeto aqui. Aí, ficava: "Criava um projeto tradicional? Não... Vamos criar uma modalidade diferente". Aí, criaram um PAE, que é um projeto de assentamento extrativista. Aí, eu comecei a me envolver... Aqui tem um vizinho, o Zé Ribamar, e ele começou a me convidar para as reuniões... E eu: "Ah, rapaz, eu não vou para essa reunião, não...". Mas aí, eu comecei a ir e comecei a me interessar pelo discurso dos outros. [...] E aí, eu comecei a me interessar pelo papo de preservação, porque eu já era meio ambientalista. Mesmo sem saber, mas eu era, né? Porque eu vivia... Não estava desmatando, eu estava vivendo dos produtos da floresta. E aí... Eu sei que,

---

5 O documento assinado por Maria é uma das dezoito denúncias apresentadas pela assistência de acusação à folha 376 do processo, sendo citados expressamente os conteúdos das folhas 402 e 403.

mexe e vira, em 1997, criamos o projeto de assentamento e criamos uma associação aqui dentro, e me botaram como presidente dessa associação. Aí, devido ao que eu tinha aprendido já nas discussões e ao meu ideal, começaram [as ameaças]... Aí, foi o tempo também em que começaram a vir as indústrias madeireiras, que foram se instalando por aí. E aí, começou o ataque à floresta. E aí, começou o meu embate com eles. E aí, começou a perseguição. E aí, começou nego querer meu pescoço.

Nesse processo de formação política e de luta, os assentados assumiram o protagonismo de seus destinos, do controle da força de trabalho, da produção de subsistência e da proteção da floresta. No papel de lideranças, José Cláudio e Maria começaram a lutar para desenvolver o PAE. Mas, muito além, dedicaram-se a promover o convívio sustentável com a floresta e a expandir a proposta política do agroextrativismo.

Trajetória extrativista

Castanhais são as grandes concentrações de árvores de castanha localizadas em áreas de terra firme. Castanha é, tecnicamente, a amêndoa da semente. As sementes se acoplam dentro do fruto, popularmente conhecido como ouriço. Ele é lenhoso, tem formato esférico e mede entre quinze e vinte centímetros. Cada ouriço contém dez a quinze sementes. As flores se abrem na transição do período da seca para a chuva, geralmente em outubro e novembro. São amarelas e brancas, e cobrem o chão embaixo da árvore como um tapete. São polinizadas pelo besouro mangangá e levam de doze a quinze meses para germinar e se desenvolver, até o período de chuvas do ano seguinte, entre dezembro e março, quando acontece a coleta. As árvores medem em média cinquenta metros de altura, podendo atingir até sessenta metros, dominando o dossel. É a "excelsa". O nome *Bertholletia excelsa* foi dado em 1907 pelo naturalista alemão Alexander von Humboldt e por Aimé de Bonpland, em homenagem ao químico L. C. Berthollet.

Do alto do lote onde vivem Laisa e José Gomes Sampaio (Zé Rondon), seu marido, é possível observar de maneira privilegiada o dossel da floresta da Reserva Isabel Ribeiro, como se chamava o lote de José Cláudio e Maria, atual Reserva Zé Cláudio e Maria. O que marca essa vista são as folhas das castanheiras, especialmente a predominância da Majestade, cuja copa é bastante larga, e de outras castanheiras ao lado dela, todas as árvores mais altas que dominam a paisagem. José Cláudio me contou que essa área era um "paiol", o lugar onde os castanheiros cortavam os ouriços que haviam recolhido. Talvez essa seja uma das razões da grande concentração de castanheiras que hoje vivem ali — ele estimava haver 180 castanheiras no lote de 22 alqueires.[6]

Maria e José Cláudio eram identificados como extrativistas tradicionais entre os ocupantes do PAE, e demonstraram interesse nos temas ecológicos e ambientais desde as primeiras reuniões com os movimentos sociais. Na primeira, em 23 de fevereiro de 1997, foram a convite do STR, e não estavam certos se valia a pena se engajar. Já na terceira reunião, em junho daquele ano, quando foi criada a Apaep, José Cláudio foi eleito presidente. Maria recorda que, quando chegaram para viver na terra que seu marido tinha adquirido, nos anos 1980, tinham uma "ideologia bem diferente dessa que temos hoje" (Espírito Santo da Silva, 2004, p.17). De acordo

---

6 Shepard Jr. e Ramirez (2011) identificaram a quantidade de cinquenta indivíduos de castanheira em um hectare.

com ela, José Cláudio tinha o "pensamento de criar gado; já eu não, quando vi a beleza das castanheiras, e uma mata cheia de recursos naturais, comecei a pensar em preservação". Eles recordavam que já eram "meio ambientalista", mesmo "sem saber".

Filha de migrantes do Maranhão, Maria, assim como José Cláudio, relata ter tido um pai biológico e um pai adotivo (Espírito Santo da Silva, 2004). Ela nasceu em São João do Araguaia e passou a infância em um castanhal pelo qual passava o igarapé Ubá. Em 1985, a região foi palco do terror de pistoleiros liderados por Sebastião da Teresona, que promoveu um dos piores massacres registrados nesse período extremamente violento no campo, a chacina do Castanhal Ubá (CPT, 1986; Pereira, 2015). José Cláudio recordava esse período como o "horror": "Tudo era fazendeiro que mandava matar os posseiros, ou mandava matar sindicalista. Naquele tempo era um horror".

O pai e a mãe de Maria viviam da coleta de castanha, e batalharam para comprar terra, o que alcançaram com a renda extra que tiveram em subempregos na cidade, quando se mudaram para Marabá.[7] Como a área ficava longe de Marabá, Maria foi deixada na casa de uma família para seguir os estudos, período que ela recordava como atravessado por sofrimentos, assim como pelo sonho de ler e escrever (Espírito Santo da Silva, 2004). Essa mudança da floresta para a cidade marcou a vida de Maria. Na cidade, onde viveu até os quinze anos, ela trabalhou em casas de famílias, e sua mãe temia que virasse "mulher solteira" (Espírito Santo da Silva, 2004), o que constituiu um marcador de gênero e classe na sua vida. Casou-se, teve cinco filhos, sofreu violência na relação

---

7 Em um trabalho para o curso de pedagogia do campo na UFPA, Maria escreveu: "Nunca tive coragem de perguntar para meus pais o motivo por que viemos para Marabá se nós morávamos bem perto de São João do Araguaia, minha terra natal" (Espírito Santo da Silva, 2011a).

até conseguir o divórcio. Então, trabalhou em uma escola no distrito de Morada Nova, entre Marabá e Bom Jesus do Tocantins. Em 1986, nesse local, conheceu José Cláudio, quando era mesária da seção em que ele votava; os dois se apaixonaram e foram viver juntos.

José Cláudio também cresceu e passou sua infância no contexto da economia da castanha. Descendia de migrantes do Maranhão (avô e pai adotivo), de família estabelecida no Pará (seu pai biológico) e de indígenas do povo Kayapó (sua bisavó materna). Seu pai adotivo foi coletor, produtor de farinha e comerciante, ocupando diferentes posições intermediárias no sistema extrativista da castanha. A situação mudou com a chegada de migrantes e a abertura de estradas na ditadura. A família, contudo, conseguiu manter certa autonomia econômica na coleta da castanha, mesmo durante a intensa destruição dos castanhais, nos anos 1980. Nesse período, tal como inúmeros camponeses e trabalhadores da região, José Cláudio teve uma breve passagem, junto de seus irmãos, pelo garimpo de Serra Pelada. Em meados da mesma década, adquiriu de um posseiro a área que viria a ser integrada ao PAE, com 250 hectares divididos entre ele e o pai.

Nesse contexto, vivenciou a mudança da "terra livre" — quando o acesso à floresta valia mais que o preço da terra, e os posseiros iam atrás de terra e tomavam a posse pela ocupação — para a "terra mercadoria", quando ela passou a valer mais que a floresta e começou a ser grilada e negociada. Na infância, dizia, a terra era abundante, mas o acesso à floresta para realizar a coleta era controlado pela oligarquia da castanha.[8] A fartura de terra livre com escassez de mão de obra era organizada, explica

---

8 Marília Ferreira Emmi (1999) realizou um extenso trabalho, principal referência sobre a oligarquia que dominou os castanhais.

Octavio Ianni, pelo aviamento, o sistema de produção baseado no endividamento. Ianni (1979, p.40) observa que nesse tempo não havia a legalização da posse pelo Estado, pois, descreve o sociólogo, o que predominava era o "controle efetivo da terra, por meio de instrumentos privados de violência". O pai de José Cláudio foi um pequeno comerciante em uma faixa intermediária entre patrões e coletores de castanha. Quando compraram o lote de floresta na margem direita do Tocantins, área que posteriormente foi incorporada ao PAE, ainda que pensassem em desenvolver a pecuária, para onde eram direcionados os principais incentivos, passaram a se dedicar quase exclusivamente às atividades do sistema da castanha, com a coleta e a compra para revenda em Marabá.

As roças de subsistência conviviam com os castanhais. Até a chegada do pasto e da pecuária, a agricultura de subsistência e de venda para o comércio local eram as atividades centrais da família. A possibilidade de uso cíclico do território, com a queimada da capoeira, em uma dinâmica mais longa no tempo, foi interrompida abruptamente pela instalação do capim. A regeneração e a resiliência da floresta haviam sido transformadas com a competição do pasto. Plantar capim na área de roça passou a impedir o surgimento da capoeira, que servia para proteger o solo e, em uma nova derrubada e queima, ter as cinzas utilizadas para fertilização. Encerrar o ciclo reprodutivo da floresta também interrompeu a regeneração da terra. Além disso, as áreas utilizadas para a roça eram "aqueles lugares em que não tinha a castanha", como explicou José Cláudio: a roça, portanto, convivia com a produção de castanha.

Maria e José Cláudio começaram a participar das mobilizações sindicais em um momento de grande ascensão do movimento social em luta pela terra e do sindicalismo rural no Pará. A primeira metade dos anos 1990 marca a retomada da luta pela terra na região, com o estabelecimento do

Movimento dos Trabalhadores Rurais Sem Terra (MST) no estado, realizando grandes acampamentos em fazendas e órgãos públicos, o que se intensificou ainda mais depois do Massacre de Eldorado dos Carajás, em 1996. Em diferentes oportunidades, o movimento camponês tentou construir na região uma alternativa florestal aos assentamentos tradicionais do Incra, tal como no Projeto de Assentamento (PA) Castanhal Araras (criado em 20 de outubro de 1989) e no PA Castanhal Ubá (de 28 de junho de 1988), no mesmo período em que os seringueiros no Acre conquistaram o Seringal Cachoeira, em 1988.

A emergência do movimento social que garantiu o PAE desafiou não apenas o domínio das terras, mas os limites econômicos do extrativismo, com uma proposta alternativa de produtividade econômica e uma práxis contra-hegemônica de conservação. Esse era o sonho de Maria, um sonho coletivo de preservação da floresta, justiça social e autonomia dos trabalhadores e trabalhadoras. A ideia de "conviver" com a floresta era, ao mesmo tempo, uma experiência de vida e um processo pedagógico. Desde que "arriscassem experimentar", outras famílias camponesas poderiam aprender com a floresta. No entanto, o que predomina nos oito PA em Nova Ipixuna é a criação de gado para leite e corte. Na análise de Maria, a pecuarização "transforma os pequenos agricultores em monocultores, pois o que eles produzem é só o leite" (Espírito Santo da Silva, 2011a, p.25). A alternativa à monocultura da vida é a diversidade. Nesse sentido, haveria apenas dois caminhos de vida para a família agricultora: sair em busca de outra área na floresta ou seguir para a periferia dos centros urbanos. A conservação da floresta poderia ser feita pelo uso sustentável e justo dos recursos naturais, e de maneira autônoma pela classe trabalhadora. Trata-se de tema central do ecologismo popular, abordado por Maria em uma entrevista, mas cuja dimensão ecológica foi ignorada em outros PA que estavam em crise:

> Considerando que a criação dos projetos de assentamento tem sido uma ideia de grande importância para o fortalecimento da agricultura familiar na região sul e sudeste do Pará, é bom lembrar que as questões ambientais não foram levadas em consideração, talvez pelo anseio de ver as famílias produzindo na terra, não se colocando em discussão a necessidade de preservar os recursos naturais. Dessa forma, foi ocorrendo a criação de vários projetos de assentamento sem a devida preocupação com a floresta, sem a visão de que manter a floresta é uma forma de garantir a subsistência humana e também garantir a diversidade biológica do planeta. Em grande parte de alguns projetos de assentamento não existe nem mesmo uma pequena reserva florestal e, como exceção, estão aquelas áreas em que são criados assentamentos onde não existe mais floresta. Assim, são vários os complicadores nesta questão.

O risco do ambientalismo popular

Maria aborda em seus escritos temas centrais do ecologismo popular. Ao mesmo tempo, tece uma crítica às concepções patriarcais da economia capitalista. Conviver com o ecossistema, ter uma produção econômica que fosse viável, portanto suficiente para viver, e a ideia de justiça como parte das condições materiais de vida aparecem como temas estruturantes para a emancipação da classe trabalhadora da floresta. Suas ideias, expressas em entrevista, também revelam um argumento sofisticado contra a acusação de que as propostas ambientalistas são do "atraso". O problema é que, para se alcançar essa possibilidade de existência emancipatória, seria necessário enfrentar o latifúndio. A dimensão ecológica da autonomia econômica dos assentados a partir do convívio com a floresta pressupunha um enfrentamento, no quadro da luta de classe, contra o agronegócio:

> Companheiro, a luta não é muito fácil não. Porque o ecologista, o ambientalista, é visto como a pessoa do atraso. Isso é o que dificulta a relação. E não tem como um ambientalista ter diálogo com grupo de agronegócio e fazendeiro. Não tem como. É inviável. De forma alguma. Nunca dá. Não dá certo. A água não se mistura como óleo. E o ecologista é a água, o óleo é o que fica em cima, que são eles, e nós é que ficamos aqui na luta, na base mesmo.

Para ocupar o papel de sujeito de transformação das condições materiais de existência, na leitura política de Maria, é preciso "ousadia": enfrentar a luta, insurgir-se, rebelar-se coletivamente.

Em seu trabalho de conclusão do curso de pedagogia no campo, Maria utiliza a expressão "líderes ambientalistas populares" para se referir a si, a seu companheiro José Cláudio e a Chico Mendes, e define sua atuação como "luta em defesa da vida e da dignidade das populações tradicionais, e que já previa a degradação ambiental atual, que é provocada pelo modelo de desenvolvimento" (Espírito Santo da Silva, 2011a, p.46). O ambientalismo popular se posiciona contra o modelo de desenvolvimento hegemônico e a privatização do comum. Emerge desse pensamento de Maria a intersecção da luta ecológica da classe trabalhadora com a opressão de gênero, o que ela destacava no papel das mulheres no extrativismo. Até seu assassinato, ela ministrou cursos para mulheres camponesas e foi a principal liderança mobilizadora do Grupo de Trabalhadoras Artesanais Extrativistas (GTAE).

Maria percebia que, apesar de avanços que estavam ocorrendo na reforma agrária, havia áreas improdutivas no Pará, famílias acampadas e "lideranças sindicais e ambientalistas sendo assassinados por conta dos conflitos agrários e ambientais que ainda perduram na Amazônia", o que comporia um "modelo de exclusão das classes populares" (Espírito Santo da Silva, 2011a, p.24). Ela distinguia os conflitos agrários, que envolviam a luta pela terra, dos ambientais, associados à defesa da floresta e dos rios. As lideranças sociais nessa luta eram eliminadas por se oporem ao modelo hegemônico de desenvolvimento. Logo, a luta seria ao mesmo tempo territorializada, ampla e antissistêmica, não restrita ao aspecto local. Essa análise da conjuntura da violência relaciona a experiência individual ao momento político mais amplo, tal como Paulo Freire propõe no livro *Medo e ousadia* (Freire & Shor, 1987, p.78). O *modelo* é violento tanto contra o ambiente e a possibilidade de reprodução da vida, quanto contra a própria possibilidade de existência dos que se opõem a ele.

Juntos, Maria e José Cláudio realizaram uma série de denúncias, que compõem um léxico da práxis, isto é, compreender o mundo e agir para mudar o mundo. A primeira denúncia que identifiquei no acervo da CPT data de 19 de junho de 1997, quando peticionaram ao diretor do Incra em Marabá a criação do projeto, "antes que a área venha a ser destruída", informando que 153 das 163 famílias da área eram a favor do agroextrativismo, e que não tinham apoio da prefeitura, pois o prefeito "é dono de uma madeireira no município e tem interesse em continuar extraindo madeira da área". Em setembro de 2001, denunciaram ao Ouvidor Agrário Nacional um "grave conflito envolvendo fazendeiros que ocupam áreas públicas no interior do PAE Praialta Piranheira", afirmando que a situação iria "ficar tensa" e comunicando "o aumento da violência contra trabalhadores rurais nesta região". No mesmo ano, José Cláudio passou a receber ameaças de morte de fazendeiros e entrou na lista de ameaçados da CPT. Em 2003, em razão da omissão do Incra na regularização, já com Maria como presidenta da Apaep, ocuparam uma fazenda e Maria foi levada para a delegacia por dois policiais, acompanhados do fazendeiro (Santos & Santos, 2022, p. 215). Em 2004, assinaram nova denúncia, informando que "estão tirando madeira ilegalmente"; no ano seguinte, Maria informou ao Incra sobre atos de grilagem dentro do PAE pela cartorária Neuza Maria Santis — que, em 2009, venderia ilegalmente dois lotes, ocupados por três famílias, a José Rodrigues Moreira.[9]

Depois de uma série de denúncias, declarações e informações às autoridades, Maria e José Cláudio decidiram, em 2004, enviar uma carta emocionada à então ministra do Meio Ambiente, Marina Silva, expondo sua defesa do extrativismo sustentável, o trabalho que faziam pelo ambiente e "o descaso dos órgãos competentes". No documento, afirmavam que a floresta viraria carvão e que estavam "sendo ameaçados de morte porque não concordamos com o que está acontecendo". Era um grito

---

[9] Essa série de denúncias consta no processo judicial, em lista a partir da folha 376, e no arquivo da Comissão Pastoral da Terra, em Marabá: Espírito Santo, M. & Ribeiro, J. C., "Carta endereçada à Ministra do Meio Ambiente, Sra. Marina Silva", Arquivo da Comissão Pastoral da Terra, Marabá, Pará, 31 out. 2004; Espírito Santo, M. & Ribeiro, J. C., "Carta ao Diretor de Assentamento do Incra, Sr. Aécio Matos", Arquivo da Comissão Pastoral da Terra, Marabá, Pará, 12 nov. 2004; Espírito Santo, M. & Ribeiro, J. C., "Carta Denúncia ao Incra SR27 e ao Ibama: a sanha dos madeireiros e os (des) caminhos do PA — Praialta Piranheira", Arquivo da Comissão Pastoral da Terra, Marabá, Pará, 17 out. 2009; Ribeiro, J. C., "Carta ao Diretor de Assentamento do Incra, Sr. Aécio Matos", Arquivo da Comissão Pastoral da Terra, Marabá, Pará, 19 jun. 1997.

de desespero. Um clamor diante da injustiça da omissão do Estado e da tragédia a que assistiam: "Queremos uma intervenção de imediato porque os inimigos da natureza trabalham dia e noite para destruir o projeto". Em seguida: "Como ambientalistas que somos, estamos nos sentindo sufocados ao ver tantos madeireiros dentro do projeto [agroextrativista] e tanta fumaça nos fornos de carvão". Por essa postura, suas vidas estavam em risco. Era uma "emergência", um pedido de "socorro"; um "SOS", escreveram.

Os levantamentos realizados pela CPT revelavam um exorbitante número de 31 lideranças assassinadas no sul do Pará, além de 212 mortes em chacinas, entre 1980 e 2013. Posteriormente, novas mortes trágicas vieram a ocorrer, sobretudo durante o período de instabilidade política entre 2015 e 2018, notadamente com a Chacina de Pau d'Arco, no dia 24 de maio de 2017, exatos seis anos depois do assassinato de José Cláudio e Maria.

Diante de tanta violência, é muito importante olhar a perspectiva daqueles que lutam e complexificar o problema do martírio dos ambientalistas populares. A morte de José Cláudio e Maria, assim como de outros ambientalistas populares, defensores das florestas e dos rios, pode ser interpretado a partir do conceito de martírio que se refere a testemunhas, segundo análise que Rob Nixon (2019) faz do caso. Em uma sensível interpretação do pensamento de Maria e José Cláudio, Nixon relaciona o martírio do casal à etimologia grega do termo: martírio com o sentido de testemunhar ou de dar testemunho. Esse testemunho estaria ligado à ação direta do casal, com suas denúncias: o ato de Maria fotografar os caminhões madeireiros que eram parados por José Cláudio. Testemunhavam e documentavam visualmente os crimes ambientais: era o testemunho da destruição da floresta. O martírio, escreve Nixon (2019, p. 10), é "uma ação direta ao extremo", quando defensores arriscam seus corpos por princípio e sobrevivência: "Ser um mártir é tornar-se maior do que a vida depois que sua vida tiver cessado". Mas, no caso de Maria e José Cláudio, eles foram "testemunhas fotográficas de crimes contra a floresta", da expectativa de que as leis pudessem ser aplicadas, de um ideal cívico em meio a um mar de ilegalidades; foram testemunhas da possibilidade de uma coabitação entre comunidades humanas e floresta. Enfatiza Nixon (2019, p. 14), a partir de sua leitura das entrevistas que realizei: "Eles testemunharam em um estado de martírio antecipado". A carta direcionada a Marina Silva é premonitória do martírio-testemunho.

O martírio de José Cláudio e Maria está associado à luta pela vida e ao testemunho da morte coletiva que significa a destruição das florestas e da ecologia. Em diferentes momentos, ele e ela construíram estratégias políticas que incluíam "controlar o medo sem rejeitar o sonho", conforme Paulo Freire (Freire & Shor, 1987, p.81). É sem rejeitar o sonho que Claudelice lidera junto à CPT, a familiares, aliados e comunidade, a Romaria dos Mártires da Floresta, uma atividade mística anual para defender as ideias e a luta do casal. Um momento em que "invocam o passado de lutas e a contribuição de outras lideranças, assassinadas ou não — mártires, na denominação local — para continuação do processo de mobilização social" (Rolemberg, 2021, p.3). Essa romaria marca na geografia do PAE o caminho da tragédia, do lugar do assassinato até o local onde vivia o casal, o lugar da luta e da esperança.

Inspirados em Chico Mendes e Che Guevara (como comentei, José Cláudio utilizava uma boina com a assinatura do revolucionário e uma estrela do PT quando o conheci), eles sabiam dos riscos associados a defender seus ideais. Relataram medo de serem assassinados por suas posições e testemunharam a possibilidade do próprio fim. Ao mesmo tempo, afirmavam que não deixariam de lutar pela vida. E deixaram reflexões a respeito do medo que sentiam e dos riscos que corriam. A luta era arriscada, sabia Maria:

> **Felipe:** O que é muito arriscado? Não querer vender madeira?
> **Maria:** Não, defender. Ficar lutando. Denunciando madeireiro, denunciando todo mundo. Fazendo fotografia, fotografando caminhão madeireiro, forno de carvão, todas essas práticas de ilegalidade que a gente pode pontuar hoje dentro do assentamento. Então, tem pessoas que dizem que não vale a pena. Para mim, vale a pena. Para mim, para o meu companheiro, vale a pena, sim. E para todos os demais que acreditam que é importante. Porque, para mim, a pior fraqueza do ser humano é a omissão. É a omissão. Porque, se eu não denunciar, mesmo eu não conseguindo ver aquilo que eu penso, que é denunciar e ver a efetivação da fiscalização, eles efetivarem a fiscalização de fato, como é de fato por lei, mesmo eu não conseguindo, porque aí já não depende mais de mim... Mas o que é de minha condição e possibilidade, a gente faz. Mesmo não vendo nada disso acontecer, a gente não fica de braços cruzados. [...] E saber que é um risco — disso aí, eu não tenho dúvida. Dizer que eu não tenho medo, estou sendo hipócrita. Isso é hipocrisia, se eu falar: "Ah, não, tenho medo não". Tenho medo, sim. Tenho medo porque eles não medem distância.

Em *Pedagogia da indignação*, um dos livros de Freire que Maria cita em seu trabalho de conclusão de curso, o autor traz a importância da luta e do risco na construção da história: "Posso não saber agora que riscos corro, mas sei que, como presença no mundo, corro risco. É que o risco é um ingrediente necessário à mobilidade sem a qual não há cultura nem história" (Freire, 2000, p.16). Essa relação entre medo e sonho era igualmente compartilhada por José Cláudio. Os dois tinham consciência dos riscos a que estavam expostos na luta, assim como eram conscientes da postura ética de agir para transformar o mundo e combater as injustiças, como ele deixa ver:

> Se eu disser que eu não tenho medo, eu estou mentindo, né? Porque o Todo-Poderoso sabia que ia morrer, mas ia voltar no terceiro dia, e ele teve medo. Por que eu não vou ter medo? A vida é muito boa, né, meu amigo? [*Risos*.] Eu tenho medo, mas, no mesmo instante em que eu tenho medo, além de eu ter a minha obrigação como cidadão, o impulso que eu tenho quando eu vejo uma injustiça me tira o medo. Faz com que eu tenha coragem de lutar. Porque o homem é o que ele é. Então, se você tem coragem de lutar, lute. Porque mais antes você morrer tentando que morrer omisso.

Na visão que compartilhavam da luta, e por suas referências éticas, não resistir seria equivalente à omissão. Ser omisso era a pior fraqueza do ser humano. Seriam omissos se não lutassem, mesmo que, como Maria coloca, soubessem do limite de suas forças. Maria e José Cláudio buscavam as vias institucionais para resistir, por meio de denúncias, cartas e documentos enviados aos aparelhos do Estado. Cabia aos aparelhos do Estado agir legitimamente pela força para cumprir a lei, e a ele e ela cabiam as denúncias e o testemunho. Era com consciência do limite de suas forças e dos riscos envolvidos que eles agiam com "coragem de lutar", nas palavras de José Cláudio; mobilizados pela "ousadia", conforme refletia Maria. E assim mantiveram a tenacidade mesmo diante da erosão da mobilização coletiva.

> **Felipe:** Vocês ficaram sós?
> **Maria:** É. Ficamos sós. Parar caminhão madeireiro é ousadia para poucos. O companheiro para. A mulher faz fotos. Descobrimos agora que não tem como pegar mais eles aqui, porque eles já descem, vêm com tudo, o

caminhão em silêncio, só vem reduzindo. A gente vai lá no topo da ladeira, que é o jeito mais prático, porque não tem como ele subir, não tem como voar, aí a gente pega do jeito que a gente quer. Pelo menos que fique isso aí documentado.
Felipe: A denúncia?
Maria: É, a denúncia.
Felipe: É o que vocês podem fazer?
Maria: É só o que nós fazemos aqui.

As ações não eram individuais, mas coletivas, no contexto de um movimento em defesa do comum, e os sujeitos tinham a consciência de atuar em uma luta coletiva. É nesse espaço que se deve situar a compreensão da ousadia que caracteriza o ambientalismo popular de José Cláudio e Maria. Tal como o "sonho transformador" mencionado por Paulo Freire em *Medo e ousadia* (Freire & Shor, 1987, p.45), como um mecanismo de ousadia que faz controlar o medo, pois mira no futuro e na esperança, levando o sujeito a ultrapassar o medo. Isto é, não deixando o medo ter efeito paralisante. Nesse caso, o sonho não tem caráter individualista, mas de mudança da realidade social.

Maria não cita em seu trabalho de conclusão de curso o livro *Medo e ousadia*, mas em outra obra de Freire, referenciada no trabalho, se lê:

> Se, na verdade, não estou no mundo para simplesmente a ele me adaptar, mas para transformá-lo; se não é possível mudá--lo sem um certo sonho ou projeto de mundo, devo usar toda possibilidade que tenha para não apenas falar de minha utopia, mas para participar de práticas com ela coerentes. (Freire, 2000, p.17)

Relacionando-se com o mundo, os indivíduos se transformam em sujeitos ativos no processo de permanente recriação do mundo. A ousadia, disse Maria, "é uma coisa que alimenta a luta".

Maria e José Cláudio eram ambientalistas populares em um sentido que se assemelha à ideia do ecologismo dos pobres e dos movimentos por justiça ambiental, aproximando-se das distinções dos tipos de ambientalismos descritas pelo economista Joan Martínez-Alier (2007, p. 33-4) como aqueles que enfrentam os impactos do crescimento econômico, do deslocamento geográfico das fronteiras de mercadorias e de extração massiva de recursos naturais. Uma oposição às formas de ambientalismo elitistas, de classe média ou ecomodernistas, que trabalham a preservação a partir da ideia de promoção de negócios, tecnologia e infraestrutura: a "ecoeficiência". Ser ambientalista popular, nessa concepção, significava a recusa da mercantilização da natureza: "O protetor da natureza sou eu, que vivo aqui, no meio delas [árvores], e não pretendo vendê-las", disse José Cláudio. Para Martínez-Alier, esses movimentos globais por justiça ambiental, assim como o ecologismo dos pobres, o ecologismo popular ou "do povo" (Martínez-Alier & Milanez, 2015), defendem os territórios contra o extrativismo predatório. É uma luta fundamentada na defesa material do ambiente como fonte e condição de subsistência, com princípios éticos relacionados à justiça social (Martínez-Alier, 2007, p.34).

Até assumir a presidência da Apaep, José Cláudio não participava do movimento social. Já Maria trazia, além dessa marca, de quando assumiu a presidência da associação na sequência de seu companheiro, outras experiências que transformaram sua visão, seu engajamento, e contribuíram para constituir a sua subjetividade. Os percursos dos dois se entrelaçavam nas lutas. Estavam sempre juntos, participavam das reuniões, formações, capacitações, tinham uma relação de "companheiro e companheira", e também agiam juntos nas fiscalizações dos crimes ambientais. Nos últimos anos de vida, eles desenvolveram um método para documentar a violência ecológica: quando passavam caminhões de madeira em frente ao seu lote, José Cláudio parava para conversar com os caminhoneiros, saber informações de onde estavam tirando a madeira, para qual serraria, enquanto Maria fazia fotografias para comprovar suas denúncias junto aos órgãos de fiscalização, bem como entidades apoiadoras, como a CPT. Na gestão de José Cláudio na presidência da Apaep, Maria participou ativamente, e o mesmo se deu quando ela sucedeu o marido. Ambos compartilhavam a posição de liderança.

Maria tinha consciência dos diferentes posicionamentos sociais e da exposição à violência sofrida de forma desproporcional pelas mulheres, e de como as opressões se articulavam com gênero e classe. Sua trajetória é marcada pela situação de opressão imbricada pelo nó gênero/raça/classe social, e é dentro desse nó que deve ser encontrada a intersecção de ousadia e luta para se emancipar da opressão. Ela sabia que seu companheiro poderia estar mais exposto à violência física, e andava com ele para que sua presença feminina, enquanto testemunha, pudesse intimidar um potencial assassino. Maria fez esse comentário ao fundamentar a decisão de que era melhor José Cláudio viajar em vez dela para falar no TEDx Amazônia, enquanto ela ficaria com o pai dele, pois ele, sozinho na região, teria mais chances de sofrer um atentado. Ela também imaginava que não a matariam quando estivesse sozinha, pois José Cláudio poderia vingar sua morte — esse seria um temor entre os inimigos locais, que sabiam da valentia de José Cláudio. Maria deveria, entretanto, ter uma coragem a mais para lutar: a coragem que sua irmã Laisa chamava de "coragem feminina" (Sampaio, 2012).[10]

---

10 Laisa escreveu diferentes artigos sobre a irmã. Este foi apresentado no curso de pedagogia do campo, na UFPA.

A coragem feminina

Em um forte texto autobiográfico, chamado "Debaixo da lona preta",[11] escrito para mulheres em um curso de formação, Maria descreve duas situações de revolta na formação de sua subjetividade. Sua intenção era compartilhar com outras mulheres camponesas, oprimidas, um relato de como alguns momentos de insurgências nas ações e em sua participação no movimento serviram para compor sua subjetividade. São revoltas que formam a pessoa em sujeito, consciente de seu papel na luta, e que se compõem em conjunto com a formação nos movimentos sociais. A experiência de Maria é um processo de subjetivação de si e, ao mesmo tempo, coletiva. Isto é, a formação de sujeitos coletivos, uma percepção descrita por Ailton Krenak (2019) para se referir a pessoas que não são apenas indivíduos, pois trazem consigo a coletividade, junto de si, de sua história e de suas experiências. O tema da revolta frente à opressão do poder é fundamental na compreensão da insurgência do casal.

Desafiar o poder pode ser interpretado como um processo de transformação dos sujeitos, em que, ao enfrentar as opressões, passam a ser protagonistas das lutas coletivas. Na revolta emerge a situação de poder. Isto é, a revolta é constituinte do processo de formação da subjetividade, ao mesmo tempo que denuncia o poder. Na revolta diante do controle e da dependência é que a subjetividade se introduz na história, compondo a formação da consciência.[12] Essa dimensão subjetiva da insur-

---

11 "A ousadia da mulher guerreira: a reflexão de Maria do Espírito Santo", *Carta Capital*, 4 nov. 2015.
12 Essas passagens sobre a relação entre sujeito e poder estão em ao menos dois trabalhos de Michel Foucault traduzidos no Brasil: "O sujeito e o poder" (2009b) e, sobre a revolução iraniana, mais especificamente em *Ditos e escritos*, v.5

gência inspira a pensar o modo como Maria narrou algumas passagens de sua trajetória, especialmente com os marcadores de situações de revolta que, segundo ela, a transformaram na mulher que ela era: a mulher extrativista que luta com consciência coletiva como uma mulher guerreira. Em dois momentos de seus relatos, Maria narra sua constituição enquanto sujeito e a relação de desigualdade de poder que a subalternizava. Ela não aponta a data no relato, mas já estava engajada no movimento social, filiada ao PT, participando de cursos de formação, encontros e ações da militância. O primeiro acontecimento foi na eleição para a presidência da Apaep; o segundo, a primeira vez em que pegou em uma arma.

Essas revoltas de Maria diante da situação de opressão, segundo suas próprias análises, foram situações de insurgência diante da opressão cotidiana e sistemática de gênero e dos fazendeiros, nas quais denunciou o poder disciplinar que a subjugava individual e coletivamente. Um "marco" na sua vida deu-se quando ela foi convidada a assumir a presidência da Apaep; ela escreveu que, naquele momento, surgiu "uma nova fase na vida dessa mulher". No texto, Maria enfatiza ser conhecida como "mulher guerreira". Narrando a sua história na terceira pessoa, faz questão de ressaltar que é "guerreira" e que, para entrar na guerra, deveria também pegar em armas, assim como os homens. Isso se deu quando teve acesso a uma arma pela primeira vez, para se defender de um possível ataque de pistoleiros durante a ocupação de uma fazenda dentro do PAE, que já deveria ter sido desapropriada pelo Incra. "Naquele momento estava renascendo em si a ousadia que estava adormecida":

....

> (2004). No entanto, é em Freire que a dimensão ética se faz presente através da dialética objetividade/subjetividade, que ele desenvolve em diferentes escritos, mas, sobretudo, na forma como analiso aqui, em *Pedagogia da indignação* (Freire, 2000).

Foi um momento inesquecível. Logo que chegaram [os trabalhadores acampados começaram a organizar o jantar fora da casa-sede], demorou um pouco, o capataz muito aborrecido deixou a casa e chamou o presidente da associação, e falou que ia chamar seu patrão e a coisa não ia ser muito agradável. Após a saída do capataz, começa uma nova estratégia, para aquele novo momento, o encaminhamento foi procurar um local para esperar o fazendeiro, já era noite, então foi acordado que sairiam quatro pessoas para ficar à espera, então saíram dois casais, e um desses era ela e o seu companheiro, para ela não seria usar algum tipo de arma para esperar o fazendeiro. Conta ela que foi a primeira vez que pegou numa arma, mas afirma que se preciso usaria, pois acredita que seria mais justo pois não estavam tomando terra de ninguém, então ficaram de tocaia até as três horas da manhã, diante ao ouvir da mesma se o fazendeiro tivesse vindo naquela noite de Nova Ipixuna, teria uma história que ainda não se tenha registro, pois geralmente as vítimas são lideranças populares. Para ela naquele momento estava renascendo em si a ousadia que estava adormecida.[13]

Essa ação direta aconteceu na área de uma fazenda que incidia sobre o PAE, a Fazenda Cupu, cujo fazendeiro resistia às negociações para deixar a área — foi exatamente dentro dessa fazenda que José Rodrigues Moreira posteriormente comprou dois lotes de forma ilegal. Os agricultores sem-terra ocuparam a fazenda em razão da omissão do Incra na regularização da área. Quando Maria, ameaçada de morte, "pega em armas" junto de seu companheiro, isto é, ao seu lado, o faz para garantir a segurança coletiva dos acampados, de seus companheiros de luta, de sua classe. Eles já recebiam ameaças de morte, estavam na

---

13 "A ousadia da mulher guerreira: a reflexão de Maria do Espírito Santo", *Carta Capital*, 4 nov. 2015.

lista de ameaçados da CPT, já eram perseguidos e sabiam do risco que corriam. Depois dessa ocupação, um grupo de pistoleiros, a mando do fazendeiro, ateou fogo em 22 casas dos trabalhadores. Nesse período, saiu na imprensa: "Líder sindical caçado por pistoleiros em Nova Ipixuna".[14]

"Pegar em armas" funcionou de maneira subjetiva em Maria para o "renascimento de uma ousadia adormecida". Não é por acaso que tal momento, ocorrido em 2001, foi marcante na sua trajetória. Em suas palavras, "a mulher pegou em armas para lutar ao lado do companheiro". Essa mulher é, na gramática local, uma guerreira que age coletivamente para transformar o mundo. Aquela que tem coragem, a que tem a ousadia.

Essa situação de a mulher partir para o enfrentamento físico ao lado do companheiro é fundamental na interpretação da militância de Maria. Nesse momento, José Cláudio estava na lista de ameaçados de morte da CPT. Em seu memorial, ela escreveu que "as ameaças de morte eram constantes, mas em nenhum momento pensei em deixar a associação" (Espírito Santo da Silva, 2004, p.22), pois, para ela, seria "covardia" abandonar as famílias que precisavam de apoio. Maria representava a coletividade das mulheres que pretendiam lutar: a "coragem feminina".

O processo de transformação pelo qual Maria passou teve efeito coletivo, que se refletiu na organização e mobilização das mulheres no GTAE. Maria era a principal liderança feminina e inspiração para suas companheiras. A entidade surgiu em 2006, no quadro de experiências de sustentabilidade que vinham sendo colocadas em prática pela comunidade, junto a parceiros do Laboratório Sócio-Agronômico do Araguaia-Tocantins (Lasat) e da UFPA, com apoio financeiro do Fundo Nacional do Meio Ambiente (FNMA), em projetos aprovados

---

14 "Líder sindical caçado por pistoleiros em Nova Ipixuna", *O Liberal*, 23 ago. 2002, caderno Cidades, p.8.

pelo Ibama. Inicialmente, foi proposta a elaboração de um Plano de Manejo Florestal Comunitário Madeireiro, o que poderia segurar a pressão que os assentados estavam sofrendo de madeireiros, com a regularização da exploração de madeira em parte do pae, inicialmente em três lotes no Núcleo Maçaranduba ii.

Segundo reflete em seu trabalho de conclusão de curso Claudenir Ribeiro dos Santos, irmã de José Cláudio e colega de Maria no Pronera, enquanto um grupo de agricultores percebe a importância dessa proposta e de prosseguir com as ações de manejo florestal, "pensando no imediatismo, alguns agricultores acabam se rendendo às propostas dos madeireiros que extraem de forma ilegal, e por um preço irrisório, esses recursos florestais, causando com essa ação danos irreversíveis ao meio natural" (Santos, 2011, p. 57-8). Em seu trabalho analítico da educação ambiental e dos problemas ecológicos no pae, Claudenir narra as buscas constantes por alternativas econômicas sustentáveis, que eram preocupações dos assentados, sobretudo liderados por José Cláudio e Maria. No projeto específico com o Lasat e a ufpa, ocorreram diversas capacitações para a criação de peças artesanais com os resíduos madeireiros, além de outras formações, de onde surgiu o gtae, para o manejo florestal não madeireiro, com castanha, andiroba, cipós e sementes, para defender "o conceito de floresta em pé".

A partir dali, foram criadas mais de trinta receitas de produtos, avançando a produção de fitocosméticos e fitoterápicos, além de artes e artesanatos. O foco principal do gtae era a fabricação de óleos de castanha e andiroba e produtos derivados, "oferecendo um exemplo concreto de sustentabilidade". Claudenir, que era uma pessoa muito próxima de Maria e sua colega, escreveu sobre sua participação no gtae: "Como pesquisadora e membro do grupo, posso afirmar que o que temos aprendido enquanto coletividade é indescritível, sendo que, acima de tudo, temos sido estimuladas a falar, a partir de exemplos concretos, sobre o valor que tem a floresta 'em pé'" (Santos, 2011, p.59). E segue: "O que nos influencia a trabalhar juntas é o mesmo ideal de defender a floresta, dividir a renda proveniente da comercialização dos produtos e construir exemplos de que da floresta podemos retirar o sustento familiar sem substituí-la ou removê-la".

Se Maria liderava uma mobilização permanente em busca de alternativas econômicas que ocorressem junto à floresta, a autorreflexão indica que esse gesto transformador da constituição dela como sujeito poderia contagiar uma transformação maior, coletiva. As mulheres estavam lutando juntas, buscando alternativas coletivas. No caso da situação desesperadora da autoproteção frente a um iminente ataque de pistoleiros, pegar em armas é parte da "coragem feminina", como vimos, expressão utilizada por Laisa para definir a força e a luta da irmã mais velha. Laisa foi viver no PAE com o marido, Zé Rondon, inspirada pela luta da irmã e do cunhado, aprendendo com ela a paixão pelo ambientalismo, pela defesa da floresta e do extrativismo, e seguiu seus passos também na pedagogia. Era amiga e confidente da irmã, e grande admiradora. Logo depois dos assassinatos, Laisa passou a liderar o GTAE e foi uma voz fundamental para denunciar os crimes e lutar por justiça, junto a Claudelice. Por isso, recebeu ameaças de morte e foi obrigada a entrar no programa de proteção a defensores de direitos humanos do governo federal. Ainda hoje, o GTAE segue como uma força mobilizadora da coragem feminina no PAE.

Laisa indica que a "coragem feminina" de Maria pode ter tido início antes de sua constituição como sujeita de luta camponesa, na resistência aos próprios marcadores de gênero e de classe a que ela esteve submetida: "Numa sociedade onde imperava ou impera a lei do mais forte, a própria classe feminina dizia 'ruim com ele [homem], pior sem ele'. Maria começando a defender seus ideais, passa a enfrentar todos os desafios para garantir em todos os aspectos o sustento de seus cinco filhos" (Sampaio, 2012).

Um ano depois do assassinato da irmã, Laisa escreveu uma análise sobre a trajetória de vida de Maria.[15] No texto, ela destaca seu papel ativo, criando condições materiais para a luta do casal, por exemplo, quando José Cláudio foi eleito para a presidência da Apaep: "Foi inevitável o incentivo e apoio da figura feminina representada por Maria como militante inserida no movimento social" (Sampaio, 2012). Maria, para sua irmã, teve um papel fundamental na resistência, ao lado do companheiro. Assim como outras mulheres, estava na base, na defesa material da reprodução da vida no território, criando as condições de subsistência sem as quais não existiria a luta, mas também disputando o protagonismo e a liderança das ações políticas com os homens.

> As mulheres ficavam à margem dessa luta, pois se dizia que mulher tinha que cuidar da casa e dos filhos. Maria nos deixa o exemplo de quebra de paradigma, pois, mesmo sendo mulher, se tornou possível delinear na sociedade sua coragem e ousadia em busca da tão esperada reforma agrária, e algum dos seus direitos oficializados. Seja em qual for a frente de luta, a mulher passou a atingir um novo patamar, representado pelo mérito de sua força na persistência, para conseguir seus objetivos. (Sampaio, 2012)

Se as ações diretas contribuíram para a formação da subjetividade de Maria, as estratégias de luta eram

---

15 O trabalho, mimeografado, foi apresentado em 2012 na UFPA, sob o título *Reescrevendo a história para escrever a vida: Maria do Espírito Santo? Presente, agora e sempre!*

pacíficas, através de mecanismos para provocar as instituições públicas em defesa da legalidade, em uma região onde o Estado estrategicamente se fazia omisso. Eles buscavam a via institucional como uma forma de defesa da política e da antiviolência. O casal constantemente informava os aparelhos do Estado, como já dissemos, instando-os a agir para o cumprimento da lei: tinham consciência do limite de suas forças e de que era preciso lutar dentro do sistema político do Estado de Direito.

Dan Baron, pedagogo e artista, amigo de Maria, percebeu nela, além de uma educadora, uma liderança que "acreditava no poder sensibilizador, educativo, motivador e transformador das artes" (Baron *et al.*, 2011, p.9). Maria deu um depoimento em vida, muito potente, para um livro editado por ele sobre vozes do campo. No texto, Maria relata ameaças de morte por um fazendeiro, e também a atuação da polícia junto ao fazendeiro, de forma semelhante ao que faria José Rodrigues contra Francisco Tadeu Vaz e Silva na disputa de sua pretensa propriedade. Maria recorda uma ameaça ocorrida no dia 13 de novembro de 2003, quando ocupava a presidência da Apaep. Fazendeiros estavam resistindo ao projeto. Ela estava em casa, com sua família, quando um fazendeiro chamado Hildenor Barros chegou em uma caminhonete. Ele era advogado também, em Nova Ipixuna, e trouxe dois policiais civis consigo. Junto deles, estava um agricultor conhecido como Chiquinho. Maria relata a tensão da disputa pela terra com o fazendeiro, pretenso proprietário da Fazenda São Benedito, que se recusava a ceder. Na posição de liderança da Apaep, Maria dizia que estava lutando para que o Incra indenizasse os fazendeiros, inclusive Hildenor. As indenizações distensionariam os conflitos e permitiriam que as famílias pudessem viver da reforma agrária nas áreas que eram ocupadas por fazendas. Esse relato de Maria, que alude a um fato ocorrido quase uma década antes do assassinato, mostra como eles viveram por muitos anos ameaçados de morte.

O episódio foi coberto pelo jornal *Diário do Pará*, em 14 de novembro de 2003, em uma reportagem com o título "Sindicalista presa por liderar ocupação em fazenda".[16] De acordo com o relato de Maria,

> O fazendeiro pediu que eu entregasse uma relação com nomes dos agricultores que iriam ocupar a fazenda. Eu falei que não entregaria. Com agentes da polícia em volta de mim de armas em punho, o fazendeiro continuou insistindo para que eu lhes desse a relação. Com a minha resistência, eles decidiram me trazer presa para a delegacia de Polícia Civil em Marabá. Não pude recuar, pois meu companheiro armou uma estratégia e quando eu entrei para pegar os meus documentos pessoais, ele me disse: vá e não se preocupe, eu vou de moto. Quando chegar lá, os nossos advogados já estarão lá lhe esperando.
>
> O fazendeiro dizia que eu era uma ladrona de terra. Eu perguntei: Qual de nós dois é ladrão de terras, eu ou você? Ele disse que era para eu respeitá-lo porque ele era doutor. Eu retruquei dizendo que ele não passava de mero advogado dos tempos dos coronéis! Às vezes me pergunto: quanta ousadia, Maria! O delegado me avisou que era melhor calar a boca. Não me calei.
>
> Chegamos numa pequena vila antes da cidade de Nova Ipixuna e eles pararam para lanchar. Eu fiquei dentro do carro com um policial e o agricultor. Daí eu falei para o policial ir lanchar também. Vou fugir daqui, pois a causa que defendo não é ofensiva, o quanto as ações da burguesia. O Chiquinho saiu, mas eu não saí. Aproveitei

---

[16] A matéria informa que havia cerca de cem famílias na ocupação e que Maria "não foi pega dentro da área da fazenda", não configurando flagrante, na leitura do jornal e da polícia. O veículo informa que Maria iria "responder judicialmente porque estaria arregimentando sem-terras para invadir a Fazenda São Sebastião".

esse momento para continuar escrevendo meu memorial, que seria um trabalho para apresentar no final do curso magistério que estava fazendo na universidade. Escrevendo, mas sempre os observando.

Logo chega um policial e fala pra mim: Você é muito tranquila. Eu disse: não há razões para desespero. Ele me pergunta: o que você está escrevendo? Disse: trechos para o meu memorial. Continuei: esse número de treze é especial, pois define a minha vida como militante do PT cujo número eleitoral é treze, que é treze anos, e a minha mãe nasceu no dia 13. Daí ele disse: você estuda na universidade? Confirmei. A partir desse momento, quando continuamos a viagem, a conversa foi mudando.

Chegando à delegacia, estavam três advogados da Comissão Pastoral da Terra e dois advogados da Sociedade Paraense em Defesa dos Direitos Humanos. O delegado e os agentes policiais se assustaram quando viram os advogados, mas não cheguei a ficar trancada na cela. Fomos para a sala do delegado. Nesse momento, o delegado não teve mais argumentos. Só ocorreram algumas discussões entre o delegado e os advogados.

Certo é que se tivesse ficado presa, estaria de cabeça erguida porque eu estava ali defendendo uma causa muito maior e sim, ousada: o projeto agroextrativista.

Eu não me lembro muito bem a data do mês, sei que era junho. Saí para coordenar uma reunião com os/as agricultores/as sem-terra para tirar encaminhamento das nossas articulações. Cheguei à casa de um dos agricultores, aos poucos também foram chegando homens, mulheres e crianças quando, de repente, ouvimos o barulho de um carro que se aproximava. Logo os agricultores disseram que era o carro de seu Joaquim Lopes, que se dizia o dono da fazenda. Passou direto, não parou nesse momento, mas não demorou muito, voltou.

Quase que eu ficava ali sozinha, com dois agricultores comigo. O carro parou com dois homens em cima da caminhonete, cada um com uma escopeta calibre doze (até isso na minha trajetória estou aprendendo, a reconhecer armas!). Daí, o fazendeiro me chamou e eu disse uma frase que não esqueço até hoje: a distância que tem daqui de onde estou pra onde o senhor está é a mesma daí para cá.

Desceu do carro o fazendeiro e entrou, mas os dois pistoleiros ficaram de lá com as armas na mão. Ficamos conversando por aproximadamente uma hora e mais. Então se levantou, pegou na minha mão e disse: vocês podem agradecer a Deus por ter uma mulher tão corajosa que luta para dar terra para vocês. Continuava segurando na minha mão. Os agricultores teriam em poucos dias perdido suas casas com tudo o que tinham. Esse mesmo fazendeiro colocou os pistoleiros para queimarem todas as 22 casas.

A cada barbárie que acontecia, eu me revoltava ainda mais. (Espírito Santo da Silva, 2011b, p.73-5)

Ética e transformação do mundo

Maria começou a ler intensamente desde que cursou o magistério pelo Pronera, quando teve contato com os livros de Paulo Freire. As leituras de Freire se intensificaram quando ela se aproximou do MST. Ler se tornou uma paixão, e as leituras passaram a formar a sua visão de mundo, como escreveu em seu memorial: "A minha bandeira de luta tem tudo a ver com as ideias de Paulo Freire, pois que eu também não acredito que se constrói algo sozinho, porque é dentro de um coletivo que, a cada dia, nos humanizamos cada vez mais" (Espírito Santo da Silva, 2004, p.26).

A riqueza dos detalhes expostos por Maria e José Cláudio nos relatos de indignação diante das injustiças, da revolta diante da barbárie, da decisão de se insurgir compõe um repertório fundamental para se compreender a dimensão profunda da luta ambientalista na Amazônia. O cuidado de si, como sugerido em Foucault (2009a), é também o cuidado dos outros. Essa relação do sujeito está profundamente vinculada a sua responsabilidade social e coletiva: cuidar de si, como Sócrates em seu julgamento, era também cuidar da coletividade. Tais práticas do cuidado de si e dos outros estão relacionadas à dimensão ética e à prática da liberdade. Constituem um processo de resistência ao poder e à subjugação.

Essa relação de cuidado de si e da formação da subjetividade compõe uma ética que significa também o cuidado dos outros, o cuidado do comum, em uma relação dialética entre subjetividade e objetividade proposta por Paulo Freire, que não apenas denuncia e expõe o poder, mas pretende algo maior, a meu ver: cuidar de si para transformar o mundo. Em Freire, essa relação dialética perpassa a formação tanto de sujeitos críticos, com uma educação e um processo formativo para a liberdade, quanto de sujeitos éticos, que possuem consciência das opressões sociais e do dever de agir para melhorar o mundo.

O objetivo político do casal era transformar o mundo a partir de onde viviam. Materializar no seu cotidiano a luta política por justiça e igualdade. É fundamental discutir suas reflexões em suas trajetórias, situações no mundo e estratégias de ação. Maria se autorreconheceu como sujeito da luta camponesa por meio da concepção freireana de sujeito e práxis, segundo a qual a educação libertadora é uma forma de transformação do mundo. Quando integrou o Pronera, cursando pedagogia do campo na UFPA, além de cursos de formação nos movimentos sociais, sobretudo com o MST, ela passou a ter acesso a textos de Paulo Freire, e também de Moacir Gadotti e Leonardo Boff, a ler o pensamento de Chico Mendes, além de conhecer os pormenores da luta seringueira no Acre. Nesse caminho de formação intelectual, a sua "coragem feminina" atravessou um processo de saber-poder no seu espaço de luta, que ocorreu no cotidiano das relações — fosse pela mediação, pela liderança e pelo trabalho comunitário no PAE, fosse no enfrentamento aos crimes ambientais, com as denúncias às instituições do Estado.

Freire teve profunda influência na formação da consciência política e na constituição de sujeitos em Maria e José Cláudio, assim como na percepção crítica da violência epistêmica que inferiorizava o saber de suas práticas e de suas experiências de vida. Em *Extensão ou comunicação?*, Freire (1997) discute o papel dos formadores agrônomos, questiona o extensionismo agrícola que despreza os saberes camponeses, denuncia a "invasão cultural", o desprezo pelo conhecimento empírico e a dimensão domesticadora da extensão com as fórmulas prontas. Maria acompanhava essa crítica. Por isso, dedicava-se a pensar uma educação libertadora entre os jovens do PAE, que valorizasse o saber camponês e o conhecimento tradicional, uma ação que ela orientava na pedagogia de sua irmã, Laisa, como educadora na escola. Na posição de liderança que recebia pesquisadores externos, Maria criticava as pesquisas que objetificavam os agricultores, sobretudo aquelas que não compartilhavam os resultados com a comunidade. Para ela, tais pesquisas só serviriam para obter fundamentação para elas próprias a partir das vivências populares.

O sujeito, em Freire, é consciente das estruturas políticas e econômicas de dominação, mas tem capacidade de intervir no mundo, de transformá-lo e construir uma nova sociedade. Por isso, ao se tornarem aptos a reconhecer como as estruturas os influenciam e condicionam seu comportamento e consciência, os sujeitos passam a ter capacidade de intervir na realidade. Conhecer as estruturas de dominação, para Freire, não deveria ser um processo paralisante ou que provoque imobilidade. Ao contrário: é a partir dessa consciência que se "abre o caminho à sua intervenção no mundo" (Freire, 2000, p.27). Freire fala, portanto, de uma dialética entre subjetividade e objetividade:

> é nas condições materiais da sociedade que se gestam a luta e as transformações políticas, não é possível [...] negar a importância fundamental da subjetividade na história. Nem a subjetividade faz, *todo poderosamente*, a objetividade nem esta perfila, inapelavelmente, a subjetividade. Para mim, não é possível falar de subjetividade a não ser se compreendida em sua dialética relação com a objetividade. (Freire, 2000, p.27)

Essa relação dialética permite ao indivíduo a capacidade de fazer escolhas baseadas em princípios éticos da vida. Maria, em seu processo formativo pela pedagogia crítica e com os movimentos sociais, percebia a si e a seu companheiro intervindo eticamente e mudando concretamente o mundo. Diante do dever de mudar o mundo, inaceitável era ser omisso. É nisso que reside a diferença primordial entre condicionamento e determinação, segundo Freire (2000, p.27): "Só é possível, inclusive, falar em ética se há escolha que advém da capacidade de comparar, se há responsabilidade assumida". É na luta que se faz o futuro, que se transforma o mundo. Ao se conhecerem as estruturas de dominação, emerge a rebeldia dos sujeitos. Sujeitos que se posicionam como sujeitos coletivos, que lutam por "sonhos coletivos", como Maria enfatizou, e não por sonhos individuais.

Maria acreditava que a educação poderia transformar o mundo, por meio da formação de sujeitos críticos. Ela sabia dos limites da escola — inclusive, narrou com tristeza ter sido professora de um dos pistoleiros que assassinou a família do sindicalista José Pinheiro Lima (Dedé), amigo próximo do casal, morto na chacina de Morada Nova, em 2001 (Espírito Santo da Silva, 2004). Sabia que a educação era um processo longo e lento, ao passo que, em um contexto de ataques, o momento era de urgência. Ao comentar sobre a sua forma de atuação e a de sua irmã, que trabalhava como professora na escola, disse que "cada um tem a sua forma. Ela trabalha dentro da sala e eu, no sistema informal, fora". O "sistema fora" era o enfrentamento direto ou através de denúncias, pela urgência necessária para salvar o PAE da devastação: "O caso agora é de denúncia". Mas, para que o trabalho de denúncia e enfrentamento tivesse futuro, era preciso educação e formação de novos sujeitos. Por isso, Maria enfatizava a importância do trabalho seu e de Laisa, como mulheres e irmãs parceiras na luta comum.

Fazer denúncias implicaria arriscar a vida para informar os aparelhos do Estado. Caberia a eles agir para proteger a floresta, o assentamento e cumprir a lei. Mas esses aparelhos estavam sendo omissos, e tal omissão expunha aqueles que informavam o Estado. À frente da Apaep, Maria seguiu reforçando o controle da legalidade das práticas no PAE. Ao mesmo tempo, foi no seu mandato enquanto presidenta que o projeto recebeu 43 novas famílias em busca de terra — migrantes, em sua maioria do Maranhão —, que tinham o direito de trabalhar com a floresta para viver com dignidade. Maria acolheu essas famílias, trabalhando para destinar os lotes, orientando, apoiando, criando formas de integrar as pessoas recém-chegadas a um comum. Segundo descreve Laisa, sua gestão foi um expoente da "luta feminina" no PAE e do "papel feminino" na luta pela terra.

A construção das mulheres como sujeitos implicava defender o projeto comum, em uma luta atravessada pelos marcadores de gênero, que era tanto contra a alienação do trabalho (doméstico, de cuidado, reprodutivo

e produtivo) quanto contra a alienação da natureza.
O ambientalismo de Maria poderia ser interpretado como um ecofeminismo popular, identidade que posteriormente Laisa passou a afirmar, pois a luta contra a opressão não acontecia apenas dentro da dinâmica de classe, como a luta contra o latifúndio, mas também da opressão de gênero nas relações sociais no assentamento. Era contra essas formas de dominação que a "luta feminina" de Maria também se insurgia no PAE. Conforme escreve Laisa,

> A ampliação significativa da produção dos fitoterápicos e fitocosméticos das mulheres que compõem o grupo GTAE, embora tenha avanços cada vez mais positivos, a situação de deslocamento enfrentada pela maioria das componentes ainda é difícil, umas além de morarem distante do local de encontro/produção, têm que enfrentar a não permissão do marido, porque os direitos iguais ainda não são válidos em algumas situações das mulheres da localidade, e quando têm permissão do marido, devem sair depois de deixar a alimentação pronta, além de ter que levar até o local da roça, e em seguida têm que andar a pé até oito quilômetros, sem menor infraestrutura básica de estradas e muito menos o transporte para o seu deslocamento, sendo que as crianças elas têm que levar consigo por não ter com quem deixar. (Sampaio, 2009)

A proposta econômica do GTAE procurava fazer com que toda a cadeia de produção extrativista fosse feita por mulheres, de forma que pudessem conquistar autonomia em relação ao trabalho masculino. Apesar de aumentar a jornada de trabalho diante da divisão desigual do trabalho doméstico, isso conferiria certa autonomia política e econômica, de que elas precisavam para buscar igualdade de gênero nas relações domésticas. Elas, assim, passaram a realizar a extração e a coleta da castanha, do cupuaçu e da andiroba, e a executar todas as etapas agroextrativistas, buscando agregar valor através de beneficiamento dos produtos da floresta. O trabalho extrativista masculino, ao contrário, estaria limitado à coleta, extração e repasse do produto *in natura* (Sampaio, 2009). Como o lucro pelo produto beneficiado era maior — e essa compreensão foi adquirida a partir do trabalho das mulheres —, isso favoreceria sua luta dentro do assentamento.

José Cláudio e Maria tinham uma relação diferente da das outras famílias, e debatiam a divisão das tarefas de forma a equilibrar uma parceria, com ele mais focado no trabalho na floresta e no processamento, e ela cumprindo o trabalho doméstico, o trabalho extrativista e ainda a própria luta política, que liderava, conforme Sampaio (2012): "Desempenhando seu papel [de] dona de casa, mãe, coletora dos produtos da floresta, ainda buscava tempo para estudar, e mesmo em meio a tantas atividades, não perdia a sua essência". Quando a encontrei, Maria relatou o apoio e parceria de José Cláudio para que ela pudesse avançar nos estudos, enfatizando o compromisso de ambos na divisão das tarefas e no compartilhamento da luta. Na percepção de Laisa, sua irmã cumpria diversas jornadas, assim como as mulheres do GTAE. Esse aspecto do trabalho doméstico e de luta em Maria evidencia a invisibilização do trabalho socialmente atribuído às mulheres, inclusive o reprodutivo, que, de acordo com Federici (2017), estruturalmente é livre de custos: os trabalhos que "não contam".

As mulheres do GTAE, lideradas por Maria, perceberam a relação entre a opressão às mulheres e à natureza. Igualmente, perceberam que a relação com a natureza poderia ter um potencial emancipatório. Esse movimento no interior do PAE representa também um movimento contra-hegemônico na estrutura agrária que avança sobre a Amazônia. Todos os interesses externos que visavam os recursos da floresta, o papel de negociação e de mercantilização da natureza, a negociação com as serrarias, a venda das árvores, e de todo o sistema da vida da floresta do qual as mulheres dependiam para sobreviver, socialmente, eram atribuídos aos homens. São os homens que dominam essas transações ilegais, que negociam com os madeireiros, com os carvoeiros, com os fazendeiros. A rede de saque da floresta que cerca o PAE é toda masculinizada. A defesa da natureza e o processo de formação das mulheres como sujeitas políticas não eram movimentos separados, muito menos essencialistas na sua relação com a floresta. Tal como sugere Barca (2020), essa luta coletiva liderada pelas mulheres no PAE, uma força da reprodução, era uma luta contra o cercamento do comum.

Contra-pedagogia da escravidão

As descrições de Maria e José Cláudio contêm um teor profundamente revolucionário, que convoca à ação. Por isso, ressalto a importância de interpretar seu pensamento em diálogo com autores revolucionários, seja na perspectiva da práxis, em Paulo Freire, ou com a leitura anticolonial de Frantz Fanon, cujos paralelos encontro na análise da potência do sujeito ambientalista.

Maria descrevia conscientemente o papel masculino nas transações ilegais, na venda da madeira e do carvão, e as relações entre patriarcado, capitalismo e predação da floresta. O motor dessa engrenagem da masculinidade antiambientalista girava em torno da "alienação". Por meio da alienação, madeireiros e fazendeiros "conseguem colocar os trabalhadores contra a gente". Nesse sistema, o agricultor não seria o culpado, segundo ela, "porque a pessoa, quando não tem o conhecimento, é fácil de ser enganada". Quando perguntei quem seria o culpado, ela respondeu: "Culpado é o empresário do carvão, que aliena as pessoas, que engana as pessoas com as propostas indecentes".

A alta dos preços das commodities na primeira década do século XXI pressionou a região de todas as formas, tendo o carvoejamento como um dos motores do desmatamento. A maior parte do lucro das guseiras vinha justamente da superexploração da floresta pelo carvão. A chegada da luz elétrica no assentamento, apenas em 2007 — mesmo ele sendo banhado pelo lago da usina hidrelétrica (UHE) de Tucuruí —, por meio de programa social específico, trouxe melhoria das condições de vida, mas também endividamento. Sem regularização fundiária, sem créditos específicos, sem apoio para o escoamento da produção, sem os investimentos que eram compromisso do Incra e sem regularização fundiária, os moradores do PAE ficavam vulneráveis, junto à floresta, à expansão do capital extrativista. O aumento da repressão por operações de comando e controle brecava o desmatamento, mas não continha a pressão produzida pelos investimentos econômicos predatórios incentivados pelo Estado.

Em 2009, uma operação do Ibama havia fechado a maior serraria da cidade, depois da reincidência na extração ilegal de castanheiras e tentativas do madeireiro de enganar os fiscais do órgão. Essa ação de controle da lei provocou um momentâneo declínio da economia, com a demissão de trabalhadores e, por um período, a interrupção da venda ilegal de madeira no PAE, ocasionando uma suspensão de pagamento a alguns assentados. Tal como por ocasião dos desdobramentos que levaram à operação Arco de Fogo[17] e à criação da Força Nacional

17 Realizada em Tailândia (PA), em 2008, com participação de Ibama, Força Nacional de Segurança e Polícia Federal, a operação Arco de Fogo teve como objetivo o combate aos crimes ambientais relacionados à retirada de madeira e a carvoarias ilegais. [N.E.]

de Segurança Pública (FNSP), houve uma reação violenta. Essa ação aumentou a inimizade contra o casal, pois se suspeitava na região que a operação decorria de suas denúncias — e não da implantação de um programa maior, e nacional, de controle do desmatamento na Amazônia. Maria me relatou a intimidação que sofreu por uma mulher contrária ao fechamento das serrarias. Ela estava dentro de um micro-ônibus, junto a Claudenir:

> Porque eu vinha dentro da van, logo assim, uns três ou quatro dias que tinham lacrado a serraria, aí eu estava para Marabá. Quando a van chegou em frente [à madeireira], a mulher falou: "Olha aí, o que fizeram, com o Ibama, o que o Ibama fez. Trancou as serrarias aí, lacrou as serrarias todas aí. Agora, como é que o pessoal vai viver. E aí?". E um homem falou: "Isso aí é só lá um homem e uma mulher que tem lá para o rumo da Massaranduba, que não deixam o povo ter sossego". [...] A mulher falou: "É o pessoal do atraso, é o pessoal do atraso. Hoje está aí, todo mundo de cara pra cima, porque…". [...] Aí, a Claudenir olhou para mim, sorriu. E a mulher: "É o atraso!". Aí, um homem lá atrás falou assim: "É, mas, enquanto eles vivem trabalhando na ilegalidade, vai acontecer é isso mesmo". "Não, não é, não, é porque tem gente atrasada, aí agora está o maior prejuízo." E falou o nome do madeireiro: "Pegou a multa, mais de trezentos mil reais, e não vai ter condição de pagar…". Tipo assim: o oprimido, defendendo o opressor. E eles conseguem fazer isso. O oprimido consegue defender o opressor, que é o patrão. E recebe lá uma hora extra, recebe um salário mínimo. Escravos: são escravos mesmo.

A alienação, na concepção de Maria, era de toda a classe agricultora, que não assumia a sua responsabilidade ética de transformar a realidade de opressão.

Ao contrário: aceitavam ser escravizados. É a servidão voluntária do oprimido, que defende o opressor. Está em Freire, em *Pedagogia do oprimido*, a descrição da relação: "Quase sempre, num primeiro momento deste descobrimento, os oprimidos, em vez de buscar a libertação na luta e por ela, tendem a ser opressores também, ou subopressores" (Freire, 1987, p. 32). Freire explica que a aderência ao opressor não possibilita a consciência de si como pessoa e, como exemplo, cita a reforma agrária: "Querem a reforma agrária, não para se libertarem, mas para passarem a ter terra e, com esta, tornar-se proprietários ou, mais precisamente, patrões de novos empregados" (Freire, 1987, p. 33).

A crítica contundente de Maria, tal como em Freire, dirigia-se, sobretudo, àqueles que haviam conseguido ser assentados, tinham o controle da terra, possuíam a floresta em toda sua diversidade e integridade. Ou seja, dispunham das condições necessárias para viver de forma autônoma e digna. Mas, frente às pressões, optaram por vender a floresta, entregar a terra e alienar a sua força de trabalho para os patrões — no caso, os madeireiros ou os fazendeiros. Relatou Maria:

> Nem a carteira assinada, a maioria não assina mesmo. Inventa um negócio de um serviço temporário, que é justamente para poder ludibriar a lei mesmo. E aí, fica enganando. Final de ano, são muito gentis. Ave Maria, são bons demais! Fazem cesta básica, colocam um vinho, colocam aquele panetone da marca pior que tem. Aí, o patrão faz uma cesta e leva. E todos os funcionários, à tarde, recebendo aquela cesta... "O patrão é muito bom, todo fim de ano dá uma cesta básica. Todo fim de ano, dia 23 de dezembro." E o que ele vai comer daqui para chegar o outro 23 de dezembro? Mas, infelizmente, são alienados ao sistema. Ninguém pode culpá-los. São alienados.

Em vez de se tornarem proprietários, essa aderência aos opressores causava uma imersão ainda mais profunda na engrenagem: a exploração por dívida, que pode se desenvolver pela servidão associada ao paternalismo, e outras formas de violência. Mas o sonho do rápido enriquecimento, a ganância, ou seja, os valores dos opressores, acabavam servindo de forma mais eficaz. E essa análise crítica vem de dentro da própria classe, em marcante consciência desenvolvida por Maria e José Cláudio, e em sua passagem à ação para a libertação coletiva. No caso do pae, a única forma de enriquecer seria se descolar de sua classe e se aliar ao patrão: o "bom patrão". Assim, teriam um ganho rápido e mudariam de lugar ou aceitariam a dominação. Havia, no pae, uma forma de servidão voluntária, que Maria e José Cláudio denunciaram. Essa situação servil estava ligada à alienação. Compunha um ciclo de dominação que partia da alienação da consciência e seguia até a negociação do ambiente e das condições ecológicas de trabalho, mobilizadas pelo desejo de "enricar", a vontade de ser igual ao patrão, distanciar-se de sua classe. José Cláudio descreveu da seguinte forma:

> O camarada quer enricar em um piscar de olho. Quer possuir, digamos, uma moto; quer possuir, digamos, uma geladeira, uma televisão, e o cara não procura o meio para fazer isso sem destruir o meio ambiente. Então ele se vale da floresta… A primeira coisa que ele faz: vende a madeira. Com tudo. Porque ele vai fazendo de parcela. Ele vende primeiro a madeira que serve, e deixa a castanha. Ele compra uma moto velha, aí a moto começa a dar problema… Tem que ter combustível, tem que ter pneu, tem que ter a manutenção. Aí, ele começa a vender as castanheiras, até quando resulta zerado. Aí, se volta para o carvão, que é outra prática predatória que tem aqui na nossa região, as guseiras que estão ali em Marabá estão detonando toda a região com carvão vegetal. Aí, o madeireiro tira a principal de fazer madeira, e eles vêm

e acabam de achatar o resto. Tirar o resto tudo em carvão. E o camarada vai jogando semente de capim, pra acabar de resolver o problema.

Nessa ordem de sucessivas alienações, primeiro, vende-se a floresta, as madeiras de maior valor e que podem ser legalizadas. Depois desse primeiro movimento, vendem-se as castanheiras, que constituem efetivamente a possibilidade de autonomia do trabalho em um contexto extrativista. Sem condições ecológicas de viver a partir dos recursos da floresta, que já foi desmatada, o passo seguinte é produzir carvão ilegal com o restante de mata que sobrou. Com isso, vende-se a matéria-prima da fertilização do solo para uma roça ou outra produção agrícola. Mas, para começar a produção de carvão, já se contrai uma dívida inicial, relativa à construção do forno e fornecimento dos equipamentos necessários, adiantada pelos carvoeiros. Seguindo o sonho de ser patrão, os agricultores plantam pasto e partem para a pecuária. Com a terra desfertilizada, sem recursos para adquirir gado e com uma pastagem que não permite a concentração bovina, são levados a abandonar a terra ou trabalhar "de meia". O destino é se mudar para a cidade, caçar uma terra para tomar posse, trabalhar na madeireira ou servir ao pecuarista dentro de seu próprio lote. Em todo esse processo, o trabalhador é esbulhado.

São espoliações sucessivas da riqueza que teriam caso protegessem a floresta e vivessem de forma sustentável por meio de agroextrativismo. Pelos valores que eram oferecidos pela castanha à época — em torno de cinquenta a cem reais por árvore —, os madeireiros pagavam muito menos do que a floresta valia no mercado. Em seguida, o carvão era produzido a partir da dívida inicial contraída pelos assentados. Com a floresta degradada, restava ao trabalhador produzir mais carvão, já que não dispunha de frutos para coleta. São emblemáticos a consciência que José Cláudio tinha dessa situação de dominação e o modo como expunha isso para os outros agricultores assentados. Assim ele me relatou uma discussão que teve com um assentado que estava produzindo carvão nesse sistema:

> Outro dia, um carvoeiro me disse: "É, seu Zé Cláudio, você é contra a fazeção de carvão, a tiração de madeira". Eu falei: "Não, senhor. Eu não, não sou o homem da caverna, não. Eu tenho uma cabeça evoluída. Eu sou contra o sistema em que vocês trabalham. A maneira em que vocês trabalham. Vocês são escravos. Vocês são escravos. Você não tem controle, e vocês não ganham nada. Vocês trabalham altamente para os outros, destruindo um bem comum de vocês, sem ter dinheiro para vocês.

Em função da dívida, o carvoeiro poderia "mantê-lo na mão, pagando uma mixaria pelo produto que ele faz". Contra esse movimento, para José Cláudio, haveria duas saídas: a fiscalização do poder público e a organização dos trabalhadores.

O que significa enricar, a não ser se transformar em patrão? O sonho sempre inalcançável de ser igual ao opressor. O desejo do caboclo de se tornar o senhor. A mentalidade do pequeno que quer ser grande, do assentado que quer ser fazendeiro. Uma situação, inclusive, da qual compartilha o mandante do assassinato do casal: um pequeno que corria atrás de terra para tomar posse, de forma violenta, com o desejo de enricar e se tornar um fazendeiro. Essa mentalidade o fazia internalizar os valores daqueles que o oprimiam. A descrição oferecida tanto por José Cláudio quanto por Maria é a da dialética da servidão dentro da situação agroextrativista. Nela, o assentado agroextrativista, morador do PAE, quer deixar de ser quem é para se tornar o patrão. Acontece que o patrão não enxerga, no espelho do reconhecimento, a humanidade do peão: o peão é uma não pessoa na Amazônia. Não é um igual, não há um jogo da reciprocidade da diferença. Tal como um escravizado, o assentado é um peão, é uma mercadoria, uma força animal de trabalho, um objeto a ser chutado de cima da terra que o fazendeiro acredita pertencer a ele, a ser expulso da floresta que o madeireiro quer serrar.

A aceitação da condição do escravizado, descrita por José Cláudio e por Maria, é uma etapa no processo em que um trabalhador liberto, por ter o controle da terra e da sua força de trabalho, deixa-se escravizar. Seduzido pelas promessas de ganho rápido, almeja se tornar patrão, vendendo a floresta. Ou seja, internaliza os valores e os desejos dos opressores. Nesse caso, não é o mesmo que o trabalho em condições análogas à escravidão, em que os "gatos" — como são chamados os aliciadores e capatazes — capturam migrantes pobres recém-chegados, levando-os para fazendas distantes, onde são submetidos à escravização. No PAE, ao contrário, o assentado é quem se deixa escravizar, em um processo de dominação que não acontece em uma terra distante, mas em sua própria terra. Ao aceitar mercantilizar e vender a floresta — que seria a sua única alternativa econômica de subsistência e autonomia —, visando o enriquecimento rápido, imaginando que nesse processo poderá se tornar patrão, o assentado acaba por perder as condições de sobrevivência. Era evidente que essa crítica contundente que Maria e José Cláudio faziam a seus pares, diante da incompreensão da condição de classe trabalhadora em que viviam, provocava inimizade entre os assentados. Por isso, Maria acreditava na importância do processo pedagógico para combater a alienação.

Mais que a violência física, ou além da violência física, a percepção de um sistema capaz de tirar a dignidade dos agricultores extrativistas, bem como promover a internalização dos valores do opressor, é o que, tal como em Frantz Fanon, faz de Maria e José Cláudio pensadores da "condição colonial", no enfrentamento aos padrões da dominação da colonialidade do poder. E faz com que suas lutas sejam, nesse sentido, anticoloniais, e em favor de uma emancipação dos corpos e da natureza.

O mundo do assentamento era um mundo compartimentado, um mundo cindido, tal como Fanon (2006) descreve a cidade do colonizado. O PAE dos assentados era oposto às fazendas do latifúndio. Esse mundo representava a situação colonial reproduzida pela colonialidade do poder presente na desigualdade da Amazônia, sobretudo do violento sul e sudeste do Pará. O problema não se limitava à classe social, pois envolvia o racismo e o colonialismo. Nessa situação, a infraestrutura e a superestrutura se confundiam, tal como Fanon descreve em relação à situação colonial: se é rico porque se é branco, se é branco porque se é rico. Essa produção de modos profundos de exclusão pode explicar o tipo de exclusão social descrita por Maria, que implicava a eliminação física, o assassinato, a execução. Para que ocorra essa eliminação física, a humanidade dos camponeses, "caboclos", "maranhenses" já havia sido posta em questão. Fanon convoca a pensar a desumanização dos sujeitos excluídos. Maria e José Cláudio tinham consciência de pertencer ao grupo dos oprimidos e tentavam ajudar os outros companheiros a construir a consciência de sua situação objetiva e subjetiva, e se organizar para transformar o mundo.

Nesse sentido, a servidão voluntária denunciada por Maria e José Cláudio se relaciona à dialética de Fanon do jogo incompleto de reciprocidade e reconhecimento, isto é, mais precisamente, à "interdição do reconhecimento": a negação do outro (Faustino, 2021). O processo de identificação através do espelho da alteridade tampouco se realiza na situação abissal da colonização amazônica. Essa interpretação permite uma analogia mais próxima à racialização, pois os agroextrativistas como Maria e José Cláudio se reconheciam como "caboclos" (José Cláudio afirmava sua ascendência Kayapó) ou eram chamados de "maranhenses", em uma racialização comum na região. Brancos são os fazendeiros, os madeireiros, os donos das serrarias: o patrão, o senhor. Brancos são os "gaúchos", os "paulistas". O mundo é cindido.

No contundente *Pele negra, máscaras brancas*, Fanon (2008, p.179) descreve a dimensão psicológica do racismo que opera no desejo de embranquecimento. A falta de consciência da situação de subordinação, como levantado por Maria e José Cláudio, pode ter uma relação com o jogo incompleto da reciprocidade que é descrito por Fanon. "O único método de ruptura com este círculo infernal que me reenvia a mim mesmo é restituir ao outro, através da mediação e do reconhecimento, sua realidade humana, diferente da realidade natural" (Fanon, 2008, p.181). A operação de reconhecimento pressupõe a reciprocidade, pois, em Fanon, para haver consciência de si para si, para ter a certeza de "si-mesmo", é preciso integrar o conceito de reconhecimento: "o outro, igualmente, espera nosso reconhecimento, a fim de se expandir na consciência de si universal".

Essa sociedade racialmente hierarquizada da Amazônia oferece uma proximidade de situações com o mundo colonial, permitindo contrapor as descrições de Fanon e a *Pedagogia do oprimido* ao episódio descrito por Maria a respeito da internalização dos valores do opressor pelos oprimidos. Tal proximidade entre a situação colonial histórica e a colonialidade convoca a uma reflexão sobre os paralelos entre seus pensamentos e a dimensão desumanizadora do racismo na *máscara branca*: "O preto é um escravo a quem se permitiu adotar uma atitude de senhor. O branco é um senhor que permitiu a seus escravos comer na sua mesa" (Fanon, 2008, p.182).

O problema da servidão opera em um efeito de consciência de si muito similar ao que aponta Maria, e na falta da reciprocidade que constitui o sujeito, no não reconhecimento da humanidade do outro, na própria construção do outro como um ser inferior a ser explorado. "Sentar-se à mesa com o senhor" lembra quando Maria narra que, no final do ano, os donos das serrarias, ou seja, os "senhores", ofereciam cestas básicas para os assentados. Em Fanon, o senhor permite ao escravizado se sentar à mesa uma vez por ano. Em ambos, há uma aceitação da dominação e da condição de inferiorização. Há uma pedagogia da opressão, de fazer com que aceitem a situação de escravização.

O PAE Praialta Piranheira foi conquistado pela luta do movimento social, mas a memória dessa luta estava sendo perdida. Maria se preocupava em construir a memória dos enfrentamentos que levaram à criação da área, de forma a manter a mobilização dos trabalhadores e das trabalhadoras extrativistas. Insistia nesse ponto na escola, em falas públicas, em documentos, em debates na Câmara. Na crítica de Fanon (2008, p. 183) sobre "o antigo escravo, que não encontra na sua memória nem a luta pela liberdade nem a ânsia pela liberdade", há um paralelo com a alienação de parte dos assentados que ou não participou ou não lembra da luta pela terra que permitiu conquistar o PAE, aceitando as negociações predatórias sobre a floresta. Como muitas famílias tinham sido incorporadas ao projeto e ganhado lotes posteriormente, havia aquelas que não participaram da luta e não aprenderam sua memória — e que não necessariamente defendiam o ideal do projeto. Essa situação se agravou depois da saída de Maria e José Cláudio da presidência da Apaep, e com o aumento das pressões econômicas na região. Maria queria justamente reforçar a memória da luta pela libertação dos trabalhadores e trabalhadoras da floresta, que estava em vias de desaparecer, ao mesmo tempo que o casal repensava suas estratégias de luta. Ela fazia isso na prática pedagógica e nos enfrentamentos diretos. A angústia que precedeu a posse da terra e a independência do patrão já estava em processo de ser esquecida — e ressalto a agência de *desaparecimento* e de *esquecimento* não como acasos fortuitos, mas como processos sociais articulados da classe dominante contra os trabalhadores e trabalhadoras extrativistas.

Foi por essa razão que Maria fez questão de ressaltar a memória da luta, em audiência na prefeitura de Nova Ipixuna, em 13 de abril de 2005, no momento em que foi criada a Comissão Pró-SOS Agroextrativista, dentro da Câmara dos Vereadores do município. Naquele momento, o prefeito era um antigo líder sindical (José Pereira de Almeida, o Zezão do PT), o que representava uma vitória do movimento social, que se uniu depois de um fazendeiro ter sido eleito o primeiro prefeito da cidade. Maria e José Cláudio eram filiados ao PT desde o ano 2000. Zezão era filho do fundador do Sindicato dos Trabalhadores Rurais de Nova Ipixuna e foi presidente da cooperativa Correntão, a principal organização do movimento social no município. Eleito em 2000 e reeleito em 2004, Zezão governou até 2007, quando sofreu impeachment, que denunciava ser um golpe.

Em 2005, Zezão ainda tinha força política, mesmo em uma Câmara dividida, com representantes dos fazendeiros e madeireiros. O movimento social havia conseguido conquistar a prefeitura, eleger vereadores e vereadoras, criar o Praialta Piranheira e mais oito assentamentos no município. Mas, se o PAE existia formalmente, na prática ele estava sendo destruído. Os maiores índices de desmatamento desde sua criação ocorreram entre os anos de 2004 e 2006, justamente quando um líder do movimento comandava o governo local. E, de forma igualmente trágica, os trabalhadores estavam sendo escravizados, alienando a força de trabalho em sua própria terra. Consta na ata da reunião que Maria afirmou: "a luta continua" e que era necessário "ir para o enfrentamento para proteger a floresta". Ainda na transcrição, Maria ressaltou que "tudo foi conquistado" na luta. A luta, insistia, precisava prosseguir no enfrentamento aos crimes ambientais.

Um dos resultados materiais da reivindicação de Maria foi a elaboração de um diagnóstico, em 2009, para a recuperação do PAE. Esse diagnóstico foi feito pelo Lasat, que contava com a liderança de Mano Wambergue. A necessidade de um plano já representava uma derrota, mas ainda era possível superar. Maria narrou com angústia que a falta de implantação do plano de desenvolvimento criou a necessidade de um plano de recuperação. Mas, mesmo que o plano de recuperação apresentasse propostas viáveis, e que o casal lutasse junto de outros assentados e assentadas para colocá-lo em prática, o assédio e a pressão econômica do entorno pelos recursos era crescente, graças sobretudo à articulação entre a carvoaria ilegal para a produção de ferro-gusa, com extração predatória de madeira, e a pecuária.

Estruturalmente, era a mineração a principal pressão sobre as famílias extrativistas, através do carvoejamento que irrigava as guseiras de Marabá: a mineração impulsionou o colapso, e isso já se sabia desde que o projeto integrado de extração de minério de ferro junto às siderúrgicas de gusa fora implantado nos anos 1980. Maria era contundente quanto à culpa da mineração, devido ao consumo do carvão: "Culpado é o empresário do carvão, que aliena as pessoas, que engana as pessoas, com as propostas indecentes". Isto é, para existir a produção siderúrgica, eram necessários aliciadores, corruptores, caminhoneiros, toda uma estrutura ilegal que impunha com extrema violência os interesses externos sobre a floresta.

Mesmo assim, Maria sabia das dificuldades e sustentava que tinha ideias, ideologia e força para enfrentar momentos difíceis. Compreendia que isso era para poucos em uma condição de pobreza, pressão, ameaças e aliciamento:

Mas nem todo mundo quer ficar só com duas camisetas, com duas blusas, lavando uma para vestir no outro dia. Esperando que a floresta lhe retorne. Nem todo mundo vai botar só o feijão na mesa, porque está esperando que a floresta lhe dê retorno.

Essa consciência da luta exposta por Maria encontra eco na crítica de Fanon sobre a condição do negro em uma sociedade racista e a luta pela liberdade. Maria e Fanon, em comum, reafirmam a importância da luta pela liberdade e a memória da luta como sentido histórico. Essa memória implica o reconhecimento de si, a consciência de si, e o enfrentamento à inferiorização e à hierarquização imposta pela matriz colonial do poder. Em Fanon, esse é um ponto central. O único meio para se romper com o que ele chama de "círculo infernal" é a ação: é preciso agir. Inclusive, com sua famosa frase: "Ainda é muito cedo… ou tarde demais" (Fanon, 2018, p.25). Em Maria, uma percepção equivalente aparece quando ela convoca os movimentos de agricultores a irem ao "enfrentamento" em defesa do PAE durante a audiência na prefeitura. Escreve Fanon (2008, p. 184): "Conduzir o homem a ser *acional*, mantendo na sua esfera de influência o respeito aos valores fundamentais que fazem um mundo humano, tal é a primeira urgência daquele que, após ter refletido, se prepara para agir".

O pensamento revolucionário de Fanon era, em Maria, mediado pela leitura que Paulo Freire fez de *Os condenados da terra* em *Pedagogia do oprimido*, no sentido do chamado à ação, quando Freire (1987, p. 36) reforça que não basta os oprimidos compreenderem a relação dialética com o opressor, mas é preciso "que se entreguem à práxis libertadora".

Se, para Fanon, a liberdade somente vem da luta, Maria e José Cláudio lutavam para defender a floresta como uma forma de libertação. Ser livre significa não servir. Significa ter autonomia e controle sobre o corpo, o trabalho e a floresta, possibilitando emancipar-se da subordinação ao madeireiro, ao carvoeiro, ao fazendeiro — em resumo, ao patrão que explora tanto a natureza quanto a força de trabalho. Associar-se com a floresta é a única forma de conquistar essa liberdade: defender a floresta para defender a si em coletividade. E, com a floresta, conquistar autonomia. *Com a floresta* expressa a agência da floresta na relação com humanos: "conviver com", expressou Maria, é uma relação. Essa associação, que significava "aprender com a floresta" e "conviver com a floresta", era uma visão política de agir para transformar o mundo. A luta pela liberdade era a luta com a floresta, em defesa da vida em sentido amplo: a vida humana em relação com o território de vida. Em Paulo Freire, novamente, o eco da consciência despertada e construída em Maria do ser "com o mundo": conviver com o mundo, ser com a floresta, conviver com a floresta. É a consciência do mundo e a consciência de si, segundo Freire (2002, p. 20), que "me fazem um ser não apenas no mundo mas *com* o mundo e *com* os outros. Um ser capaz de intervir no mundo e não só de a ele se adaptar".

O martírio do casal José Cláudio e Maria foi um martírio-testemunha da destruição da Amazônia, sobretudo dos castanhais do sul e sudeste do Pará, hoje praticamente extintos. Eles agiram, em vida, eticamente e com consciência para transformar o mundo. E refletiram e deixaram essa experiência em relatos que tentei reconstruir. A luta dos defensores da Amazônia é uma luta pelo convívio (*com viver*) com a floresta, em aliança política com a floresta, tendo a floresta como agente na relação. Essa análise conduz a uma perspectiva de luta anticolonial por emancipação de forma mais ampla e complexa que a percepção que se tornou comum, nos últimos anos, na ideia de "defensores ambientais" como indivíduos militantes de causas a partir de uma consciência de si, uma vontade individual de mudar o mundo. O papel de ambientalistas populares, tal como testemunharam Maria e José Cláudio, volta-se para a libertação coletiva, de si, de seus coletivos e em conjunto com a floresta — o mundo. Contra a colonialidade do poder, do ser, do saber, mas também contra a colonialidade da natureza. José Cláudio e Maria tiveram uma vida coerente entre suas práticas e suas ideias, dedicada à defesa da floresta como condição de emancipação humana, do cuidado do comum e do planeta para as futuras gerações. Mesmo diante do medo e do terror, ousaram lutar.

2 Espaço de terror e de insurgências

José Cláudio e Maria eram militantes profundamente comprometidos com as lutas sociais e ecológicas, lideranças sindicais em Nova Ipixuna, integrantes do Conselho Nacional dos Seringueiros. Participavam de cursos de formação com os movimentos sociais, em conjunto com a CPT e o MST. Circulavam em redes de mobilização em uma região marcada por um longo histórico de resistência e de insurgência contra a violência do latifúndio e da grande mineração. Demoraram a se engajar nos movimentos sociais, em razão da vida que levavam como extrativistas, pois haviam conseguido uma área de floresta onde viviam e que permitia a autonomia econômica. Estavam tranquilos em "seu cantinho". Mas, quando perceberam a necessidade histórica de se organizar e que, sem mobilização coletiva, sofreriam o mesmo fim que a floresta, que estava sendo devastada, não apenas se engajaram como se tornaram uma das principais referências dos movimentos, com sua luta admirada internacionalmente.

É preciso muita coragem e ousadia para lutar em um espaço de tanta violência e terror como o sul e o sudeste do Pará. Nesse contexto extremo de constante repressão, os movimentos sociais surgem no espaço da Igreja católica progressista, único local possível de articulação política. Ainda assim, não sem riscos. Para se compreender a gênese do movimento que iniciou as discussões que narrei no início do capítulo anterior, que transcorreu nos anos 1990, em Nova Ipixuna, é preciso rever o processo de expropriação da classe trabalhadora e de devastação da floresta que teve início na década de 1970. Há uma sequência ininterrupta, que segue a repressão brutal da ditadura (1964-1985), notadamente o massacre da Guerrilha do Araguaia, com o sistemático assassinato de lideranças camponesas e indígenas, como expressões de crimes políticos. Nesse ambiente hostil, em meio a uma extraordinária resistência, os movimentos conseguem conquistar os sindicatos, na década de 1980, e fazer avançar a reforma agrária.

No sistema da economia extrativista da castanha, que predominou entre 1910 e 1970, o antagonismo entre posse e propriedade na Amazônia, com escassez populacional, não era frontal. É na ditadura civil-militar, como sublinha Jean Pierre Leroy, que a construção desse antagonismo acontece. É nesse período que se dá a invasão da Amazônia, com os planos de integração, incentivos fiscais para bancos e empresas, distribuição de terras para o latifúndio e os projetos integrados de desenvolvimento.

Os primeiros registros de associações de trabalhadores rurais no Pará surgem no nordeste do estado, na região bragantina. Começam a aparecer nas margens da rodovia Belém-Brasília, no final dos anos 1960. É nesse mesmo período que a Igreja instala, em todo o interior do Brasil, o Movimento de Educação de Base (MEB). Os primeiros sindicatos reconhecidos pelo Ministério do Trabalho no Pará se localizavam em Castanhal, Alenquer, Capanema, Curuçá, Igarapé-Mirim, Santa Isabel do Pará e São Domingos do Capim. Em 1968, é fundada a Federação dos Trabalhadores na Agricultura do Estado do Pará (Fetagri), [hoje, Federação dos Trabalhadores Rurais Agricultores e Agricultoras Familiares do Pará], no contexto autoritário, enquanto a Confederação Nacional dos Trabalhadores na Agricultura (Contag) [hoje, Confederação Nacional dos Trabalhadores Rurais Agricultores e Agricultoras Familiares] foi estabelecida em 1964, pouco antes do golpe. Até 1970, apenas treze sindicatos haviam sido criados em todo o estado do Pará. Durante a violenta repressão do governo Emilio Garrastazu Médici, surgiram poucas entidades.

Padre Ricardo Rezende Figueira encontrou, em Conceição do Araguaia (PA), registros de uma primeira associação de trabalhadores fundada em meados dos anos 1960, que depois foi descontinuada até a criação do sindicato, em 1971; entre 1975 e 1985, a entidade foi presidida por um interventor da ditadura. A sindicalização dos trabalhadores rurais no sul do Pará ocorreu em paralelo à instalação do movimento guerrilheiro no Araguaia-Tocantins. Para os militares, qualquer organização de trabalhadores era interpretada como um foco guerrilheiro, perspectiva que, até hoje, produz reflexos nos movimentos sociais, assim como nas estruturas repressivas do Estado brasileiro na região.

Memórias das guerras

O movimento guerrilheiro na região do Bico do Papagaio começou a se instalar entre 1967 e 1968, exatamente na área dos grandes castanhais. Segundo analisaram os guerrilheiros do Partido Comunista do Brasil (PCdoB), por suas características sociais e ecológicas, a região constituía um potencial de fomento a uma guerrilha rural. José Genoíno, guerrilheiro preso pelo Exército em 1972, relatou na primeira entrevista que concedeu ao sair da prisão, em 1978, que os castanhais teriam um papel fundamental para o desenvolvimento da guerrilha (Dória, Carelli, Buarque & Sautchuck, 1978). Tanto permitiriam a construção de estratégias de combate quanto forneceriam alimentos aos combatentes. Ao mesmo tempo, a história da violência da exploração pela oligarquia que controlava o regime dos castanhais poderia ser motivo de apoio à guerrilha pelos trabalhadores, para se livrarem da situação de extrema opressão. Era uma floresta rica em alimentos para oferecer subsistência, com frutos e animais, de forma que os guerrilheiros teriam que conhecer o meio e aprender a viver na mata. A propósito da chegada do combatente Antônio Ribas (conhecido como Ferreira), utilizando a infraestrutura logística recém-construída da Belém-Brasília até Xambioá, na Serra das Andorinhas e Gameleira — ou seja, na mesma rota dos migrantes que vinham do Nordeste —, Genoíno relatou:

> Com a chegada dele, veio a necessidade de abrir outra casa; não havia condições nem era bom morar todo mundo na mesma casa. Ele já começou a trabalhar em função de abrir um castanhal para nós, a 24 quilômetros de Gameleira — uma atividade diferente, que dava oportunidade de conhecer o problema do castanhal, saber como utilizar a castanha. O castanhal ficava numa zona mais aberta, onde se podia ter mais liberdade de movimento. (Dória, Carelli, Buarque & Sautchuck, 1978, p.32)

Ao se instalar na região dos castanhais, a guerrilha envolveu a população que lá vivia. E a repressão atingiu tanto os combatentes, que foram diretamente massacrados, quanto a população local, exposta a diferentes formas de violência, como assassinato, tortura, desaparecimento, sequestro e outras dimensões expressas pelo terror. A repressão atingiu ao menos quinhentas famílias de trabalhadores rurais, provocando algo que perdura até hoje: a dificuldade na organização política e social dos atingidos. Por outro lado, a guerrilha também deixou como marca no imaginário social a possibilidade de reação dos grupos subalternizados. Nesse sentido, a memória da guerrilha é como uma chama de insurgência. Ela alimenta um ambiente inflamável de indignação com a possibilidade da ação direta e a contra-violência. Não é apenas uma memória da violência, da dor, da repressão que atinge trabalhadoras e trabalhadores, mas também uma memória de resistência e coragem, com o fortalecimento da autoestima e das ações coletivas.

A repressão da ditadura transformou completamente a paisagem e criou estruturas de opressão permanentes. De um lado, há a dimensão da violência, que atinge diretamente as instituições, refletindo-se na sistemática impunidade e na falta de justiça. De outro, pode ter origem nessa repressão e no massacre à guerrilha o direcionamento de práticas de violência especificamente voltadas contra lideranças políticas, que carregam consigo uma das características do crime de genocídio. Essa tática de massacre instituída pelos militares é amplamente compartilhada pelo latifúndio no enfrentamento dos conflitos por terra. Os alvos são as lideranças políticas, com o intuito de atingir as coletividades, de forma que o interesse é eliminar toda a classe camponesa. Daí o sentido de um genocídio. Por isso, assassinatos de líderes sindicais não são apenas crimes seletivos. Como sugere padre Ricardo, são crimes essencialmente políticos de uma ação repressiva, no mesmo tom da chamada Guerra Revolucionária, posta em prática pelo Exército.

Entre 1966 e 1972, durante a fase dos preparativos da guerrilha, os militantes que chegavam ao Bico do Papagaio buscavam se integrar e ganhar a simpatia dos moradores. Os primeiros membros do PCdoB começaram a aportar na região entre 1966 e 1967, sendo um dos pioneiros Oswaldo Orlando da Costa, já sob o codinome Oswaldão. O esforço de integração dos guerrilheiros com a população local tinha como elemento central o trabalho com a terra e atividades relacionadas. Eles criaram escolas e equipes de saúde, organizaram festas e torneios de futebol. Agiam em uma região desassistida pelo Estado, dominada pela violenta oligarquia dos castanhais e pela pistolagem. Esse trabalho de mobilização estava no início e ainda não havia conseguido arregimentar apoio popular quando eles foram descobertos.

Das vinte mil pessoas que viviam na região, somente doze camponeses haviam aderido à guerrilha quando o Exército chegou para combatê-la, em abril de 1972. A Comissão Nacional da Verdade (CNV) calculou que, até outubro de 1973, cerca de trinta camponeses se tornaram guerrilheiros, ao passo que outros colaboraram com a repressão (Brasil, Comissão Nacional da Verdade, 2014). No total, foram três campanhas do Exército: Papagaio, de abril a outubro de 1972; Sucuri, em abril de 1973; e Marajoara, de outubro de 1973 a outubro de 1974, quando se concluiu o extermínio da guerrilha. Em 1975, o Exército realizou a Operação Limpeza, com o intuito de apagar os vestígios do massacre, dos crimes perpetrados.

Havia 69 guerrilheiros em uma área de 6,5 mil quilômetros quadrados, abrangendo os municípios de Brejo Grande do Araguaia, Marabá e São Geraldo do Araguaia (situados no Pará), e Araguatins, São Sebastião do Tocantins, Tocantinópolis e Xambioá (localizados no Tocantins). Os guerrilheiros estavam divididos em três destacamentos: um ao longo da Transamazônica; outro a nordeste da Serra das Andorinhas, no vale do rio Gameleira; e o último a sudoeste da mesma serra. Quando foram descobertos, ainda estavam em fase embrionária de instalação.

Ao longo de 1972, os militares desencadearam a Operação Presença, oferecendo uma série de ações sociais para ganhar a simpatia da população local. Essa estratégia se estenderia depois do aniquilamento da guerrilha, com as Ações Cívico-Sociais (Aciso). Elas tinham duplo caráter: fortalecer a administração pública, para servir a população regional, mas, sobretudo, auxiliar as forças de repressão a montar uma rede de espionagem e informação. Esse caráter ambivalente do Estado faz com que ainda hoje seja grande a desconfiança da população em relação aos agentes públicos.

Aqueles camponeses que apoiavam os guerrilheiros eram identificados como "bandidos" e "terroristas". Um deles era o pai de Zé Rondon, cunhado de Maria. Zé Rondon era bebê nessa época e se lembra apenas do que lhe contaram, mas sua família guarda uma memória positiva dos guerrilheiros. Seu pai trazia as marcas da experiência de uma vida camponesa nessa região amazônica, migrante constante, sempre em busca de terra para fugir do domínio dos patrões. Depois da repressão, e diante das grandes mudanças que sucederam nos anos seguintes, sua família conseguiu se estabilizar apenas com a criação do PAE, quando ele e um irmão obtiveram lotes. Antes, relata Zé Rondon, ele chegou a ser escravizado em uma fazenda na região de Altamira (PA).

Zé Rondon fala com orgulho sobre a colaboração do pai com a guerrilha. O pai era tropeiro e agricultor, algo que também trazia um reconhecimento positivo no movimento social. Em entrevistas que fiz, Zé Rondon contou que sua família chegou a receber visitas de lideranças importantes da guerrilha, como Dinalva Conceição Oliveira Teixeira (Dina), Oswaldão e Líbero Giancarlo Castiglia (Joca):

> Mandavam carga para eles do Buriti [Maranhão], vinham mantimentos de Imperatriz [Maranhão], que desciam por São Sebastião do Tocantins. E havia os tropeiros que carregavam essa carga nos burros. Meu pai e outras pessoas, como o Emídio Tropeiro, ajudavam, apoiavam eles. Até que teve um ponto em que não pôde mais. Meu pai saiu de lá, teve que deixar a terra. Eu já tinha nascido. Eu conheci os tropeiros. Meu pai não foi embora para muito longe, não. Naquele tempo, tudo era muito isolado e, por isso, o

Exército não ia atrás, não. Agora, os que ficavam nas vilas, esses sofreram…

Esses camponeses ajudavam os guerrilheiros, clandestinamente, com alimentação, abrigo provisório e transporte fluvial. Entretanto, como indiquei, outros se alinharam ao Exército. Em outubro de 1973, durante a Operação Marajoara, os militares prenderam grande número de chefes de família. Um documento apresentado pela CNV, produzido em Marabá e intitulado *Relatório Especial de Informações nº 6*, indica que 161 moradores foram presos por suspeita de apoiar os guerrilheiros. Foram relacionados, ainda, os nomes de outras 42 pessoas a serem detidas. No total, se contavam 203 camponeses supostos apoiadores da guerrilha, que eram tratados como inimigos. Mas esse número provavelmente foi ainda maior. Um levantamento mais abrangente realizado pela CNV, a partir de novas entrevistas em campo, considera que mais de quinhentas pessoas foram arrancadas de suas casas, tiveram roças queimadas e criações destruídas, e foram torturadas. Até o final de 1974, muitos foram obrigados, sob tortura e coerção, a colaborar como guias.

Durante o período de repressão à guerrilha, Raimundo Ferreira Lima (Gringo), que mais tarde se tornaria o principal líder da oposição ao sindicato de Conceição do Araguaia, foi preso duas vezes e torturado pelo Exército. Era mais um entre as centenas de camponeses tidos como suspeitos de colaboração com guerrilheiros. Mais tarde, em 1980, Gringo viria a ser sequestrado e assassinado. Nesse mesmo ano, no Acre, outro líder sindical foi assassinado, o seringueiro Wilson Pinheiro, então presidente do Sindicato dos Trabalhadores Rurais de Basileia, do qual Chico Mendes era tesoureiro.

Os militares tratavam a ofensiva como uma guerra contra um "inimigo interno" — expressão que permaneceu em uso na "guerra que veio depois", contra os "subversivos", para justificar a violência contra camponeses. O que estava em jogo não era a conquista do território, mas da população. Na segunda campanha, Papagaio, cinco mil militares foram mobilizados e, depois da retirada estratégica, a área permaneceu sob vigilância de agentes infiltrados. Passou a ocorrer, então, o uso de todos os aparelhos do Estado pelos militares, com aviões do Incra transportando militares disfarçados de servidores públicos. Na última campanha, Marajoara, os recrutados na Sucuri serviram de guias na mata, em uma operação de caça que buscava a "eliminação total" da guerrilha, bem como da doutrina da Guerra Revolucionária. O saldo foram 56 guerrilheiros mortos, cujos corpos até hoje estão desaparecidos, e por volta de quinhentos camponeses diretamente impactados.

No relatório final da CNV, o aparato militar é responsabilizado por "torturas, assassinatos e ocultação de cadáveres" (Brasil, Comissão Nacional da Verdade, 2014). O Exército deu por encerrado o combate à guerrilha em janeiro de 1975 e, logo em seguida, estabeleceu uma estratégia de guerra de longo prazo. No final de 1976, usou a mesma intensidade repressiva para lidar com uma mobilização de camponeses, a Revolta dos Perdidos ou Guerra dos Perdidos, como ficou chamado o conflito entre posseiros e um fazendeiro conhecido como Careca, em São Geraldo do Araguaia. Além de massacrar os posseiros, a ditadura prendeu e torturou o padre Florentino Maboni e o seminarista Hilário Lopes, que viria a integrar a CPT. Esse caso revela como o Exército se aliou aos fazendeiros para reprimir posseiros e camponeses. O fazendeiro Careca tentava grilar uma área da antiga Fundação Brasil Central (FBC),[18] objeto de intensa disputa de terra, e também de sobreposição de domínio da União e do estado do

---

18 Órgão federal estabelecido na década de 1940 para gerenciar e viabilizar a colonização dessa região do país. [N.E.]

Pará. Em uma sucessão de domínios, essa terra havia sido nacionalizada pela União, doada à FBC e, depois, reestadualizada pelo Pará, com transferências de títulos para diferentes pessoas nessas transações.

Maboni havia sido enviado a São Geraldo do Araguaia pelo bispo de Conceição do Araguaia para interferir a favor dos trabalhadores rurais na região de Perdidos. Pouco antes, cinquenta policiais haviam queimado casas de posseiros e prendido e torturado cerca de cem pessoas. Acompanharam padre Maboni três leigos que viviam em São Geraldo, que, segundo padre Ricardo Rezende Figueira (1986, p. 53), já estavam sob a mira do Exército: "O Exército, não totalmente refeito do medo da guerrilha, via os três com suspeita e, diante da tensão crescente em Perdidos, no Baixo Araguaia, os proibiu terminantemente de sair de São Geraldo". Junto com a PM, o Exército prendeu mais de trinta posseiros, que foram violentamente levados para Belém e enquadrados na Lei de Segurança Nacional (LSN). O religioso Hilário Lopes foi levado à base do Exército em Xambioá, a mesma que era utilizada na repressão à guerrilha. Em uma carta, Lopes detalha a tortura sofrida, assim como a humilhação imposta aos posseiros: "Em São Geraldo o ambiente era de pavor, pois até aquele presente momento o povo nunca tinha visto tanta gente presa e muito menos um padre. Nem mesmo durante a guerrilha" (Figueira, 1986, p.45).

Entrevistei Hilário Lopes, que integra os quadros da CPT, em Marabá, em reuniões dos movimentos sociais. Depois de deixar a batina, ele passou a coordenar a CPT em Tucuruí, uma região que também se tornou muito violenta. Lopes traz uma análise precisa da continuidade da violência na região desde a repressão à guerrilha. Sua posição de vítima dessa violência do Estado associada ao latifúndio é emblemática: preso e torturado na ditadura, passou a ser alvo de ameaças de morte de fazendeiros e madeireiros por prestar auxílio a camponeses e assentados. Em suas reflexões, Lopes distingue a violência do Exército da do pistoleiro, que veio substituir a repressão institucional na transição para a democracia:

> Com o Exército, ou com a polícia, eles podem chegar na tua casa e te prender, te espancar, torturar. Ainda assim, você tem esperança de que vai sobreviver, de que pode sair daquela situação. Mas do pistoleiro, tu não tem muita chance, não, de escapar. É só por muita sorte.

Toda a região foi pintada pela ditadura "com a cor vermelha do comunismo", descreve o antropólogo Rodrigo Peixoto (2011), da UFPA. Marabá se tornou Área de Segurança Nacional em 1970 e assim permaneceu até 1985, enquanto em outras cidades do país o regime de exceção havia terminado, oficialmente, em 1982. É no combate à guerrilha e na "guerra que veio depois" que emerge a figura autoritária de Major Curió (Sebastião Curió Rodrigues de Moura). Militar que teve participação de destaque na repressão contra a guerrilha, tornou-se, na sequência, agente nos conflitos por terra, coordenando o Grupo Executivo das Terras do Araguaia-Tocantins (Getat), criado pelo Decreto-lei 1.767, de 1980. O Getat estava subordinado diretamente à Secretaria-Geral do Conselho de Segurança Nacional, e tinha a finalidade de "coordenar, promover e executar as medidas necessárias à regularização fundiária na área de atuação da Coordenadoria Especial do Araguaia-Tocantins".

Com a criação do Getat, toda a população da região foi colocada sob controle absoluto do representante militar na área, o então tenente-coronel Curió. Como chefe do Getat, ele tinha mais poderes e recursos que o Incra. Segundo veio a concluir a CNV, o Getat foi criado para executar uma verdadeira intervenção militar em questões de terras. Padre Ricardo relata a presença de Curió na região desde 1972. A partir de 1978, ele já detinha poderes para "estender as suas atividades" — como proibir colonos de receber visitas de representantes da Igreja (Figueira, 1986, p.87). Em 1980, ocorreu a abertura do garimpo de Serra Pelada, que já vinha pipocando desde o final da década anterior, para onde se dirigiram milhares de camponeses, entre os quais muitos castanheiros, como José Cláudio. Curió foi designado interventor no garimpo de Serra Pelada e, como mostra o documentário *Montanhas de Ouro*, de Adrian Cowell, também agia para conter os conflitos entre garimpeiros e a Companhia Vale do Rio Doce. Por um lado, a companhia se aproveitava das incursões ilegais de garimpeiros para expandir seus domínios — muitas minas hoje pertencentes à Vale carregam o nome de antigos garimpos. Por outro, a presença do Getat e o autoritarismo ajudavam a garantir que os conflitos por terra não afetassem a instalação do empreendimento, expulsando os garimpeiros quando fosse conveniente.

José Cláudio serviu no Exército em 1976, um ano depois do massacre da guerrilha. Em uma série de pequenos monóculos fotográficos guardados pela família, aparece uma imagem de uma parada militar com estudantes desfilando pelas ruas de Marabá com cabos de madeira como se fossem metralhadoras. Quando entrevistei José Cláudio, ele falou brevemente sobre suas lembranças desse período. Na sua percepção, apenas três dos mais de cinquenta combatentes eram "guerrilheiros formados": Oswaldão, Dina e Sônia [Lucia Maria de Souza]. Somente esses, para ele, estariam preparados para reagir diante da repressão. Ele disse que nem ele nem sua família chegaram a conhecer combatentes pessoalmente, ao contrário de Zé Rondon, que nasceu em frente à Serra das Andorinhas. José Cláudio apenas viu fotografias quando serviu no Exército. Mas sua memória é permeada pela violência da repressão. Assim ele recorda o período do combate à guerrilha:

Eu estudava em Marabá. Quando nós demos fé, um dia, Marabá amanheceu atacada: de helicóptero, avião, polícia, Exército nas ruas, tudo. Marabá só era Marabá Velha, não tinha a Nova Marabá, não tinha nada. E eles fazendo tática de combate à guerrilha, era um tiroteio danado, eles atirando com aquelas balas de festim. [...] Nesse tempo, quando eles vieram fazer essa ação para tomar Marabá e centralizar o local, já fazia um tempo que a Polícia do Exército, a inteligência do Exército, estava investigando. Foi quando estourou mesmo o grosso da guerrilha, em 1973. Primeiro guerrilheiro a ser preso foi o José Genoíno, que foi preso bem aí pertinho... [...]

Aqui foi barra pesada. Teve campo de concentração, execução sumária, um monte de barbaridade que teve nesta região. Onde tinha o braço direito, o satanás mesmo virado gente, Sebastião Curió. Nesse tempo, ele era tenente, depois passou a major, o major Curió. Ele era barra pesada. Ele foi quem arregaçou tudo. Vou te contar: gente morreu, gente apanhou demais, tem gente desaparecida até hoje. [...] Eles matavam e cortavam as cabeças. As cabeças eram levadas para Brasília [Distrito Federal] e o corpo era sumido aqui nestas matas. Enterrados em lugar clandestino. E o Exército nunca vai dizer onde está. [...]

Quando tinha uma coisa, o guerrilheiro morto, eles eram apanhados de helicóptero e sumiam. E o mateiro ficava lá pelo mato, ia para o acampamento, e não sabia para onde tinha ido, desaparecido. O Exército é muito... Eu servi em 1976, eu sei o que eles fazem com os jovens que vão para lá. Falam mal de Benedito Monteiro. Sabe quem é Benedito Monteiro? [...] Fidel Castro. Foi uma dupla que saiu daqui. Porque todos são brasileiros. O Fidel Castro é brasileiro, eles dizem que o Fidel Castro não é cubano. Saiu daqui Benedito Monteiro, Fidel Castro, e o Che Guevara, que é o... Então, eles saíram daqui e foram fazer a guerrilha em Cuba, aí ganharam. Aí depois saiu...

> O Benedito Monteiro era um cara também exilado. Isso tem a maior fofoca: que esses caras eram maçons, que esses caras eram não sei o quê… É fofoca, e eles [o Exército] fazem uma lavagem cerebral. Fazem o cara ficar odiando o homem sem conhecer nem a história. [Carlos] Marighella, esse pessoal…

Não é por acaso que José Cláudio destaca o aspecto da "lavagem cerebral". Ele e Maria enfrentariam, de diferentes formas, essa dimensão da consciência das pessoas que buscavam organizar no movimento social. Tais ações ocorriam tanto dentro dos quartéis do Exército, conforme ele relata no trecho recém-apresentado, quanto nas intervenções da Aciso, que se estenderam depois dos combates à guerrilha. Elas seguiam servindo para desmobilizar a classe trabalhadora: fazer o jovem odiar, sem conhecer a história.

Movimento sindical e guerrilha

No final dos anos 1970, o movimento sindical começou a ganhar força popular em diversas regiões do Pará. Os anos de 1979 e 1980 são marcantes para o novo sindicalismo no Brasil. É quando ocorrem as grandes greves no ABC Paulista, em que desponta a figura de Luiz Inácio Lula da Silva e nasce o PT. Nessas regiões de conflito, na "fronteira", os movimentos estavam articulados junto às redes nacionais de mobilização que então emergiam.

No oeste do Pará, em Santarém, em 1979, foi lançado o grupo Corrente Sindical Lavradores Unidos, que conquistou a diretoria do sindicato em 1980 (Leroy, 1991, p. 108). A chapa liderada por Geraldo Pastana teve expressiva vitória, com 2.505 votos contra 272 da situação, controlada pela ditadura. Criado em 1972, o sindicato sempre havia sido dominado por pelegos. A Corrente Sindical de

Santarém se apoiava sobre as delegacias; era um sindicato de massas, que mantinha ligação com a Oposição Sindical Metalúrgica de São Paulo, através de entidades paulistas de apoio, e compartilhava sua proposta de organização pela base e luta contra o "peleguismo sindical". Em 1981, militantes da Corrente Sindical de Santarém participaram da grande Conferência Nacional das Classes Trabalhadoras (Conclat), em São Paulo. Avelino Ganzer, líder do movimento em Santarém, tomou parte na fundação da Central Única dos Trabalhadores (CUT), em São Paulo, e do PT, sendo figura fundamental na nacionalização do movimento para incorporar as lutas na Amazônia às do Sul e Sudeste do país. O delegado sindical Avelino Ribeiro, uma das lideranças da Corrente, foi assassinado em 1982. Em 1983, a Corrente Sindical Lavradores Unidos, encabeçada por Ganzer, foi eleita novamente, com 4.317 votos contra 236. Em resposta, em 1984, a ditadura interveio no sindicato. A intervenção durou poucos dias, mas deixou marcas profundas, como a ocorrência de um incêndio criminoso na sede.

Já no sul do Pará, em Conceição do Araguaia, desde 1976, o sindicato estava sob comando do interventor Bertoldo Siqueira Lira, ex-sargento da Aeronáutica. A insurgência veio organizada por Raimundo Ferreira Lima (Gringo), que era natural de Marabá e passou a liderar a oposição sindical, organizando uma chapa de oposição. Todo o processo eleitoral de 1980 foi fraudado por intervenção direta de Curió. Gringo foi morto um mês antes da eleição, em 29 de maio de 1980, e o interventor apoiado por Curió foi mantido no poder até 1985. Gringo teria dito à esposa, Oneide, que é prima do padre Hilário Lopes, preso e torturado na Guerra dos Perdidos de 1976: "Olha, tu te prepara, porque qualquer hora tu recebe a notícia que morri. Porque, na luta que eu estou pelo povo, a qualquer hora me matam por aí. E se eu morrer lutando pelo povo eu morro feliz" (Leroy, 1991, p.184). Até hoje, nada foi feito; o inquérito policial do caso desapareceu. É marcante como as palavras de Gringo, testemunhando o seu martírio, lembram as de José Cláudio no TEDx Amazônia, poucos meses antes de sua morte: "Eu posso estar hoje aqui, conversando com vocês, daqui um mês vocês podem saber a notícia de que eu desapareci".

No grupo de oposição sindical liderado por Gringo estava João Canuto, que veio a ser o primeiro presidente do Sindicato dos Trabalhadores Rurais de Rio Maria, município que havia sido desmembrado de Conceição do Araguaia. Canuto foi morto no dia 18 de dezembro de 1985, mesmo ano em que o sindicato foi criado. Foi sucedido por Expedito Ribeiro de Sousa, conhecido como o Poeta da Amazônia, que foi tesoureiro, secretário e presidente do sindicato. Ele foi assassinado em 2 de fevereiro de 1991 — depois de sua morte, foi criado o Comitê Rio Maria, por articulação fundamental de padre Ricardo. Era necessário pôr fim à quantidade trágica de assassinatos de sindicalistas iniciada com a morte de Gringo, seguida pela de João Canuto e por uma sequência brutal em 1990, com os assassinatos de Ronan Ventura, Brás Antonio de Oliveira e dos irmãos Paulo Canuto e José Canuto, filhos de João Canuto; e, em 1991, de Expedito Ribeiro.

A morte de João Canuto, com dezoito tiros, teve repercussão internacional. A conclusão do inquérito levou oito anos. Em 1999, o Brasil foi condenado pela Corte Interamericana de Direitos Humanos (Corte IDH) pela morosidade e impunidade. Apenas em 2003, e mediante pressão pública, os mandantes do assassinato, Adilson Carvalho Laranjeira (ex-prefeito de Rio Maria) e Vantuir Gonçalves de Paula, foram julgados. Ambos foram condenados a dezenove anos e dez meses de prisão. Levar o caso ao júri foi uma grande vitória dos movimentos sociais. Esse desfecho muito se deve ao trabalho minucioso de frei

Henri Burin des Roziers, histórico advogado da CPT, deslocado a Xinguara (PA) para acompanhar as investigações dessa série de crimes. Frei Henri e a CPT agiram acompanhando o inquérito, os processos, enfim, todas as etapas da luta judicial, com o intuito de provocar o "efeito dissuasivo de quebrar a impunidade e, portanto, a violência", segundo ele me contou em entrevista.

Essas oposições sindicais se articularam através de delegacias criadas nas localidades onde havia Comunidades Eclesiais de Base (CEB). Elas eram lideradas pelos "animadores", que tinham também o papel de lideranças locais. Os animadores eram escolhidos pelas comunidades, em um espaço relativamente livre da intervenção autoritária do Estado, recorda padre Ricardo: "Pode atemorizar, amedrontar e fazer recuar a muitos, prender e matar alguns; no entanto, a estrutura eclesial escapa-lhe das mãos" (Figueira, 1986, p.100). A própria ideia de "comunidade", em meio a uma diversidade social em grande parte formada por migrantes recém-chegados aos locais, estava diretamente vinculada à Igreja, de forma que o termo se refere, ao mesmo tempo, a um grupo local e a uma mobilização e formação política (Leroy, 1991; Araújo *et al.*, 2019).

Assim, no sul e sudeste do Pará, foram criados, primeiro, os sindicatos sob intervenção, ao passo que as resistências se articularam com as delegacias e as oposições. Em 1974, foi fundada a delegacia sindical de São João do Araguaia, onde nasceu Maria; em 1976, a delegacia de Itupiranga (PA), de onde vem o Sindicato de Nova Ipixuna. O Sindicato dos Trabalhadores Rurais de Itupiranga sofreu intervenções até 1986, e o de São João do Araguaia foi chefiado pelo interventor Arlindo Lopes até 1985. Em Jacundá (PA), também na área do PAE Praialta Piranheira, o STR foi criado em 1980 e dirigido até 1985 por sindicalistas ligados ao Getat (Pereira, 2015, p.168-9).

Extrativismo da castanha como luta de classe

Em 1983, Emmanuel Wambergue, coordenador da CPT que cobria a área de Marabá (CPT Norte II), baseada em Belém, convidou o sindicalista Atanagildo Matos (Gatão) para auxiliar na construção das oposições sindicais. Ele havia vencido as eleições no sindicato de Oeiras do Pará, em 1976, no Baixo Tocantins, considerada a primeira vitória de um setor progressista do sindicalismo no Pará. Em 1981, Gatão já era vice-presidente da Fetagri e se destacava como um quadro do movimento social. Era integrante do Partido Revolucionário Comunista (PRC), organização clandestina marxista-leninista que tinha interesse em estabelecer uma base no sul do estado para lutar por uma "reforma agrária radical". Os militantes da organização, enquanto na clandestinidade, atuaram no Movimento Democrático Brasileiro (MDB) e, posteriormente, participaram da fundação do PT (onde formaram uma corrente política), como instrumentos de legalidade.

O partido também era integrado por seringueiros do Acre, como Chico Mendes, Marina Silva (que adotou o codinome Sara), Binho Marques (que viria a ser governador do Acre) e Gomercindo Rodrigues. Em Marabá, também fazia parte Raimundo Gomes da Cruz Neto, que, junto a Matos e outros intelectuais locais, fundou o Centro de Educação, Pesquisa e Assessoria Sindical e Popular (Cepasp). Foi com o Cepasp, junto dessa rede de intelectuais da CPT, que emergiu a ideia de um projeto agroextrativista em Nova Ipixuna, que se consolidou com as reuniões com os agricultores e extrativistas que viviam na região, como José Cláudio e Maria.

Matos conheceu Chico Mendes em uma reunião da Contag, em 1978. Ele se identificava como comunista nessa época, e havia ido a Marabá trabalhar com a Igreja, a convite de Mano, em razão de suas posições progressistas e de sua intenção de organizar o povo para avançar com a democracia.

Em uma longa entrevista em sua casa, Matos contou sobre a construção dessa aliança com a Igreja:

> Sem ser comunista, mas tendo clareza de que você precisa do povo organizado para resistir, para ir em busca das coisas de que mais precisa. Mano era assim. Ele e a irmã Dorothy [Stang], que ficava em Goianésia [do Pará], Jacundá, na PA-070. Ela entendia isso. Era freira, mas era engajada, progressista, tendo clareza do que o sistema capitalista é capaz de fazer.

Logo que chegou, Matos, junto a Raimundo Cruz, envolveu-se em um conflito que seria marcante no desenvolvimento da ideia do agroextrativismo: entre posseiros, um dono de castanhal e indígenas Gavião, na Terra Indígena Mãe Maria, em 1983. Desse conflito, surgiu a proposta do PA Castanhal Arara. Inicialmente, foi um projeto pensado em sintonia com a ideia dos assentamentos extrativistas que estavam surgindo no Acre e que mais tarde se transformariam nas Resex. O CNS, estabelecido em 1985, trazia entre seus projetos a criação de um Polígono dos Castanhais, em uma grande Resex, com titulação coletiva, em vez de títulos individuais para cada assentado. Matos, diretor do CNS, tinha a incumbência de defender o extrativismo da castanha junto às propostas extrativistas da borracha. Mas encontravam resistência entre os posseiros, os assentados e os próprios castanheiros, que possuíam uma tradição bastante diferente da situação das colocações dos seringueiros no Acre.

Se os seringueiros viviam na floresta, nas colocações, os castanheiros tinham por hábito morar na cidade e se deslocar para a mata para a coleta da castanha na época das safras. "Nós defendíamos a titulação coletiva e eles não queriam", relembra Matos. Para Mano, que desde o início dos anos 1980 enfrentava a oligarquia da castanha em debates públicos, a iniciativa poderia ser uma produção de alternativas de uso da terra. Mas veio a ser esmagada. Apenas anos depois, com a criação do PAE Praialta Piranheira, em 1997, é que se materializou uma modalidade extrativista de assentamento com a floresta para a coleta da castanha. Só que, ao contrário do grande Polígono dos Castanhais dos anos 1980, o projeto de assentamento se tornou uma ilha de esperança e de floresta em meio a um mar de pasto e devastação.

O deslocamento migratório ao Pará havia se iniciado já nos anos 1950 e 1960, mas foi nos anos 1970 que começaram a chegar migrantes aos milhares, não encontrando as terras prometidas. As únicas áreas a serem ocupadas na região de Marabá eram os castanhais. Não havia cercas, nem ocupações permanentes fora da safra, apenas jagunços, que faziam a segurança privada para os patrões.

Os "donos" dos castanhais foram beneficiados por uma medida da ditadura, em 1976, que regularizou grilagens, com um decreto que permitia incluir nos aforamentos os "excessos de área", até 50% da área aforada. Em 1976, ano em que foram iniciadas as obras de construção da UHE de Tucuruí, no rio Tocantins — que alagou centenas de quilômetros de castanhais, incluindo a ilha onde se localizava a Vila de Nova Ipixuna, antes de ser transferida para o local atual —, ocorreu a primeira disputa por terras pela ocupação de um castanhal. Um grupo de posseiros, formado por migrantes recém-chegados e castanheiros locais, havia ocupado o castanhal Viraçãozinha e conseguido, junto ao Incra, a posse da terra. Essa intervenção de um órgão federal no domínio dos castanhais, que, antes de 1971, pertenciam ao poder público estadual, fez com que o governo do Pará anunciasse uma grande revisão dos aforamentos, em 1977. A chegada de mais migrantes, ocupando as áreas disponíveis, ou seja, os castanhais que não estavam ocupados, aumentou a tensão entre, de um lado, os "donos" de castanhais, a oligarquia, e, de outro, a CPT e os posseiros. Emmi (1999) contou 22 castanhais em conflitos por terra entre 1976 e 1985.

Conforme levantamento realizado pelo historiador Airton Pereira, os primeiros castanhais ocupados próximo a Marabá foram o Castanhal Rainha, em Itupiranga; o Castanhal Pau Seco, em Morada Nova; e os castanhais Cuxiú, Veneza, Consulta, Ubá, Araras, Cotovelo, Santo Antônio I e Santo Antônio II, em São João do Araguaia, próximo à Transamazônica. "Esses trabalhadores se juntaram a algumas famílias de castanheiros que lá estavam estabelecidas e dividiram os seus lotes em 100 hectares cada", conta Pereira (2015, p.80). Em 1987, já eram 73 castanhais ocupados nos municípios de Marabá, São João do Araguaia e Itupiranga — o que correspondia a uma área de mais de 262 mil hectares —, todos em situações de conflito violento. Nesse mesmo ano, aconteceu a desapropriação do Castanhal Araras, hoje município de São João do Araguaia, para assentar posseiros em conflito com os indígenas Gavião, que vivem na TI Mãe Maria.

Uma das justificativas da ditadura para criar o Getat estava relacionada aos intensos conflitos pela terra, que ameaçavam a implantação do projeto de mineração, pedra fundamental do Programa Grande Carajás (PGC), de 1980, e em torno do qual era planejada toda a estratégia de desenvolvimento. No último ano de existência do Getat, 1985, que marcou o apogeu da violência no campo documentada na Amazônia, ocorreram 125 assassinatos registrados pela CPT, chacinas brutais de trabalhadores nos castanhais Ubá, Princesa e Fortaleza. Enquanto o latifúndio exerce violência com o exército de pistolagem, o Getat, em aliança estratégica com grupos privados, coordenava uma "operação cívica" para desarmar os posseiros sem desarmar as milícias e os pistoleiros (Almeida, 1991).

Além da violência brutal no campo, os conflitos entre os donos dos castanhais e os posseiros também ocuparam espaço no debate público, sendo noticiados na imprensa local, em matérias sobre o "destino dos castanhais". Houve uma intensa discussão política e ecológica sobre quem seriam os "verdadeiros preservacionistas". Em textos escritos por Mano Wambergue, a CPT defendia os pequenos e rebatia as acusações dos donos dos castanhais, que alegavam ser eles os preservacionistas.

Em agosto de 1980, a oligarquia dos castanhais, reunida no lobby da Associação dos Exportadores de Castanha do Brasil, enviou telegramas ao presidente da República, o ditador João Figueiredo, aos ministros da Justiça e do Gabinete Militar e ao senador Jarbas Passarinho repudiando as "invasões de propriedades rurais em Marabá e Conceição do Araguaia, especialmente os castanhais", acusando o bispo progressista de Marabá, dom Alano Pena, e o padre francês Aristides Camio, de São Geraldo do Araguaia. O jornal *A Província do Pará*,[19] em um texto com o título "Produtores de castanha denunciam subversão", publicou a íntegra da versão dos oligarcas, em que denunciavam "ação subversiva" e "omissão das autoridades", descrevendo a ação de posseiros "comandado[s] por padre Aristides Camio, um francês que veio do Camboja com ideias comunizantes, pretendendo mudar pela força e pela violência o sistema fundiário da região". Contra os "comunistas", os oligarcas se posicionam como vítimas e preservacionistas. Foi nesse momento que a oligarquia propôs a criação de um Polígono dos Castanhais, sob o argumento de preservar a floresta, mas com a intenção real de garantir o domínio e a concentração de terras que já caminhavam para a atividade madeireira e a pecuarização:

> O proprietário tradicional de áreas de castanhais é um preservador único na Amazônia, desta riqueza que a natureza

---

[19] "Produtores de castanha denunciam subversão", *A Província do Pará*, 1º caderno, 18 ago. 1981.

legou — a castanha, um produto que além de ter permitido o progresso de Marabá em tempos idos, tem contribuído substancialmente com impostos para o Estado, com emprego para uma vasta mão de obra no interior, e sobretudo com uma parcela respeitável de divisas, em torno de 40 milhões de dólares para amortizar a nossa dívida externa.[20]

Insistindo na posição de supostos "preservacionistas", escreveram os oligarcas:

> Os produtores de Marabá, por serem tradicionais, sempre procuraram preservar a riqueza, mantendo a área incólume, mesmo porque a legislação federal é severa contra quem devasta estas áreas. Não permitimos, e até mesmo não nos seduzimos com preços de compra tentadores de investidores de fora, que nenhuma identificação têm com essa economia, pois é público e notório que o objetivo destes investidores é a pecuária. Com toda nossa preocupação preservacionista, estamos vendo agora, com as invasões, que esta mata está sendo destruída.[21]

A Conferência Nacional dos Bispos do Brasil (CNBB), através da Comissão Episcopal Norte II, rebateu as acusações, com espaço na imprensa. Sustentou que a ação pastoral era coerente com os compromissos da CNBB (conforme a Carta Pastoral de 1980) e a opção preferencial pelos pobres: "Esses compromissos não admitem a violência como resposta à violência institucionalizada. Ao contrário, propõe [*sic*] combater a miséria que está na raiz de toda a violência, através de reformas profundas e corajosas baseadas no princípio da

---

20 "Produtores de castanha denunciam subversão", *A Província do Pará*, 1º caderno, 18 ago. 1981.
21 *Idem*.

dignidade humana". A CNBB indicou que as "alegadas invasões" decorriam da concentração fundiária, observando que "para os castanhais convergem levas e levas de migrantes expulsos de suas terras", além de migrantes atraídos por Tucuruí, Carajás e Serra Pelada.

> Seria iniciativa oportuna e consequente os srs. proprietários de castanhais procurarem não nos lastimáveis conflitos de terra, sintomáticos da situação de injustiça, as causas que, segundo afirmam, estão fazendo com que os trabalhadores já não se sintam "com coragem para ingressar na floresta para o trabalho de extração das castanhas". Nesse sentido, os próprios trabalhadores têm dado seu testemunho da persistência de moldes coloniais em suas relações de trabalho, consubstanciados no sistema de aviamento a que são submetidos nos castanhais. Em tais circunstâncias é facilmente explicável uma crescente escassez de mão de obra, tanto mais quando se sabe do advento de alternativa de trabalho com que acenam os novos empreendimentos na área.[22]

Na imprensa, os oligarcas deram seguimento à narrativa de protetores da floresta contra subversivos. Aziz Mutran Neto (1929-2012), filho do patriarca Nagib Mutran e então deputado estadual da Aliança Renovadora Nacional (Arena), fez um discurso na Assembleia Legislativa do Pará, no qual, segundo *O Liberal*, denunciou "a derrubada de castanhais"[23] e ainda, aparecendo como ambientalista, pediu "providências destinadas a preservar os castanhais, principal riqueza nativa da região de Marabá e um dos principais itens de exportação do Pará". A imprensa

---

22 "CNBB reage às acusações dos proprietários de castanhais", *A Província do Pará*, 1º caderno, 20 ago. 1981.
23 "Aziz denuncia derrubada de castanheiras em Marabá", *O Liberal*, 1º set. 1981.

paraense dava eco para as demandas da oligarquia. Em 5 de setembro, *A Província do Pará* publicou: "Castanheiros denunciam o clero do PA". Eles conseguem, então, repercussão nacional, com cobertura do *Jornal do Brasil*, em 7 de setembro, em uma matéria sensacionalista com o título de "Medo leva fazendeiros a deixarem suas terras". O texto afirmava: "O fazendeiro da região Tocantins-Araguaia é um homem atemorizado, acuado, que tem medo de morrer emboscado. Não confia mais em ninguém que não seja bem conhecido do grupo de empresários rurais da área".[24]

Essa falsa vitimização dos fazendeiros servia para esconder o massacre contra os posseiros. O conflito nos castanhais Fortaleza e Cajueiro, em São Geraldo do Araguaia, em agosto de 1981, deixou presos treze posseiros, além dos padres franceses Aristides Camio e François Gouriou, desencadeando uma ofensiva contra a Igreja pelos oligarcas e pela ditadura, com contribuição da imprensa. Na repressão, foi usada a mesma base do Exército em Xambioá que servira para as torturas no combate à Guerrilha do Araguaia. A prisão e a repressão foram semelhantes à ação de 1976 narrada por Hilário Lopes, então seminarista, quando foi preso no conflito de Perdidos, no castanhal Bela Vista, junto ao padre Malboni: elas seguiam o mesmo padrão repressivo iniciado no combate à guerrilha e que, em sua percepção e experiência, têm sido reproduzidas ao longo dos anos. Conforme narra Hilário:

> Até hoje, se tu chegar com uma pessoa que não é conhecida para puxar qualquer assunto relacionado à guerrilha, poucas pessoas vão ter coragem de abrir a boca e contar. Vão

---

[24] "Medo leva fazendeiros a deixarem suas terras", *Jornal do Brasil*, 1º caderno, 7 set. 1981.

ficar temerosos se não é alguém do Dops [Departamento de Ordem Política e Social] que vai vir e prender e torturar. Isso ficou muito marcado na vida do povo, essa repressão sofrida. E, logo após a guerrilha, começa todo o conflito, se intensifica o conflito pela terra.

O assassinato do advogado dos posseiros, Gabriel Pimenta, em 1982, no Castanhal Cametaú, relacionado ao Conflito do Pau Seco, resultou na acusação do fazendeiro Nelito, do empregado Marinheiro e do pistoleiro Ouriçado, sendo que o fazendeiro e o empregado foram soltos em seguida. Donos dos castanhais, como Aziz Mutran, da poderosa família Mutran, falavam de uma "guerra"; na imprensa, noticiava-se um bando de pistoleiros, a mando de um certo Dimas, invadindo castanhais (Emmi, 1999). Dimas era um posseiro, que foi morto por pistoleiros de Mutran. Depois da morte, sua memória foi difamada e ele foi acusado injustamente de "bandoleiro, marginal e chefe de quadrilha". Foi nesse clima de tensão que ocorreram as terríveis chacinas de 1985 nos castanhais Ubá, Surubim e Fortaleza (realizadas pelo grupo comandado pelo famoso pistoleiro Sebastião da Teresona), e também nos castanhais Princesa e Pau Ferrado.

O julgamento da chacina do castanhal Princesa ocorreu apenas em 2014, depois da pressão dos movimentos sociais e de âmbitos internacionais, com a condenação do fazendeiro e do gerente. O alto grau de violência praticado pelos donos dos castanhais é apontado por Emmi (1999) como um indicativo do enfraquecimento do poder oligárquico. Em seus estudos sobre a oligarquia, as crises e rearticulações, Emmi e Marin (1996) identificaram o que chamam de uma "ruptura de relações de poder", que emergiu com o regime militar, tanto pela dimensão da repressão à Guerrilha do Araguaia, quanto pela necessidade de garantir os investimentos internacionais no Projeto Carajás, o que fez com que a região se tornasse uma área de segurança nacional. Nesse quadro, apareceram novas lideranças, como Major Curió; e a força emergente dos trabalhadores sem-terra em confrontar a oligarquia, questionando as propriedades e lutando por lotes de terra: "Esses trabalhadores não integrados à teia de relações de dominação/subordinação da oligarquia não reconhecem o 'direito' dos oligarcas ao latifúndio" (Emmi & Marin, 1996, p.57).

Dessa crise, emergiram também as rearticulações da oligarquia para impedir as desapropriações dos castanhais. No final dos anos 1980, pressionados pelas ocupações, donos dos castanhais conseguiram construir uma aliança política para serem beneficiados com altos valores pagos em indenizações nas expropriações, de forma que se mantiveram capitalizados, ainda que sem a mesma concentração de terras. Foram as "composições amigáveis", marcas da gestão de Jader Barbalho no Ministério da Reforma Agrária (Mirad), com desapropriações contemplando os donos dos castanhais com "valores acima do praticado no mercado" (Emmi & Marin, 1996, p.66). Foi uma jogada do governo federal para fingir que fazia a reforma agrária, ao passo que enriquecia a oligarquia que havia se apropriado das terras públicas. O Polígono dos Castanhais proposto pela oligarquia foi engavetado no Senado Federal. Ainda assim, os aforamentos transformados em fazendas foram objetos de longos conflitos por terra, que perduram até hoje. No Pará, o MST conseguiu conquistar para a reforma agrária praticamente todas as terras griladas pela família Mutran.

Nesse quadro de grilagem dos espaços dos castanhais é que se encontra a área transformada no Praialta Piranheira, o primeiro e até hoje único PAE em uma área de castanhal. A construção da UHE de Tucuruí, iniciada em 1976, implicou a necessidade de uma varredura fundiária para definir desapropriações e áreas que seriam afetadas. Ao mesmo tempo, os castanhais estavam sendo ocupados por posseiros, como relatado há pouco, e, em 1976, o Incra garantiu o assentamento dos posseiros do Castanhal Viraçãozinha. No ano seguinte, o governador do estado determinou uma revisão de aforamentos, com a intenção de substituí-los por concessões; com a criação do Getat, havia conflitos sobre os aforamentos entre o órgão e o Incra, segundo narra Emmi (1999).

Conforme informações da cadeia dominial que constam no processo criminal dos assassinatos de José Cláudio e Maria, o Incra realizou uma vasta discriminação administrativa em 1978. No ano seguinte, determinou a arrecadação de 150 mil hectares de terras devolutas e sua incorporação ao patrimônio da União, na Gleba Geladinho-Praialta, situada na margem direita do Tocantins, entre Marabá e Itupiranga. No interior dessa gleba, havia uma porção denominada Área 21, com 22 mil hectares — hoje localizada no município de Nova Ipixuna.

É no documento relativo a essa área que aparece a propriedade de Nelson Alves da Silva, pai de José Cláudio, conforme os registros oficiais da Comissão Especial de Discriminação de Terras Devolutas no Estado do Pará. Essa posse, junto às de outros posseiros com área inferior a cinquenta hectares, foi reconhecida pelo Incra. No mesmo processo discriminatório, o órgão declarou a falsidade dos títulos definitivos de propriedade de três grandes fazendas localizadas no interior da mesma Área 21 da Gleba Geladinho-Praialta: Fazenda Galvão, Fazenda Mamona e Fazenda Catarina, declaradas como ocupação ilegal de terras públicas federais. Ou seja, grilagem. Em razão disso, foram arrecadadas como terras devolutas.

Nesse exato perímetro foi criado, em 1997, o PAE Praialta Piranheira, onde residiam 67 famílias em situação semelhante à de José Cláudio e Maria, agricultores agroextrativistas. Essa área pertence ao histórico território do povo Parkatêjê, contatado no final dos anos 1950. Até a época, ela sofria explorações esporádicas de castanheiros. Posteriormente, passou a ser uma área de castanhais livres, que sofreu diferentes processos de grilagem, do arrendamento ao aforamento, até se transformar em fazendas. Entre os moradores antigos no assentamento, alguns eram castanheiros que trabalhavam no local, ocupando a área como um "castanhal livre". Outros eram aviados por castanheiros.

José Cláudio relata que havia comprado a área, junto com seu pai, de um posseiro — que seria um antigo castanheiro. Ele narra assim a trajetória do lote onde viveu, desde sua origem, em um castanhal, até chegar a um posseiro:

> Isto aqui era ponto de castanha de um famoso, que agora tem um advogado, que era filho dele, chamado Coraci Costa. Isto aqui era de um senhor Coraci Costa — o nome dele não é Coraci, é Hidelbrando. Ele tem um filho chamado Hildenor Barros, que é advogado em Marabá. Do tempo dos coronéis… Esse advogado é do tempo dos coronéis. Inclusive, esta região toda aqui era do Coraci, de um senhor Passarinho, e lá na boca do igarapé Praialta era um tipo de aforamento dos Mutran, do Benedito Mutran, esse pessoal… Isto aqui era região de castanha. Como os donos de castanha só tiravam castanha, e o pessoal que trabalhava com eles ia para o garimpo no verão, ia para o garimpo trabalhar no garimpo, no rio seco — quando era no inverno, vinham tirar castanha de novo… Quando começou a evoluir e começaram a chegar as leis trabalhistas para cá, e começaram os patrões a pagar indenizações muito caras… Tinha gente que trabalhava com eles havia quarenta anos, vinte anos, trinta anos, e assim por diante… Eles começaram a dividir as áreas de terras dos castanhais. Esta área aqui, eles dividiram em parcela. Os castanheiros, aquele pessoal que trabalhava com eles, os mais velhos, eles foram dando um pedaço de terra como forma

de indenização dos tempos de trabalho. Acontece que eles não podiam fazer isso porque a terra aqui é da União. Não eram terras deles. Mas como eles se achavam donos, eles fizeram isso: dividiram. O pessoal não tinha costume de tocar a sua vida por conta própria. Inclusive, eles eram realmente extrativistas, porque viviam de tirar castanha e de trabalhar no garimpo. Com a barragem da hidrelétrica de Tucuruí, aí sepultou os garimpos. Porque não tem como garimpar, porque o rio ficava cheio, e se encheram de areia todos os lugares que têm diamante… Ainda trabalham por aí, mas é meio remoto. E o pessoal, como não tinha muita experiência em trabalhar por conta própria, muitos começaram a vender as suas parcelas. Nisso, eu vim aqui mais meu pai, e compramos uma parcela de 250 hectares.

Depois da compra, em 1977, José Cláudio e sua família passaram a utilizar a área apenas para a extração de castanha. Inicialmente, eram 250 hectares, divididos entre José Cláudio e o pai, em duas parcelas de 125 para cada. Ao longo dos anos, conforme havia necessidade, foram vendendo partes da área. Nas primeiras safras, chegavam a produzir de 110 a 120 hectolitros de castanha. Além disso, compravam a produção dos outros moradores da região para vender em Marabá — entre eles, José Ribamar da Conceição, que era o primeiro delegado sindical no Núcleo Massaranduba, onde José Cláudio e Maria viviam, e que convidaria o casal para participar das primeiras reuniões de discussão da criação do PAE.

3 Conquista e colonialidade da natureza

É difícil imaginar o que pode ser uma ex-floresta, mas os troncos secos de grandes castanheiras que jazem, ainda cravados no chão e em pé, em meio à imensidão desértica do pasto incinerado, não deixam dúvidas: aqui era Amazônia. São os fantasmas das castanheiras que trazem a memória do esplendor de um passado arrasado. Quando retornava da visita que fiz a José Cláudio e Maria, em outubro de 2010, um fazendeiro havia posto fogo em uma área desmatada nas margens do assentamento, e as chamas atingiram o tronco de uma castanheira morta. Vi essa imagem da janela do carro, e José Cláudio a utilizou em sua apresentação no TEDx Amazônia. Para ele, essa castanheira incinerada, mas ainda de pé, cercada de cinzas e chamas, representava a morte da floresta e de todos nós. "Será possível que este aqui é o futuro do planeta?", perguntou. "E os que vêm depois?" Sua luta pelas castanheiras era uma luta pelo futuro comum da vida na Terra: "Está nas nossas mãos. E a gente tem o futuro pela frente e a gente deve decidir: se nós queremos isso aí, ou aquela imagem primeira que foi colocada [Majestade]".

Uma imagem que revela o fim da vida. Vida que era representada pela frondosidade da Majestade, aquela castanheira imensa, com um caule muito largo, amplo, e cujos troncos traziam muitas vidas consigo. Uma árvore que era em si uma floresta. A grande castanheira hospedeira de vidas, de seres que habitam seu corpo, que passam e transitam por sua existência. Duas castanheiras: a viva, em seu esplendor, e a assassinada, em chamas, que jazia como um fantasma. José Cláudio disse que, por vezes, ia até os pés da Majestade escutá-la, conversar com ela. Hoje penso também que histórias guardam os troncos das castanheiras mortas.

Uma ex-floresta, ou uma floresta fantasma,[25] é uma paisagem característica do Antropoceno. Essa era da devastação, da exaustão dos recursos naturais. A marca profunda que imprimimos na crosta da Terra. Uma marca, diz Ailton Krenak (2019, p. 46), tão pesada, "que pode permanecer mesmo depois de já não estarmos aqui, pois estamos exaurindo as fontes da vida que nos possibilitaram prosperar e sentir que estávamos em casa". Essa é a visão que se estende por quilômetros, acompanhando a geografia que passa pela janela do carro ao longo da estrada. Pasto degradado, árvores secas e mortas aqui e acolá, bois brancos esparsamente vagando. O PAE Praialta Piranheira, onde viviam Zé Cláudio e Maria, era uma rara reserva florestal, que havia sobrevivido ao intenso desmatamento da região e que estava na mira da destruição.

O ecocídio dos castanhais aconteceu em associação ao genocídio dos povos indígenas que conviviam com a castanha. Essa paisagem fantasma reflete uma ecologia do genocídio: o extermínio dos povos indígenas que plantaram o espaço dos castanhais, com seus modos de vida em interdependência e inter-relação com a floresta, e a devastação dessa floresta, que permitia a existência de tais coletivos humanos. Tudo transformado em uma violenta

---

25 Anne McClintock usa a expressão "florestas fantasmas" para analisar a devastação do delta do Mississippi, nos Estados Unidos. Anne McClintock, "Ghost Forest: Atlas of a Drowning World", *E-flux*, jan. 2022.

homogeneidade. Além do genocídio indígena, a violência extrema atingiu também a população regional que se formou descendente dos povos indígenas, castanheiros como José Cláudio e Maria, que conviviam com a floresta e dependiam dela para viver. Sem essas pessoas que cuidavam da floresta, que a manejavam, seu extermínio e incineração avançou; além disso, as castanheiras não manejadas tendem a produzir menos castanha e ir, aos poucos, exaurindo a sua diversidade genética.

Como resultado do ecocídio/genocídio da longa conquista, emergiu a implantação de um projeto colonial que servia tanto à expansão do capitalismo quanto ao controle territorial dos colonizadores. Na ditadura, Deutemar Kovalzuck, engenheiro do Departamento Nacional de Estradas de Rodagem (DNER), descreveu a dimensão racial desse projeto, que deveria civilizar uma floresta ocupada por "índios, animais selvagens, seringueiros, caçadores de peles e extratores de castanha". Disse: "Era território brasileiro, mas carente de nossa soberania" (Gomes, 1972, p. 46).

É emblemática, nessa passagem, a categorização dos "extratores de castanha", como eram Maria, José Cláudio e os ocupantes tradicionais do PAE, junto com "índio", "animais selvagens" e "seringueiros". Nessa visão colonialista, todos esses coletivos que viviam ou conviviam com a floresta eram considerados incivilizados, hierarquicamente racializados, raças inferiores. E uma terra por eles habitada era "carente da soberania", uma terra "abandonada". Uma ameaça à pátria, ao Estado-nação colonial. Uma justificativa não apenas da necessidade da colonização e da "civilização", mas da violência da guerra de conquista, do extermínio e da devastação.

Os "selvagens" sobreviveram onde as castanheiras também sobreviveram. Juntos, formaram os grandes castanhais: povos indígenas, castanheiros e castanheiras.

Mesmo com a floresta aniquilada, o espaço da (ex-)floresta continuou servindo como palco de lutas sociais. A destruição desse ecossistema não foi um processo unilateral do avanço do Estado com o capital: sempre houve os outros lados em resistência, além das insurgências, as respostas das "vítimas": a capacidade de resiliência, adaptação e transformação, a extraordinária força para (r)existir através das maneiras de existir que são também de resistir. E as insurgências em suas múltiplas formas.

Nos pouco mais que cem quilômetros que ligam Marabá a Eldorado dos Carajás pela PA-150, onde antes era o coração dessa floresta de castanhais, há uma imensidão de pastagens. Poucas castanheiras sobreviveram isoladas no pasto, e seus troncos mortos jazem como um imenso cemitério. Nesse percurso, na Curva do S, próximo a Eldorado, há dezenove troncos secos, queimados e mutilados, que marcam o local do massacre de dezenove trabalhadores sem-terra em 1996. A ex-floresta foi removida pelo latifúndio. Mas, onde a luta pela terra venceu depois da violência do massacre, já começa, de alguma forma, a voltar a diversidade.

Cada lote tem suas árvores frutíferas, destacando-se as mangueiras, que são sempre levadas e plantadas, pois indicam a idade da ocupação, além de oferecerem uma fruta saborosa. É uma recuperação longa do solo, que talvez nunca se concretize de todo. É uma descolonização do pasto sobre a terra. É a vida com árvores que aos poucos se insurge contra o deserto do latifúndio. Essa grande área dos castanhais, que chegou a ser propriedade de cinco famílias (Emmi, 1999), hoje constitui mais de quinhentos assentamentos, onde vivem cerca de doze mil famílias. Outras dezenas de acampamentos de trabalhadores sem-terra lutam para dividir terras de antigos castanhais grilados e transformados em grandes fazendas.

Um exemplo épico foi a luta pela terra na Fazenda Castanhal Cabaceiras, de propriedade da família Mutran, desapropriada em 2008 para dar lugar ao PA 26 de Março. O MST ocupou a fazenda em 1999, um ano depois do assassinato de duas lideranças, Oralício Araújo Barros (Fusquinha) e Valentim Serra (Doutor). Essas mortes seguiam o massacre de 1996 e visavam colocar fim na organização dos trabalhadores rurais, promovendo carnificina, medo e terror, eliminando as lideranças, em um processo do genocídio camponês no Pará. Fusquinha e Doutor foram assassinados no despejo ilegal da fazenda Goiás II, em Parauapebas. A Fazenda Castanhal Cabaceiras era uma imensa grilagem de terras da família Mutran, com mais de onze mil hectares de floresta, em um dos maiores castanhais que existiu na Amazônia, colocado abaixo para virar pasto.

Esse caso foi um marco na desapropriação do latifúndio, pois, além de ter sido justificada pelo fato de a fazenda ser improdutiva, foi também marcada pela função social da terra: foram resgatados trabalhadores em condições análogas à escravidão na área que seria "produtiva". E ainda, em 2008, a Polícia Federal (PF) encontrou na fazenda um cemitério clandestino. Com isso, o PA 26 de Março foi o primeiro na história do Brasil criado em decorrência da Proposta de Emenda à Constituição (PEC) 438/2001, que prevê o confisco de terras de escravagistas. No assentamento, sobre a terra devastada do genocídio e do ecocídio, hoje floresce de novo com a agricultura camponesa uma diversidade de cobertura florestal. Mas o antigo castanhal nunca mais existirá. Charles Trocate (2017), poeta, liderança sem-terra e do Movimento pela Soberania Popular na Mineração (MAM), reflete:

> As terras da Fazenda Cabaceiras são uma área emblemática para movimentos sociais como o Movimento dos Trabalhadores Rurais Sem-Terra (MST) e a

Comissão Pastoral da Terra (CPT). A luta pela propriedade se confunde com a história do MST no Pará e a importância de se conseguir esta área também está na quebra de uma das principais oligarquias do estado. A família Mutran, dona das terras, tem em seu currículo um histórico de assassinatos, trabalho escravo, cemitérios clandestinos, corte raso de castanheiras e desmatamento florestal. Apesar disso, nunca perdiam causas na Justiça e eram considerados importantes expoentes do agronegócio brasileiro.

Apenas nas unidades de conservação e, sobretudo, nas áreas habitadas pelos povos conhecidos genericamente como Gavião — que se autodenominam Parkatêjê, Akrãtikatêjê e Kyikatêjê (TI Mãe Maria) —, pelos Aikewara-Suruí (TI Sororó), Xikrin-Mebêngôkre (TI Xikrin do Cateté), Parakanã (TI Parakanã), Asurini (TI Trocará) e Kayapó-Mebêngôkre (TI Kayapó e TI Badjônkôre) sobrevivem remanescentes daqueles grandes castanhais que existiram antes da expansão do capital nos vales do Araguaia-Tocantins e médio Xingu. Ali, são acolhidos e protegidos pela vida indígena.

Efetivamente, a castanha-do-brasil pode representar, como poucas espécies vegetais, a complexa inter-relação e coevolução entre humanos e espécies não humanas na formação da paisagem amazônica. Desde a semidomesticação — que pesquisas indicam poder ter tido início no sudeste do Pará ou na margem norte do Amazonas (Shepard & Ramirez, 2011) — e dispersão por sociedades ameríndias, a castanha-do-brasil se tornou, com o fim do ciclo da borracha, o principal recurso natural extraído na Amazônia e negociado no mercado internacional. Posteriormente, com a invasão organizada pela ditadura militar e empresarial, foi sacrificada para o desenvolvimento "na pata do boi", expressão que marcou o discurso de Médici.

Nesse longo processo, o espaço geográfico dos castanhais e a floresta que existiu ali foram palcos de intensas disputas políticas. Uma floresta marcada por lutas sociais. Uma floresta-fronteira, que demarcou limites entre povos indígenas Jê-Kayapó, Jê-Timbira e Tupi-Guarani, fronteira geográfica com o Cerrado, limite da bacia amazônica, fronteira de "expansão" da sociedade brasileira, fronteira do capitalismo, palco da Guerrilha do Araguaia e da guerra que veio depois, fronteira de desmatamento e, mais recentemente, "fronteira energética" e "fronteira mineral", nos planos de desenvolvimento.

Como aconteceu esse ecocídio é um tema que suscitou pesquisas e disputas de narrativas, bem como investigações buscando subsidiar políticas públicas para desincentivar a destruição, assim como para se tentar salvar geneticamente a diversidade da castanha. Pesquisas também buscavam oferecer alternativas econômicas que pudessem rivalizar, em termos de produção, com a pecuária. Mas, sem contar com os mesmos incentivos fiscais que a pecuária, diante da especulação e estrutura do capitalismo, nunca foram além de boas intenções em mesas de negociação distantes da violência no campo. Com o colapso da economia florestal depois do saque das serrarias e carvoarias, o sul e o sudeste do Pará permanecem um intenso palco de lutas pela terra. Historicamente, mantiveram-se nos relatórios anuais da CPT sobre conflitos no campo no Brasil como o local de maior registro de conflitos, assassinatos, ameaças, trabalho em condições análogas à escravidão e expulsões violentas.

Mesmo sem a floresta, a sangrenta expansão do capital não trouxe os benefícios prometidos pelo Estado de Direito e pelo "Império da Lei". Ao contrário. Os conflitos por terra sucederam os conflitos por recursos florestais entre castanheiros, caçadores de peles, garimpeiros e povos indígenas, até as "pacificações" — que, na verdade, significavam a dominação dos indígenas que se rendiam diante da violência da conquista — organizadas pelo Serviço de Proteção aos Índios (SPI) e pela Igreja, nos anos 1950. Essa era "uma das mais violentas áreas de conflito entre índios e frentes de penetração nacional", conforme descreveu o antropólogo Expedito Arnaud (1971, p.1). Os espaços ocupados pelos castanhais, nessa perspectiva, possuem uma longa história de conflitos, ininterrupta ao longo de mais de um século.

Em paralelo à concentração da terra e da floresta sob o controle da oligarquia do Tocantins, vieram junto a grilagem e a concentração do subsolo, pela Vale. Assim, a castanha foi sucedida pelo ferro e pelo pasto. Depois de realizar um trabalho pioneiro sobre a produção do subdesenvolvimento na Amazônia pela implantação de projetos massivos de extração mineral, o geógrafo estadunidense Stephen Bunker (1985) comparou a trajetória da castanha-do-brasil com a do minério de ferro, as duas principais mercadorias que formaram a economia de Marabá ao longo do século XX (Bunker, 2003). Essa pesquisa analisava as relações sociais e políticas da implantação do Projeto Grande Carajás (PGC), as "barganhas e acomodações por trás das decisões que estruturam o projeto de minério de ferro", assim como os efeitos sociais, econômicos e ambientais desse grande projeto de extrativismo e desenvolvimento (Bunker, 2003, p.36).

O pesquisador argumentava que a diferença das trajetórias se vinculava sobretudo ao fato de a extração da castanha não ser suscetível às mudanças tecnológicas, enquanto o recurso mineral "envolve um número maior de oportunidades de mudanças tecnológicas e de intensificação do capital" (Bunker, 2003, p.33). Ele buscava entender como as "economias extrativas" — e, por esse conceito, comparava o ferro e a castanha — afetavam o desenvolvimento regional (Bunker, 1985, p.36; 2003). Enquanto o ferro é uma mercadoria destinada ao metabolismo social global como base da economia industrial, a castanha é um alimento que se renova no tempo da natureza. Enquanto o ferro se transforma com intensidade de energia e capital, processo em que ocorre a necessária perda da lei da termodinâmica, a castanha não comporta essas transformações. Ao mesmo tempo, enquanto mineral, o ferro se renova em ciclos que não são compatíveis com a escala de tempo da humanidade e da acumulação capitalista, ao passo que a castanha é reproduzida em safras anuais. Na região de estudo, essas diferentes mercadorias (castanha e ferro) caracterizam, respectivamente, o surgimento do extrativismo no início do século passado e a expansão do neoextrativismo na última década.

Ferro e castanha possuem tempos extremamente distintos de reprodução, assim como capacidades distintas de uso e transformação. Existe uma diferença fundamental relacionada à entropia dos recursos naturais que se revela entre, de um lado, manejar e, portanto, ter controle sobre manutenção e reprodução do estoque, como um "sistema aberto", e, de outro, apenas extrair para a troca, sem a possibilidade de renovação, como um "sistema fechado". Os modos de extração se revelam essencialmente diferentes em razão da relação econômica entre distintos grupos humanos, capitalistas ou não, e as castanheiras. Os valores que são atribuídos a esses diferentes recursos, do ferro à castanha-do-brasil, e seus modos de extração, não são os mesmos pelos diferentes grupos humanos que se relacionam com eles, e me refiro aqui à ideia de linguagens de valor que sejam incomensuráveis, sem uma medida em comum entre essas diferentes formas de atribuição de valor por diferentes usos sociais de certos recursos (Georgescu-Roegen, 1971; Martínez-Alier, 2007).

Os modos de extração são políticos e são econômicos, e, por essa razão, o extrativismo vegetal renovável e sustentável praticado por José Cláudio e Maria e os agricultores extrativistas do PAE Praialta Piranheira, fundamentado em espécies semidomesticadas de frutas nativas, como a castanha-do-brasil, o cupuaçu,[26] o açaí e a andiroba, deve ser compreendido a partir de uma perspectiva mais ampla do que apenas a capacidade de intensificação do capital em certas práticas agrícolas. Ele envolve controle territorial e estratégias, ideologias e projetos de vida, ou modelos e perspectivas de desenvolvimento. Isso porque, ao contrário do extrativismo mineral — ou mesmo do monoextrativismo da castanha, quando o comércio era controlado pela oligarquia tocantinense —, o extrativismo popular e ecologicamente sustentável, praticado pelos agricultores extrativistas, é associado à produção e manutenção do estoque de uma ampla diversidade de produtos e variedade de frutas, cipós, sementes e outras produções florestais, em uma relação não alienada com o trabalho e o ambiente.[27]

No mundo inteiro, as florestas têm sido palco de disputas políticas. E os castanhais constituem um terreno especial de embate sobre a trajetória da Amazônia no último século. Conflitos que surgiram pelas florestas, no que se refere ao acesso, uso, controle e mesmo ao conhecimento em torno delas, possuem uma dimensão epistemológica, relacionada aos castanhais: os castanhais como lugar de conhecimento e como lugar de vida. Também há que se mencionar os conflitos pela terra que está abaixo da cobertura florestal, a luta pelo chão, entre camponeses e o latifúndio. Um espaço de disputas tanto nas florestas quanto nas áreas desflorestadas, a "ex-floresta".

---

26 Pesquisas indicam que o centro de dispersão do cupuaçu também pode ser atribuído a essa região geográfica. Ver Clement *et al.* (2015).

27 Conforme Stefania Barca desenvolve em sua tese sobre o ambientalismo da classe trabalhadora (2014) e no trabalho reprodutivo (2020).

A implantação do PAE Praialta Piranheira foi turbulenta em toda a sua trajetória, e em contradição com o propalado "equilíbrio ambiental" da Portaria 268/1996 do Incra. À época do assassinato de José Cláudio e Maria, restavam apenas 17% de mata nativa na área do PAE. A maior intensidade do desmatamento se deu entre 2004 e 2005, período em que os dois fizeram ao menos seis denúncias de crimes ambientais, incluindo a já citada carta com um pedido de ajuda à então ministra do Meio Ambiente, Marina Silva, datada de 15 de maio de 2004. Acontece que, para além do perímetro demarcado do assentamento agroextrativista, havia uma série de projetos de desenvolvimento que passaram a ser implantados a partir de 2004 e 2005, seguindo a alta das commodities no mercado internacional: o massivo investimento em grandes frigoríficos, a construção de uma grande planta de produção de aço em Marabá, a duplicação da infraestrutura de escoamento de ferro, a expansão da soja no sudeste do Pará, e uma pressão crescente por parte do capitalismo extrativista, como mostram os mapas no início deste livro. Era a aceleração do extrativismo dos recursos naturais para a exportação — um outro tipo de "extrativismo", que se chocava com as propostas ambientalistas e de justiça social de José Cláudio e Maria.

A violência exposta com os brutais assassinatos está diretamente relacionada ao aumento do fluxo do capital baseado na extração dos recursos naturais nessa região, um caso extremo do alto índice de violências praticadas contra ambientalistas populares e lideranças de movimentos sociais que são afetados por projetos de crescimento econômico fundados na extração massiva e exportação de recursos naturais. Esta é uma contribuição analítica a partir deste caso: a estrutura político-econômica dessa violência social e ecológica — assassinato de defensores da floresta e destruição do ecossistema — está diretamente relacionada à apropriação do espaço comprimido pela aceleração do tempo local, no quadro de trocas globais desiguais, permeadas pela característica fundamental do capitalismo de remover os obstáculos à sua circulação, tal como nas construções teóricas de Elmar Altvater (1989) e David Harvey (1992). É preciso discutir a perspectiva econômica e sua importância neste caso, mas não reduzir à economia a ampla dinâmica da violência, relacionada ao histórico da região, à conjuntura e ao contexto, ao racismo, ao sexismo e a outras dimensões. No entanto, sem perceber a relação entre os efeitos da desigualdade das trocas ecológicas globais, fica superficial uma análise da intensidade dos conflitos socioecológicos que marcam a região.

Desde 1981, a CPT documenta a violência física que atinge camponeses, camponesas e ambientalistas populares no sul do Pará, e uma revisão desses dados pode ajudar a compreender uma análise histórica e social específica. Minha interpretação neste capítulo se fundamenta no paradigma da ecologia política para investigar como o poder político incide nos conflitos ambientais distributivos e na espoliação ambiental, assim como se relaciona com o imperativo do crescimento econômico e do desenvolvimento para um suposto bem viver.

A implantação desse imperativo político foi extremamente violenta, através de dispositivos de controle sobre os corpos e a soberania, que se aproximam da perspectiva do estado de exceção permanente presente na situação colonial descrito por Achille Mbembe como necropolítica. Exercer a soberania, cujos limites para Mbembe é matar ou deixar viver, é ter o controle sobre a mortalidade e definir a vida como uma realização e manifestação do poder (Mbembe, 2017, p. 108). Dessa percepção de uma situação de violência que é a regra colocada pela exceção permanente, na relação que essa forma política estabelece com o sistema econômico, Bobby Banerjee (2008, p. 1.542) enfatiza a dimensão violenta do capitalismo, que chama de necrocapitalismo, como as "formas contemporâneas de acumulação organizacional que envolvem a despossessão e a subjugação da vida ao poder da morte". É a intersecção da necropolítica com a necroeconomia, sistemas políticos e econômicos que se complementam na construção de mundos de morte, "como práticas de acúmulo que envolvem despossessão, morte, tortura, suicídio, escravidão, destruição de meios de subsistência e a gestão geral da violência" (Banerjee, 2008, p.1.548). O resultado é a criação de mundos de morte, zonas de sacrifício, ambientes violentos, espaços de terror. As promessas de crescimento baseadas no puro extrativismo predatório se revelaram um motor de implantação da necroeconomia.

Na década do crescimento acelerado, o avanço massivo do capital comprimiu o espaço pela aceleração do tempo na região, provocando um elevado índice de desmatamento, exploração das mulheres camponesas, espoliação de povos indígenas e das comunidades que vivem em territórios tradicionalmente ocupados. Nesse mesmo sentido, e diretamente relacionado ao processo desigual de trocas ecológicas globais, ocorreram os brutais assassinatos de José Cláudio e Maria, ambientalistas que combatiam essa apropriação do tempo-espaço, em uma resistência política que deve ser compreendida de maneira ampla. Essa resistência, tal como a dimensão das ideias da luta do casal, insere-se em uma dimensão antissistêmica, na direção das transições pós-extrativistas à expansão do capital e a alternativas ao desenvolvimento. É por isso que sustento que a violência contra ambientalistas populares, defensores da floresta e lideranças de movimentos sociais afetados por projetos de crescimento econômico fundados na extração e exportação de recursos naturais (o *extrativismo*), na necroeconomia, está diretamente relacionada à apropriação do tempo-espaço comprimido, da acumulação por despossessão no quadro de trocas ecológicas globais desiguais.

Crescimento e mito civilizatório

A extração de recursos naturais para exportação, quase sem ou com muito pouco processamento, foi alçada a fundamento do crescimento econômico e justificada como pilar da almejada distribuição de renda. Fazendo eco a períodos anteriores na história político-econômica, em que a ideia de uma construção nacional se baseava em um "destino manifesto" da dominação do Homem sobre a Natureza, o neodesenvolvimentismo também teve como pilar exacerbar a dicotomia entre sociedade e natureza, desprezando possibilidades alternativas de relação e interdependência. Essa orientação funcionou tal como a "regra da diferença colonial" aplicada nas relações com a natureza, segundo a qual proposições universais têm exceções nas colônias como uma fronteira moral, excluindo os sujeitos colonizados dos benefícios alcançados por esse projeto civilizatório. O que expõe, como mostra Hector Alimonda (2011, p. 22), "a persistente colonialidade que afeta a natureza latino-americana". A incorporação da natureza latino-americana em condição de inferioridade e como recurso a ser explorado.

A colonialidade da natureza se reafirma, segundo Alimonda, com a expansão das monoculturas de exportação, arrasando a biodiversidade, os ecossistemas socionaturais, e expulsando dos territórios camponeses populações que vivem de forma tradicional, assim como os povos originários. O caráter desigual e combinado do desenvolvimento capitalista promove uma violenta competição por solos, água e nutrientes, assim como o uso massivo de agrotóxicos, e reforça a concentração do poder econômico, social e político, as interlocuções com o Estado e o monopólio das grandes corporações internacionais de biotecnologia. Desde o seu início, o capitalismo se desenvolve através de uma teia de formações sociais hierarquizadas, na qual a riqueza de alguns é muitas vezes sustentada pela pobreza de outros. Nações desenvolvidas e subdesenvolvidas são como duas faces de uma mesma moeda: o desenvolvimento do capitalismo. A colonialidade persistente da natureza expõe os efeitos da "revolução verde", que transformou a produção agrícola em um dos setores com maior concentração de renda e riqueza, sobretudo terras. Ao longo dos séculos, a colonialidade da natureza arrasou ecossistemas, exterminando flora e fauna, estimulada pela competição com invasores biológicos trazidos pelo imperialismo ecológico.

De acordo com Alimonda (2011, p.22):

> A natureza, vinculada por todas as partes com a vida da sociedade, foi transformada apenas em "terra". E com esse movimento se desarticulam os equilíbrios sociais constituídos durante séculos, que davam sentido e identidade aos indivíduos e que estavam no fundamento dos imaginários sociais.

A defesa da terra, da vida, da Pacha Mama nos Andes, da castanheira Majestade no Pará está vinculada, segundo Alimonda, com a intenção de proteger e deixar de fora do mercado a natureza. À luta em defesa da natureza, nesses termos insurgentes, se contrapõe à subvalorização da natureza pela perspectiva da colonialidade, tal como o desprezo pela floresta e a admiração pelo pasto como um ambiente controlado, domesticado, "colonizado". "A radicalidade desse processo de colonização da natureza se explica, também, pela própria radicalidade do processo de colonização dos humanos, que, até então, os europeus não haviam tido ocasião de aplicar com tanta eficiência" (Alimonda, 2009, p.88).

Se a finitude dos recursos e os limites de emissão de carbono na atmosfera são barreiras que tornam a economia crescimentista insustentável por princípio, crescer economicamente pela pura extração dos recursos naturais não se sustenta em longo prazo. No entanto, esse propósito se apresenta com um sentido mítico civilizatório. O crescimento é assimilado à perspectiva da evolução, caminho que deve ser percorrido com o objetivo de se atingir um certo lugar mítico. Esse lugar para onde leva o crescimento é caracterizado pela lógica da abundância/desperdício e legitimado pela estrutura colonial da autoridade do conhecimento. Tal colonialidade do saber informa tanto os saberes da economia neoliberal quanto keynesiana, que vislumbram tão somente o crescimento como alternativa de vida.

Enquanto as políticas neoliberais frequentemente estão associadas a baixos níveis de investimento — mais recentemente, ao recrudescimento da financeirização —, as críticas dos keynesianos às políticas neoliberais é de que elas são incapazes de estimular crescimento econômico, necessário para gerar postos de trabalho. Nesse sentido, investimento, por definição, deve ser entendido como investimento produtivo, que é colocar dinheiro para algum empreendimento produtivo, capaz de gerar riqueza nova. Essa concepção produtivista da riqueza nova esconde as bases materiais da geração do novo e da reprodução — o investimento reprodutivo — dessas condições materiais de produção.

O crescimento econômico da primeira década do século XXI no Brasil foi acompanhado pela emergência do neoextrativismo, conceito desenvolvido por autores latino-americanos para criticar a permanente posição da América Latina como provedora de recursos naturais aos centros industrializados do sistema-mundo — a natureza colonizada, citada por Alimonda (2011). O neoextrativismo, em que o uso da palavra "extrativismo" tem sentido diferente do projeto econômico popular criado por seringueiros no Brasil, apoia-se no mito do progresso como paradigma civilizacional. Nesse período, projetos de crescimento/desenvolvimento dirigidos pelo Estado foram implementados a partir da extração abusiva e extensiva dos recursos naturais. Tal extração era apresentada como atividade indispensável à balança comercial, inclusive para justificar projetos sociais, como deixa ver a oitava tese do neoextrativismo, descrita por Gudynas (2009, p. 209): parte do excedente captado pelo Estado é "destinado a programas sociais, que geram uma legitimação, tanto para os governos, como para os empreendimentos extrativistas, e isso contribui para apaziguar as demandas locais". Essa política do neoextrativismo é, também, de origem keynesiana, das garantias sociais, do Estado de bem-estar social: o novo que se espelhou nos modelos antigos de crescimento à base da exaustão.

As opções pós-extrativistas, ou seja, para sair da dependência extrativista, estão relacionadas também às alternativas ao desenvolvimento. A busca de alternativas enfrenta restrições e resistências, tal como o caso da violência contra o casal ambientalista e contra o meio ambiente. José Cláudio e Maria propunham alternativas de relação econômica com a floresta que não fossem predatórias, o "extrativismo sustentável" inspirado no modelo das Resex liderado no passado por Chico Mendes, que admiravam. Essas opções permitiam o extrativismo não madeireiro, desde que "sustentável", e focavam a produção de óleos, coleta de frutas, produção de polpas e outras atividades que permitissem a renovação do ecossistema. Como coloca Gudynas (2006, p. 181-2), essas alternativas "desafiam a base conceitual do desenvolvimento, seus modos de entender a natureza e a sociedade, suas instituições e suas defesas discursivas".

Crescer pela métrica do produto interno bruto (PIB) implica separar os trabalhadores das condições naturais de produção e tensionar duas contradições fundamentais do capitalismo: a exploração do trabalho e a extração da natureza. Por isso, analiso os efeitos do crescimento e da sua relação característica com o tempo-espaço sobre a natureza e as populações que "convivem com" ela, para fazer uso da expressão de Maria. A proposição do decrescimento ajuda a refletir sobre essa contradição que construiu as condições da violência que levaram aos assassinatos de José Cláudio e Maria, pois a proposta política do decrescimento, uma palavra-ideia, é expor publicamente que o crescimento econômico não tem como ser sustentável, diante da entropia da economia. O decrescimento tenta chamar atenção para os efeitos perniciosos do crescimento econômico ensandecido e irracional do ponto de vista da relação metabólica da sociedade industrial com a natureza. Ele revela a insustentabilidade do crescimento econômico, que é o mesmo que revelar a insustentabilidade do capitalismo, uma vez que não há capitalismo sem crescimento, em função do próprio conceito de capital enquanto valor em processo de valorização, ou seja, valor em expansão.

No Brasil, durante os anos de crescimento intensificado, depois da criação do Programa de Aceleração do Crescimento (PAC), em 2007, a Amazônia passou a ser referida como "nova fronteira",[28] espaço para onde foram deslocados megaprojetos de extração de recursos naturais, produção de energia e expansão do capital. Estudos para a Fundação Vale, feitos pela Diagonal Urbana Consultoria,

---

28 Expressão utilizada no Plano Nacional de Mineração (PNM) 2030 (Brasil, Ministério de Minas e Energia, Secretaria de Geologia, Mineração e Transformação Mineral, 2011).

indicavam um aumento exponencial da população[29] e a necessidade de investimentos para o "desenvolvimento sustentável" no município de Marabá em saúde, educação, segurança, habitação e infraestrutura urbana da ordem de 1,6 bilhão de reais (Fundação Vale, 2007). Com Marabá prestes a receber os investimentos da Aços Laminados do Pará (Alpa), que seria instalada ali, a solução defendida pela companhia era uma "parceria social público-privada". Entre 2010 e 2014, a cifra poderia facilmente ser suportada com a promessa de pagamento pela Vale de 15,5 bilhões de reais em tributos ao governo federal, que, em tese, os repassaria para os investimentos necessários por meio de programas sociais, aos quais se somariam programas estaduais e o "investimento social" da companhia (Fundação Vale, *mimeo*, p.42).

O imperativo do extrativismo e do avanço do capital ganhou, portanto, tal como indica a oitava tese de Gudynas (2009) sobre o neoextrativismo, uma narrativa social em busca de legitimação. Extrair, exportar e crescer se tornou a única possibilidade de se ter investimento em infraestruturas básicas como água e esgoto, educação, saúde e segurança — essa era a justificativa defendida para instalar a Alpa em Marabá e o projeto S11D, de extração de minério de ferro, em Canaã dos Carajás. Como no PGC, a "integração" econômica se daria a partir da ampliação do carro-chefe da mineração, acompanhada da construção da UHE Marabá e de investimentos no agronegócio para exportação. Essa perspectiva destaca a

---

29 Nos dados superestimados apresentados no estudo, a população de Marabá saltaria de 196.498 pessoas, em 2007, para 306.505, em 2014, enquanto a estimativa do IBGE para 2015 era de 262.085 pessoas. Na considerada "área de influência direta", a população passaria de 446.774 para 724.135, enquanto a economia triplicaria de 12 bilhões de reais em 2006 para 36 bilhões em 2014 (Fundação Vale, 2007).

compressão do espaço pelo tempo, isto é, uma redução relativa dada pela aceleração do tempo, que encolhe a circulação e a dimensão do espaço. Trata-se de uma contradição sistêmica, em razão da lógica expansiva do capital, que necessita alargar o espaço, mas que, por sua orientação acelerante, o reduz e, nesse sentido, permanece em constante expansão para novas fronteiras.

Da mesma forma, a compressão do espaço pelo tempo do capital ajuda a expor a complexidade político-econômica em torno da resistência ambientalista popular na qual se insere a luta de José Cláudio e Maria e do movimento social paraense: tidos como "obstáculos" à circulação acelerada, foram "removidos", isto é, assassinados. Esta é a percepção teórica aportada por Elmar Altvater (1989): a aceleração da circulação faz com que o capital remova os obstáculos. Há um paralelo político e empírico dessa proposta teórica, conforme declarou em entrevista para o filme *Toxic Amazon* um conhecido ex-deputado ruralista da região, famoso nos anos 1990 por diferentes casos de violência, incluindo assassinatos de trabalhadores rurais em suas propriedades: "Essas pessoas [ambientalistas] não contribuem para que tiremos milhões de pessoas da pobreza. Algumas vezes eles são abusados e precisam ser excluídos da sociedade brasileira".

Tempo e espaço são construções sociais, assim como lugar, que é condicionado de forma a comprimir o tempo. Essa compressão provocada pela expansão do capital reduz o intervalo de tempo de rotação do capital, submetendo a quantidade e a qualidade do espaço ao princípio da aceleração a serviço do crescimento. Nessa lógica econômico-ecológica da compressão do tempo-espaço descrita por Altvater (1989), o tempo é apenas um impedimento, e o processo de circulação do capital destrói os obstáculos ao crescimento. Nesse sentido, o processo de compressão do espaço pelo tempo não ocorre sem ocasionar conflitos e provocar resistências de grupos sociais, devido às consequências negativas para as condições de vida e de trabalho das populações atingidas pelo crescimento.

Esse processo foi descrito por Altvater em 1989, com foco nas contradições entre economia e ecologia, a partir de reflexões produzidas sobre o PGC. Os efeitos do capital sobre o tempo e o espaço vêm sendo trabalhados desde Karl Marx, com a própria noção de apropriação do trabalho, ganhando ênfase na dimensão ecológica com a obra do romeno Nicholas Georgescu-Roegen e a constatação da entropia na economia, em que ocorre necessariamente perda diante das transformações energéticas.

Em Marx, esse fenômeno aparece no sentido da apropriação do trabalho alheio, ou seja, a exploração. No Livro I de *O capital*, no capítulo que trata da maquinaria e da grande indústria, Marx faz um breve porém elucidativo resgate histórico que nos ajuda a compreender o processo de compressão do espaço pelo tempo, que é próprio do desenvolvimento capitalista. Ao descrever a lógica do processo de desenvolvimento da maquinaria e da grande indústria, ou seja, o estonteante aumento na produtividade do trabalho, liberado da força motriz humana a partir da introdução da máquina a vapor, Marx traz alguns exemplos da aceleração que os processos produtivos recebem, como a produção de sacolas e envelopes de papel. Se, por um lado, a massa de mercadorias produzidas em um mesmo período aumenta exponencialmente — e Marx chega a utilizar a expressão "força demoníaca" da maquinaria —, por outro, essa massa crescente de mercadorias necessita de uma massa crescente de matérias-primas. No entanto, os meio de comunicação e transporte não podiam atender às necessidades da industrialização. Assim, "a revolução no modo de produção da indústria e da agricultura provocou também uma revolução nas condições gerais do processo de produção social, isto é, nos meios de comunicação e transporte" (Marx, 2011, p.452, 457).

Já no Livro II, Marx trata da necessidade do capital de aumentar a velocidade de rotação, pois capitais que giram mais rapidamente se valorizam mais e/ou mais rapidamente no mesmo período. David Harvey (1992) encontrou nessa descrição de Marx a base para analisar o fordismo e a modernidade capitalista, os efeitos nas cidades e no rio Mississippi, do mesmo modo que fez Altvater para compreender os efeitos do PGC na Amazônia, pela perspectiva da compressão do espaço pelo tempo. Essa característica do capitalismo aparece também em Marx na aceleração das linhas de produção — como Charles Chaplin apertando parafusos em *Tempos Modernos* ou como os caminhões carregando toras de madeira colados um no outro, como descreveu Maria, parecendo um trem.

Com a crescente globalização neoliberal nos anos 1980, o conceito de compressão do tempo-espaço é trabalhado por Harvey com o intuito de refletir sobre as transformações das formas de acumulação do fordismo para a acumulação flexível: "processos que revolucionam as qualidades objetivas do espaço e do tempo a ponto de nos forçarem a alterar, às vezes radicalmente, o modo como representamos o mundo para nós mesmos" (Harvey, 1992, p.19). Mas o que Altvater destaca, em suas pesquisas sobre o PGC, é a contradição ecológica desse modelo econômico, que produz a escassez e o expansionismo em busca de conquista de recursos materiais, pois avalia esse efeito fundamental do capitalismo a partir da noção da economia ecológica e das trocas materiais. Para Harvey (1992, p. 190), a redução do espaço está contida na própria noção de progresso, que "implica a conquista do espaço, a derrubada de todas as barreiras espaciais e a 'aniquilação última do espaço através do tempo'". A isso se somam dois fatores: o efeito entrópico da transformação da matéria e da energia, que se perde ao ser extraída e transformada, e o fato de o tempo comprimido pela circulação de capital não respeitar o tempo metabólico da natureza, que passa a ter que se reproduzir pressionada pela velocidade da taxa de juros, como aponta Martínez-Alier (2007).

Um dos resultados dessa compressão e aceleração, tal como desenvolvem Peluso e Watts (2001), é a produção social da escassez, que, em certas condições históricas e sociais — como é efetivamente o caso do Pará —, pode ser um dos fatores da construção de "ambientes violentos". Não é em si a escassez que possa resultar dos limites físicos de um ecossistema, mas a produção social da escassez nos termos da antiga polêmica em torno da relação entre "população e recursos", segundo Harvey (1974). Tal escassez decorrente da extrema concentração fundiária é um dos fundamentos centrais dos conflitos pela terra, como analisa o geógrafo Ariovaldo Umbelino de Oliveira (2001, p. 187), para quem a concentração da terra é parte constitutiva do capitalismo que se desenvolve no Brasil: "Um capitalismo que revela contraditoriamente sua face dupla: uma moderna no verso e outra atrasada no reverso". A escassez também deve ser percebida dentro da escala de tempo que envolve futuras gerações e o tempo da natureza, com relação à acelerada taxa de extração do capitalismo, por um lado, e do mercado internacional, por outro. É paradigmático que a mina S11D da Vale, alardeada como o "maior complexo minerador da história da Vale" ou a maior mina de ferro do mundo, tenha expectativa de vida de 48 anos,[30] um período curto geracional. E um tempo ainda mais curto na formação da paisagem floresta, representando um décimo da vida de uma castanheira como a Majestade.

---

30 "Vale obtém licença de operação para mina e usina do projeto S11D", Ibram, 12 dez. 2016.

Essa realidade de um tempo e espaço comprimidos possui em seu centro uma luta político-econômica, experiências vinculadas a processos culturais, como coloca Harvey (1992). O processo envolve uma reorganização radical das relações sociais no espaço, com a redução de barreiras à circulação do capital — ou obstáculos, como enfatiza Altvater, para marcar a violência desse processo — e a emergência de uma nova geografia da acumulação capitalista.

Harvey identifica que o processo social das mudanças na experiência do tempo e do espaço provoca novas lutas no campo das representações, em que emergem conflitos a partir do estabelecimento de diferentes valores. Essa grande variação de perspectivas, para Martínez-Alier (2007), é uma das características dos conflitos ecológicos, isto é, a luta para se atribuir diferentes valores para a natureza. É nesse contexto que se insere o princípio de que o capitalismo atribui valor aos recursos naturais. Acontece que atribuir valor não significa, apenas, dar um valor em dinheiro em troca da natureza. Dar valor significa também atribuir importância a algo ou alguém. O valor de um rio para uma comunidade pesqueira, ou o valor de uma castanheira para um castanheiro, não necessariamente corresponde ao valor a eles atribuído por meio da troca comercial, de acordo com um uso diferente observado no mercado de madeira ilegal. O valor da castanheira, para o casal José Cláudio e Maria, era intrínseco, e não apenas correspondia à sua relação como meio de produção. A imposição do valor, mesmo sendo "compensatório", acontece mediante uma situação de assimetria de poder. E não aceitar a imposição de um valor em dinheiro sobre os meios de produção da natureza — como, por exemplo, a venda de uma castanheira como madeira — é uma manifestação do ambientalismo popular.

Essa perspectiva do avanço do capital em relação ao tempo e ao espaço pode redefinir a noção de fronteira de commodities. Considerando os efeitos do capitalismo, fronteiras são lugares onde o espaço e o tempo foram comprimidos, diminuídos, em razão do sistema de transportes mais rápidos, com mais capacidade de carga de mercadorias, e onde o tempo encurtou o espaço da extração do recurso para o centro da transformação. Em consequência, são lugares onde o tempo foi acelerado de acordo com as taxas de juros ou a "ganância do capital", para permitir a extração em maior quantidade de recursos naturais, muito além das possibilidades de reprodução da natureza extraída. Nesses espaços-tempos comprimidos, os espaços de vida são transformados em espaços de extração, lugares de saque, em espaços de "desenvolvimento".

A dimensão dessa desigualdade da exportação de recursos naturais para o Norte global foi quantificada por Hickel, Dorninger, Wieland e Suwandig (2022), em artigo sobre o que chamam de "apropriação imperialista da economia mundial". Analisando os anos entre 1990 e 2015, os autores encontraram que o Norte global se apropriou de mais de dez trilhões de dólares por ano. A desigualdade nas trocas comerciais é a maior responsável pela produção do subdesenvolvimento, da desigualdade e do colapso ecológico. E o impacto do excesso de consumo no Norte é deslocado para o Sul global com a apropriação de trabalho e recursos.

Um dos reflexos que já pode ser medido em decorrência desse processo agressivo de expansão do capital no sul e sudeste do Pará é o aumento dos conflitos nos assentamentos, como no caso do PAE Praialta Piranheira. Leonilde Medeiros, em análise para o caderno *Conflitos no campo Brasil 2015*, da CPT, reforça que o "reconhecimento do direito à terra não elimina a pressão e a violência" (Medeiros, 2015, p. 27). Essas questões podem estar ligadas à compressão do espaço e do tempo pelo capital, ainda que a "terra", especificamente em se falando do chão, não esteja oficialmente no mercado, como no caso do PAE Praialta Piranheira, cujos ocupantes possuem a concessão de uso como beneficiário, e não a propriedade da terra.

Os ecossistemas da Amazônia como um todo possuem capacidade de resiliência a muitas mudanças. No entanto, alguns deles, como o sul do Pará, mesmo ocupado por humanos há mais de nove mil anos, não resistiram à expansão do capital. A destruição quase absoluta da cobertura florestal foi um longo processo conflituoso. Os remanescentes ainda encontrados são espaços que haviam sido de alguma forma separados do mercado de terras, como as terras indígenas (Mãe Maria, Sororó e Xikrin do Bacajá) e o PAE Praialta Piranheira, embora eles tenham continuado a ser pressionados pela mesma compressão do tempo e do espaço pelo capital. Esse aporte teórico pode ajudar a responder à questão levantada por Medeiros (2015) sobre a continuidade dos conflitos em assentamentos e TI demarcadas. As lutas territoriais, para além do acesso à terra, defendem a integridade dos recursos dos territórios, inclusive a possibilidade de atribuir valores não capitalistas a eles: uma luta pelo comum, que é uma forma de resistência ao capitalismo.

O corte raso dos castanhais impediu a reprodução da castanheira e a manutenção do sistema econômico da castanha. Se a coleta da castanha permitia a manutenção dos castanhais, a transformação da floresta em carvão impediu uma reprodução na mesma velocidade do volume de floresta que foi queimado. Com as pastagens, a reciclagem dos nutrientes se tornou ainda menor em relação à floresta que foi suprimida. Como havia previsto Altvater (1989), a compressão do tempo-espaço provocaria um colapso. Ele escreveu ainda no final dos anos 1980 que, nas florestas tropicais, "a transição para monoculturas aumenta severamente a insegurança do sistema ecológico, como resultado dos choques externos, com a possibilidade de um completo colapso do sistema" (Altvater, 1989, p.65). O lugar do colapso pode ser um bioma, uma bacia ou um território. Na leitura aqui proposta, a compressão do tempo-espaço, tal como construída, não apenas provoca novos conflitos, como também aumenta aqueles existentes. Tal efeito decorre do acúmulo de capital e poder com base em forças opostas às resistências.

O cerco do capital e a apropriação de um território

O sul e o sudeste do Pará atravessaram um período de intensa expansão do capital, que recolocou a região em uma posição de fronteira de commodities. O "consenso das commodities" (Svampa, 2019) transformou essa área da Amazônia, já em grande parte desmatada, em um grande espaço a ser comprimido com a produção e a extração de itens agrominerais. Se, com o PGC, havia um plano de transformação desse espaço em uma área de extrativismo, a malha multimodal de infraestrutura e investimentos a partir de 2004 veio para acelerar aquele antigo plano, que havia sido deixado de lado. Na última década, conforme indicadores das principais mercadorias extraídas, esse processo foi intensificado: quando o preço do ferro estava alto no mercado internacional, houve um aumento da extração e exportação; com a queda do preço, um aumento da extração, para compensar o declínio dos lucros. Com incentivos fiscais e o estabelecimento de uma complexa malha de infraestrutura, com estradas, ferrovia, hidrovia e UHE, como mostra o mapa no início do livro, o Pará foi transformado em um imenso espaço de expansão do capital.

Segundo indica o Plano Nacional de Mineração 2030, "a Amazônia é a atual fronteira de expansão da mineração no Brasil" (Brasil, Ministério de Minas e Energia, Secretaria de Geologia, Mineração e Transformação Mineral, 2011, p.57). O documento traz previsões de aumento exponencial da exportação de ferro e, ao mesmo tempo, indica as principais "preocupações" quanto a "conflitos em relação ao uso e ocupação do território" (Brasil, Ministério de Minas e Energia, Secretaria de Geologia, Mineração e Transformação Mineral, 2011, p.57).

A estratégia de expansão da Vale em meio à crise teve, entre os riscos anunciados em seu relatório anual de 2014, a questão de que os esforços podem ser "limitados por regulamentos trabalhistas ou acordos trabalhistas ou governamentais anteriores" (Vale, 2014, p.8); nos termos da empresa, "desentendimentos com as comunidades locais onde operamos podem causar um impacto negativo em nossos negócios e reputação" (Vale, 2014, p.9). Em alguns casos, ressalta a empresa como um fator de risco que "nossas operações e reservas minerais estão localizadas em terras ou próximas a terras de propriedade ou usadas por tribos indígenas ou aborígenes ou outros grupos de partes interessadas" (Vale, 2014, p.9). É possível, o relatório assinala, que "desentendimentos ou disputas judiciais" possam causar atrasos, uma vez que "manifestantes já agiram para interromper nossas operações e projetos, e podem continuar a fazê-lo no futuro", o que constituiriam, segundo a empresa, "atos ilegais" (Vale, 2014, p.9). Escreve ainda a Vale, privatizada em 1996, que os projetos estão sujeitos a "tendências como o nacionalismo dos recursos", com o risco de "expropriações" (Vale, 2014, p.9).

Em dois mapas elaborados pela consultoria Diagonal, em estudo feito sob encomenda para a empresa (Fundação Vale, 2007), utilizam-se as expressões "impacto direto" e "diretamente afetado" como uma forma de restringir a dimensão do impacto na região do sul e do sudeste do Pará. A Vale tenta reduzir os impactos de sua atividade por meio de um discurso que restringe os efeitos de sua ação no espaço, considerado, praticamente, como apenas o local da mina ou o local dos trilhos. Os crimes de Mariana, em 2015, e Brumadinho, em 2019, ambos em Minas Gerais, expuseram a dimensão ampla das tragédias e dos riscos que foram sistematicamente negados.

Esse discurso aparentemente novo de uma preocupação com o "desenvolvimento sustentável" e o "comprometimento com o futuro da região" é, na verdade, bastante semelhante àquele adotado na implantação do PGC, quando a companhia tinha a "ilusão de poder isolar-se do mundo", como escreveu o jornalista Lúcio Flávio Pinto (*apud* Ferraz & Ladeira, 1991, p.130). Se, antes, quando ainda era uma empresa pública, a "dimensão social" não tinha espaço nas "preocupações dos planejadores" e era deliberadamente omitida nas concepções dos megaprojetos (Ferraz & Ladeira, 1991), hoje ela é tratada como "fatores de riscos", tal como apontado no relatório anual da Vale (2011), contabilizados para eventuais negociações e até mesmo consultas, desde que não impeçam o acesso e o controle dos recursos minerais, ou seja, a atribuição de valor em dinheiro.

"Algumas dessas populações indígenas podem ter direitos de analisar ou participar na gestão dos recursos naturais, e as consultamos e negociamos com elas, a fim de minimizar os impactos de nossas operações ou para ter acesso às suas terras", afirma a Vale (2011, p.9). A negociação é feita pelo imperativo da instalação do projeto, até se chegar a um "acordo comum" para que a mineração possa se estabelecer, com a "minimização do impacto" (Vale, 2011, p.9). Já havia, nos anos 1980, uma defasagem de tempo, percebida por Ferraz e Ladeira (1991), entre a "implantação acelerada dos projetos" e a lentidão na adoção das medidas paliativas preconizadas. A atual aceleração da implantação, que deve seguir o ritmo do capital, produz conflitos com o tempo diferente das negociações com as comunidades.

O capital no solo: agronegócio neoextrativista

Se o solo sob a agricultura em larga escala voltada para exportação constitui um recurso natural não renovável, essa é, também, uma atividade extrativista no sentido atribuído por Gudynas (2009): a tendência do extrativismo é a exaustão não renovável do recurso, de forma que o solo e a água são extraídos tal como ocorre com o ferro. Assim, o neoextrativismo também se expandiu no sudeste do Pará pelas grandes lavouras de soja, que, em uma década, entre 2005 e 2015, tornaram-se quatro vezes maiores que as do oeste do Pará, que era uma ampla fronteira de expansão do grão, até a campanha que freou esse movimento, com a Moratória da Soja — acordo firmado em 2006 entre empresas ligadas à Associação Brasileira das Indústrias de Óleos Vegetais (Abiove) e à Associação Brasileira dos Exportadores de Cereais (Anec), organizações ambientalistas e o governo federal.

Como o monocultivo da soja com o objetivo do lucro é a expressão do capital — e a sua semente transgênica, vendida com objetivo de lucro —, todo o espaço na região foi comprimido pelo tempo da produção e circulação da soja, na valorização dos preços das terras e na pressão expansionista. E, se houve certo controle em uma porção do Pará, como no oeste, na região de Santarém, isso não segurou a expansão da soja/capital, o que se reflete no aumento extraordinário nas regiões de Dom Eliseu, Rondon do Pará e Abel Figueiredo, na rota da BR-222, que faz entroncamento com Nova Ipixuna antes de Marabá. Essa intensificação do capital no solo e a concentração da terra são fatores que podem ter relação direta com o aumento dos conflitos no PAE Praialta Piranheira pela reconcentração fundiária, com fazendeiros e investidores externos ocupando e concentrando diversos lotes, tal como denunciado por José Cláudio e Maria.

Os dados da expansão da pecuária são impressionantes, sobretudo os da exportação de carne, em peso e valor, e estão diretamente relacionados à abertura de grandes frigoríficos, financiados por investimentos do Banco Nacional de Desenvolvimento Econômico e Social (BNDES). O crescimento e a intensificação do uso do solo para exportação massiva de commodities, sobretudo carne e soja, criou uma situação contraditória em Nova Ipixuna: um novo desenvolvimento que veio para impossibilitar e sobrepor os antigos projetos de desenvolvimento. A expansão do grande capital agropecuário fez com que se aumentasse a área de pastagens e, consequentemente, a exportação de carne, assim como a área de plantio de soja, o que colocou em risco de colapso o ecossistema e, sobretudo, a possibilidade de manutenção do PAE Praialta Piranheira como um projeto extrativista sustentável.

Quando foi criado, o PAE Praialta Piranheira era um projeto de reforma agrária e de desenvolvimento sustentável, que, porém, sucumbiu diante da pressão de outros projetos de desenvolvimento incentivados na região. Esse aumento da área agrícola esteve associado também com o aumento da produção de ferro-gusa, de forma que a produção de carvão se relacionou à expansão das lavouras — por sua vez, associada ao aumento da exportação de minério de ferro. A relação entre produção de carvão e expansão da pastagem, o que leva à despossessão do assentado agroextrativista da floresta, é descrita por José Cláudio como uma cadeia: extração de madeira, produção de carvão e pasto. Esse ciclo subtrai do assentado extrativista a possibilidade de um uso permanente dos recursos naturais para subsistência e autonomia econômica, levando à condição de servidão para os carvoeiros, madeireiros ou fazendeiros, como exposto no primeiro capítulo.

A siderurgia do ferro-gusa funciona como um elemento de ligação entre a grande mineração e o uso da terra. Para a produção de uma tonelada de ferro-gusa, Maurílio Monteiro (2006, p.62) calculou serem necessárias 0,875 tonelada de carvão, 1,6 tonelada de hematita e 0,2 tonelada de material fundente, como calcário ou quartzito. Em termos de volumetria, um fator de conversão médio aplicado pelo Ibama é de 2,2 metros cúbicos de carvão para cada tonelada de ferro-gusa. Era no preço do carvão, segundo cálculos de Monteiro, que as siderúrgicas conseguiam extrair a maior parte do lucro, em razão de essa produção estar independente dos preços internacionais e localmente relacionada a práticas ilegais, tais como trabalho em condições análogas à escravidão e desmatamento ilegal.

Um relatório técnico do Ibama de 2005 estimou que uma siderúrgica sozinha consumia 715,5 mil metros cúbicos de carvão por ano, sendo que 70% do carvão declarado tinha origem em desmatamento e/ou resíduo de serrarias (Brasil, Ministério do Meio Ambiente, Instituto Brasileiro do Meio Ambiente e dos Recursos Naturais Renováveis, 2005). Esse relatório foi o trabalho fundamental para que o Ibama provocasse uma mudança na postura do Ministério do Meio Ambiente com relação à autorizações de supressão vegetal para carvão e desse início a uma série de operações contra as guseiras e as carvoarias. Para suprir o consumo declarado, teriam sido utilizados 22 milhões de metros cúbicos de toras para a produção de carvão em 2004 no Pará. O cálculo, feito pelo órgão, também estima ser necessária a exploração de um hectare, em plano de manejo florestal ou por meio de desmatamento, para a produção de quarenta metros cúbicos de carvão. Portanto, por esse cálculo, em 2004, teria sido necessário desmatar 550 mil hectares de floresta nativa para suprir a produção siderúrgica do Pará. Em relatório de 1990, a Vale já previa que, desde que foi implantada a siderurgia, com o PGC, a "siderurgia a carvão vegetal constituirá, por si mesma, um vigoroso vetor de aceleração do desmatamento" (Carneiro, 2010, p. 34).

Essas mercadorias constituem a base da indústria ou da alimentação global e, com o elevado preço das commodities, foram extraídas massivamente. Ao que tudo indica, há uma associação entre preço elevado e alta taxa de extração. No entanto, com a queda do valor das mercadorias, como dissemos, tais matérias-primas passaram a ser exportadas ainda em maior quantidade, para compensar a baixa dos preços. Por outro lado, a castanha-do-brasil, que sempre teve uma taxa de renovação relativamente sustentável para atender o mercado e se reproduzir, acabou sendo devastada. Mesmo com o aumento do preço, a sua produção diminuiu em razão da devastação dos castanhais, transformados em carvão e pastagens. Por outro lado, a extração madeireira e a produção de carvão têm caído ano após ano em Nova Ipixuna. A tendência é que esses recursos se esgotem em breve, em razão da prática extremamente predatória e devastadora da extração e produção.

A transformação da mata nativa do sul e sudeste do Pará em carvão vegetal, pela superexploração do trabalho e pelo trabalho em condições análogas à escravidão, produziu uma extraordinária compressão do tempo e do espaço. Nesse sentido, na ideia do tempo comprimido, deve também ser incluída a noção de trabalho — tanto o trabalho "extrativista sustentável" de convivência com a floresta, como José Cláudio e Maria defendiam, quanto o trabalho explorado na destruição da natureza. Logo, tanto trabalho quanto natureza foram apropriados por trocas globais desiguais.[31] No capitalismo, de acordo com Marx, o trabalho só é considerado produtivo se for fonte de mais-valor, ou seja, meio de obtenção de lucro. No caso em que o intercâmbio no comércio internacional implica transferências de valor de uma economia para outra, parte do tempo de trabalho não pago ao trabalhador, naquela economia em situação de desvantagem na troca desigual, é transferida para a economia em situação mais favorável. A acumulação nas economias centrais é fomentada pela transferência de valor das economias periféricas, como uma parcela do mais-valor produzido nessas economias periféricas, que fomenta acumulação nas economias centrais — isto é, o desenvolvimento do Norte apoiado no subdesenvolvimento da Amazônia, como duas faces da mesma moeda, tal como a teoria da dependência descreve há anos.

O IBGE não detalha quem seria o consumidor de carvão na produção de ferro-gusa, oferecendo apenas dados relativos à produção. No entanto, fora o quase irrisório consumo para churrasqueiras ou fogões, a produção se destina em sua totalidade às siderúrgicas que se instalaram no entorno de Marabá e em Açailândia (MA). A amplitude da produção de carvão vegetal de mata nativa para suprir os altos-fornos foi muito maior que o reconhecido na tese da consultoria Diagonal sobre os impactos "diretos" da instalação dos empreendimentos minerários no Pará. Em relatório investigativo de cuja elaboração participei, o Greenpeace apontou a produção de carvão presente

---

31 Os países que mais importaram ferro-gusa no período analisado foram Estados Unidos, China, Espanha e México, de acordo com dados do Ministério de Desenvolvimento, Indústria e Comércio apresentados em Greenpeace (2012). Hornborg (2009) desenvolve o tema da apropriação internacional desigual de recursos naturais e trabalho.

em municípios desde Redenção, no sul do Pará, até Moju, já próximo a Belém, e Anapu, a oeste, em direção à Terra do Meio (Greenpeace, 2012). De acordo com levantamentos do Ibama presentes no relatório do Greenpeace, uma siderúrgica de médio porte, com dois altos-fornos, consumia em média 37 mil hectares de floresta por ano — em 2012, Carajás possuía mais de quarenta dessas siderúrgicas.

A natureza, como espaço e recursos, e trabalho, como o tempo, foram desigualmente trocados e serviram à modernização tecnológica de lugares distantes do Pará. Portanto, o trabalho em condições análogas à escravidão e as castanheiras embutidas no carvão utilizado na produção do gusa — que integram o tempo e o espaço que foi apropriado por Estados Unidos, China, Espanha, Itália, México e Tailândia, na modernização tecnológica de seus parques industriais — foram em parte apropriados do sudeste do Pará. Essa região foi "refronteirizada", constituindo uma fronteira de ocupação e expansão transformada em fronteira de extração de recursos naturais, sobretudo minerais e agrários, por meio da soja e da pecuária. Uma fronteira de mercadorias e de espoliação do trabalho.

E, de forma contraditória com o desenvolvimento, a melhoria de vida e a preservação esperados, o avanço massivo do capital e do neoliberalismo entre 2005 e 2011, isto é, nos anos que antecedem o assassinato de José Cláudio e Maria, terminou por produzir o terrível efeito de compressão do tempo e do espaço de toda aquela região. A intensificação do capital e sua circulação acelerada provocaram o elevado desmatamento e a destruição dos castanhais remanescentes, a exploração da população camponesa e a espoliação dos povos indígenas. A expansão da soja e da pecuária pressionou as fronteiras do extrativismo predatório, como no caso do PAE

Praialta Piranheira. O brutal assassinato de José Cláudio e Maria, que lutavam contra essa apropriação do tempo-espaço em uma resistência pós-crescimentista, ou pós-extrativista, está diretamente relacionado a esse processo global desigual de espoliação da natureza e do trabalho.

4 Injustiça, violência e a política da morte

> *A violência permeou tudo, desde o início, seja nas relações dos homens entre si, principalmente cristãos e índios, seja nas relações dos homens com a natureza.*
>
> — Octavio Ianni, *A luta pela terra*

A violência permeou tudo, afirma Octavio Ianni, ao descrever as relações sociais no sul e sudeste do Pará em conexão com a luta pela terra. Essa dimensão exposta por Ianni está diretamente relacionada à conquista e à colonização — assim como à perene colonialidade do poder, do ser, do saber e da natureza. A relação entre os "homens" que ele menciona pode ser interpretada como entre colonos e colonizados, entre conquistadores e aqueles que resistem à conquista, que lutam pela soberania, por (r)existir, pela emancipação, pela libertação.

É uma violência característica da situação colonial, instauradora da desumanidade do outro, de um mundo racialmente hierarquizado, compartimentado, divido, como descreve Fanon (2006) em *Os condenados da terra*. A desumanização, discutida também por Paulo Freire (2016, p. 62) em *Pedagogia do oprimido*, "que não se verifica, apenas, nos que têm sua humanidade roubada, mas também, ainda que de forma diferente, nos que a roubam". Violência brutal da guerra da conquista, da expulsão, da eliminação, dos assassinatos, da tortura, do genocídio e do controle territorial e conformação da paisagem.

Ao longo dos anos da colonização e da conquista/invasão perpetrada pela ditadura militar — com a construção das "estradas de penetração", barramento dos rios para gigantescas UHE, controle violento sobre as pessoas e exercício do poder como absoluto, como exceção —, o lugar de vida se tornou um espaço de morte.

Quando entrevistei José Cláudio, ele relatou como era viver nessas condições: "Eu vivo aqui em constante tensão. Eu vivo aqui de orelha em pé". Essa tensão permanente se devia ao risco de ser assassinado a qualquer momento. Morrer não estava relacionado à morte que faz parte da vida, à boa morte de uma vida realizada, mas à morte que impede a experiência plena da vida. Isso não era algo recente ou restrito à brutalidade e à covardia específicas e individuais do fazendeiro que encomendou e financiou sua morte e que o ameaçava. A morte como possibilidade de resolver qualquer desavença era uma realidade da prática necropolítica. Servia para difundir o medo, de modo a construir um ambiente de terror. Um espaço onde a vida com medo se tornava naturalizada: vive-se com medo, sem saber de onde o medo vem. O medo que é difundido e espalhado pelo terror. A tensão era permanente desde a criação do assentamento agroextrativista, quando começaram as ameaças, fazendeiros "querendo minha cabeça". "Se eu disser que eu não tenho medo, eu estou mentindo, né?", relatou José Cláudio. "Eu tenho medo", explicava, mas não deixaria de lutar por justiça. O medo, no caso de José Cláudio e Maria, como referi anteriormente, não faria com que abandonassem o sonho da luta. No entanto, o medo tem levado, historicamente, muitos trabalhadores e trabalhadoras rurais a abandonar a luta na Amazônia. O medo, associado ao terror, é um instrumento político eficaz na necropolítica que produz a devastação de vidas.

Este caso trágico expõe a luta ambiental em defesa das condições ecológicas e materiais de subsistência, da vida em sentido amplo, da libertação das populações que vivem de forma tradicional junto à floresta. A questão que mobiliza a ousadia do ambientalismo popular sempre foi o bem maior, a vida coletiva social com o ambiente. As falas de José Cláudio e Maria expõem seu pensamento em uma dimensão profunda da filosofia, discutindo os sentidos da vida e da existência. Mas a vida não era individualizada — nem era o sonho que relatou Maria: "um sonho coletivo". Era o sonho do convívio harmônico com a floresta e com a comunidade, um sonho de futuro comum e compartilhado, do povo livre da opressão, com a floresta.

A violência constante descrita aqui tem origem na dimensão da conquista e na implantação do sistema colonial de exploração, que estão relacionadas diretamente à invasão da Amazônia pela ditadura civil-militar: a violência instauradora que rompe os vínculos, desterra e separa o que existe em conjunto, separa os sujeitos dos seus espaços de vida, parte os coletivos. Que rompe a relação de convívio com a floresta. A quebra dessa relação de interdependência possibilita que a floresta, separada, seja usurpada, tal qual os corpos dos trabalhadores e das trabalhadoras. Essa instauração da violência colonial é justamente o fundamento que marca a ecologia política nas palavras de Ailton Krenak: "Gente, lugar e jeito de estar compõem um todo. A violência corta esse comum por uma erupção externa sobre os sujeitos coletivos e atinge o lugar. A separação do suporte de vida/lugar atinge pessoas e Natureza: desmembra, desterra" (Krenak & Milanez, 2019). É a violência instauradora da conquista e do colonialismo que separa essa relação. Violência da desumanização que gera a opressão. Tal violência, continua Krenak, "separa as pessoas da Natureza [e] forja a ideia da Natureza isolada, um desequilíbrio ecológico e um ambiente pela metade" (Krenak & Milanez, 2019).

Segue, nestes termos, a ideia da violência colonial, como em Fanon, para quem é o colonialismo como regime que instaura a violência e separa o sujeito coletivo do seu lugar de existência, operando em três dimensões: "esvazia de substância o passado, impõe um cotidiano de sofrimento, a *xawara* descrita pelos Yanomami, e aniquila a perspectiva de futuro. Organiza o mundo em relações assimétricas de poder: despossessa e nos coloca na condição de miseráveis e pobres" (Krenak & Milanez, 2019).

Diante da pressão econômica recém-descrita, havia, ao menos em tese, a possibilidade de um controle institucional da violência por meio das leis, do Estado de Direito, dos aparelhos públicos para conter a violência pessoal, física, por vias institucionais. Contudo, isso não aconteceu — e não acontece. É como se o Estado, estrategicamente, demonstrasse relativa impotência para proteger o projeto de assentamento do saque, garantir a subsistência dos agricultores extrativistas, impor o domínio da lei. Em suma, exercer o controle da violência.

Acontece que esse é o mesmo Estado mobilizado por Maria e José Cláudio que, em detrimento de um processo civilizatório de controle da violência em defesa da política, foi o propulsor do estrondoso financiamento do extrativismo da natureza e do genocídio da Guerrilha do Araguaia, dos camponeses e dos povos indígenas da região,[32] um processo que podemos considerar de violência de conquista e de expansão do colonialismo interno. Todos os povos da região — sejam os Gavião, os Aikewara-Suruí ou os Parakanã — são sobreviventes de genocídio que carregam

---

32 Todos os povos indígenas que habitam a região sofreram um processo de genocídio na segunda metade do século XIX: os três grupos Gavião (Akrãtikatêjê, Parkatêjê e Kyikatêjê); os Asurini do Tocantins; os Parakanã e os Aikewara-Suruí; os Xikrin-Mebêngôkre e os Kayapó-Mebêngôkre (com o extermínio do grupo Kayapó Irã'ãmranh-re).

na sua memória recente a tentativa de eliminação física pela colonização das últimas décadas. O Estado — que compartilha o monopólio da violência com a classe dominante, as antigas oligarquias e as novas corporações —, em vez de controlar a violência, distribui seu uso entre aqueles que comandam seus aparelhos e agências na defesa de interesses privados.

O funcionamento das instituições democráticas e o Estado de Direito estavam em contradição com os investimentos econômicos impulsionados pelo próprio Estado, associado às corporações extrativistas. Isso leva a pensar que a impotência do Estado funciona como estratégia de omissão: omissão ativa e deliberada, relacionada às disputas pelo controle dos aparatos do Estado, e não a omissão que é determinada pelo limite da força. Essa estrutura de violência estava presente no período do caso em análise, durante os últimos anos do governo Lula-Rousseff (2003-2016), isto é, quando o governo federal demonstrava força e interesse político em resolver os conflitos no campo, criando mecanismos de contenção e dissuasão da violência, de comando e controle. No entanto, eles se revelaram incipientes diante da desproporção de forças de interesses políticos e econômicos apoiados também por setores desse mesmo governo. Depois do golpe de 2016 e da instabilidade política com o avanço da extrema-direita, do fascismo e da militarização do poder, a situação de violência se tornou ainda mais grave na região, revelada com o Massacre de Pau d'Arco, quando dez camponeses foram assassinados, no mesmo dia 24 de maio de 2017, e com uma série de despejos violentos de acampamentos do MST.

Ao mesmo tempo que a impotência do Estado era demonstrada pela insistência da busca por justiça de José Cláudio e Maria, e pelas tentativas em vão de se fazer cumprir a lei, seja na demarcação do perímetro e regularização fundiária do PAE ou na aplicação da legislação ambiental, o Estado demonstrava potência nas repressões espetaculares — ou na espetacularização da força. Acontece que as ações espetaculares eram esporádicas, e o cotidiano das omissões e da impunidade normalizava os crimes.

O crime

De acordo com as investigações que integram a Ação Penal nº 0005851-94.2011.814.0028, na Comarca de Marabá, no dia 24 de maio de 2011, foi registrado boletim de ocorrência policial na Delegacia de Nova Ipixuna, comunicando o crime de homicídio contra José Cláudio Ribeiro da Silva e Maria do Espírito Santo da Silva. As investigações da polícia constataram que o crime fora praticado por meio de uma emboscada, quando as vítimas atravessavam uma ponte de madeira localizada na vicinal de terra principal que liga vários assentamentos da região de Nova Ipixuna. José Cláudio e Maria foram alvejados por disparos de arma de fogo do tipo cartucheira, o que os derrubou da motocicleta. Maria teve o coração e o pulmão atingidos, morrendo na hora. José Cláudio recebeu ao menos dois disparos, que atingiram o pulmão e o coração. Quando ainda estava vivo, depois de receber o primeiro disparo, o capacete que usava foi retirado e uma de suas orelhas, cortada a golpe de faca.

Foi nesse momento que começou a luta da família por justiça: o sofrimento do corpo exposto, de forma pedagógica, para mostrar aos assentados que destino teriam caso decidissem seguir as ideias de José Cláudio e Maria e defender a floresta; o cuidado com a persecução judicial, para a produção de provas, para evitar que o local fosse alterado, que provas fossem roubadas, e para exigir uma perícia cuidadosa; e a necessidade de lidar com novas ameaças de morte. Tudo foi luta, para a família e amigos. Desde o primeiro momento.

As investigações da polícia apuraram que José Cláudio e Maria vinham recebendo ameaças de morte por parte de José Rodrigues Moreira. Elas eram relacionadas à aquisição, por ele, de dois lotes de terra na área do PAE. Em um dos lotes, registrado no nome de sua sogra, residiam os trabalhadores extrativistas José Martins (Zequinha), Francisco Tadeu Vaz e Silva e Edevaldo dos Santos (Marabá). José Rodrigues procurou Tadeu para informá-lo que havia comprado o lote e que eles deveriam desocupá-lo. Sua pretensão não foi atendida.

Nessa resistência, e com temor da violência de José Rodrigues, Francisco Tadeu, Zequinha e Marabá procuraram José Cláudio e Maria, que orientaram os ocupantes a permanecer na área, pois era uma terra pública federal que não poderia ser comercializada. José Cláudio, então, em 24 de novembro de 2010, duas semanas depois de ter retornado de sua participação no TEDx Amazônia, encaminhou uma denúncia ao Incra, informando sobre problemas e práticas de crimes no PAE. Nela, descreve a concentração de terra "que aumenta de forma assustadora", a distribuição de créditos para latifundiários e a venda ilegal de lotes a José Rodrigues, que teria ocorrido em 16 de novembro. Em 3 de dezembro, um novo documento foi protocolado junto à superintendência do órgão, para dar novas referências aos documentos que haviam sido apresentados.

Era uma situação de tensão, em que se clamava por uma ação do Incra e da polícia. O primeiro documento, intitulado *Os (des)caminhos da história do PAE Praialta Piranheira*, conta o problema da fazenda Galvão, que era posse de Hildenor Barros. Maria havia liderado uma ocupação dessa área e ele havia chamado a polícia para prendê-la em sua residência. "Após algum tempo cansado de esperar pela resposta do Incra, vende esta área para a senhora Neuza Maria Santis (cartorária) em Marabá, área que também está no processo de desapropriação para fins da reforma agrária, portanto segue a mesma prática, a mesma coloca laranjas." A denúncia detalha que ela mantinha apenas um laranja, "espécie de caseiro", chamado de Zé do Bucho, e descreve as negociações com empresários e fazendeiros. Gilvan de Siqueira Freitas, indica o documento, detalhando ainda outras compras de lotes ilegais, já havia adquirido oitocentos hectares. A denúncia enfatizava: "o Incra precisa ter conhecimento desses fatos".

Sem resposta do Incra, Maria e José Cláudio insistem em novo documento: "As evidências estão explícitas que esta senhora tenta ludibriar a lei, fazendo um documento assinado por seus laranjas, no qual os mesmos acima está desistindo do lote para vender para um certo senhor de nome José Rodrigues". De forma mais enfática, descrevem as violências praticadas por José Rodrigues, junto a seu comparsa Gilsão, colocando gado na roça de Zequinha para destruir sua produção, entre outros atos. E terminam clamando ao Incra: "Ver-se portanto a necessidade de que estes fatos sejam averiguados para dá um fim nestas irregularidades aqui apresentadas".

No documento apresentado em 3 de dezembro, assinado por José Cláudio e com logo do CNS, ele insiste na necessidade de o Incra tomar providências, narrando em mais detalhes as ações violentas de José Rodrigues, trazendo a polícia para intimidar um dos agricultores e ateando fogo em sua casa — inclusive, juntam fotografias. "Desde que este senhor chegou vem provocando prejuízos para um dos agricultores (depois que queimou a casa do trabalhador colocou uma quantidade alta de gado, estes animais comeram todo o roçado deste trabalhador), sendo uma forma de pressionar para os trabalhadores deixarem a área." O documento afirma que as famílias estavam vivendo nos lotes desde abril, e que

José Rodrigues teria chegado em setembro. José Cláudio termina a carta certo de que poderia "contar com vossa compreensão". Mas não houve resposta do Incra.

Zequinha vivia em uma área de que a cartorária Neuza Maria Santis pretendia se apossar de forma ilegal para revender. Ele relatou para a CPT que um homem conhecido como Durval de Jesus (Zé do Bucho), um "laranja" da cartorária, tinha feito ameaças de morte e lhe dado um dia para sair do PAE. A cartorária fabricava documentos de "desistência" dos lotes e os vendia para gente como José Rodrigues Moreira, que prometia garantir seu domínio na base da violência. Diversos laranjas aparecem no esquema.

Sabendo da denúncia, José Rodrigues passou a contar para vizinhos suas intenções de se tornar um fazendeiro dentro do assentamento. Fez amizade com Gilsão e passou a ser tido como a pessoa que resolveria os problemas dos "sem-terra" na região. Um vizinho que testemunhou nos autos contou que José Rodrigues disse: "Se o pessoal não sair eu vou tomar as minhas providências porque eu não vou perder o meu dinheiro". Ele, então, começou a forçar a barra, para amedrontar os agricultores e dificultar suas vidas ao máximo. Primeiro, colocou gado na roça, para destruir as plantações. Sem sucesso, foi até a delegacia e retornou acompanhado de policiais para expulsar as famílias da área e destruir os barracos de Zequinha e Marabá. A polícia no interior do Pará tem um longo histórico de servir a despejos ilegais e favorecer fazendeiros nos conflitos. Depois desse dia de terror, Tadeu procurou novamente José Cláudio e Maria, pedindo ajuda; o casal o levou até o escritório da CPT em Marabá. Depois de retornarem para os lotes, encontraram mais uma vez José Rodrigues, ameaçador, perguntando se eram José Cláudio e Maria que estavam por trás da resistência. Narra uma testemunha que "ouviu comentários que 'Zé Rodrigues' disse na venda de 'João da Venda' que caso perdesse a área José Cláudio iria pagar".

Em uma entrevista, Laisa me relatou um momento de tensão muito marcante para ela, que expunha o desejo de morte alimentado por José Rodrigues. Foi um encontro desafortunado, depois do enterro do pai adotivo de José Cláudio. Voltando do cemitério, eles pararam em um bar para tomar um suco e comer um lanche. José Rodrigues estava dentro do estabelecimento. Laisa narra como os olhares se cruzaram, aludindo à postura altiva de José Cláudio, frente ao seu covarde agressor, enquanto José Rodrigues olhava para baixo. Ela havia ficado do lado de fora, mas contou que conseguia enxergar o coração de José Rodrigues palpitando por trás da camiseta, o suor de tensão e nervoso. Para ela, esse encontro, que recorda com muita dor, já revelava a decisão inalterável do mandante.

No relatório do inquérito, a polícia acusou José Rodrigues como mandante e dois pistoleiros pela execução, sendo um deles seu irmão Lindonjonson e o outro, Alberto do Nascimento (Neguinho). A polícia civil descartou a participação de mais pessoas no mando, como Gilsão e outro fazendeiro, de nome Gilvan, que eram também suspeitos, tanto por informações de testemunhas quanto pelas escutas captadas pela PF. Quando entrevistei Maria, ela percebia, de forma lúcida, que o risco não estava restrito a uma ação individual, relacionando-se ao que ela chamava de "consórcio", que uniria o sindicato dos ruralistas a madeireiros e carvoeiros:

> Tenho medo, sim. Tenho medo, porque eles não medem distância. É um consórcio, não é um, são vários. Entra todo mundo, porque é do sindicato dos ruralistas. O sindicato está todo composto assim: é o latifúndio, são os madeireiros e são os carvoeiros. Por ser esta a única área de reserva

nativa fragmentada, o olhar hoje de destruição está todo aqui, todo aqui. Todos os madeireiros vão e vêm para cá. E têm também a certeza de que nós não damos moleza, não. Mesmo com recurso pouco, a gente resiste. Mas uma câmera já dá para gente fazer foto, a gente levar lá na CPT, o Batista pega e divulga. E aí, quando tem qualquer coisa importante, o pessoal fala: "Dona Maria, a senhora e o Zé Cláudio, é importante que o pessoal vá conversar com a senhora, para vocês contarem".

A repercussão do crime

A repercussão do crime provocou reações na arena política institucional. No mesmo dia do assassinato, em Brasília, a Câmara dos Deputados votava o Novo Código Florestal (Lei 12.651), tema que opôs deputados ruralistas, apoiados pelos partidos conservadores, e ambientalistas, aliados com setores mais progressistas do Congresso. Na mesma manhã, o assassinato foi trazido à pauta política em pelo menos três situações. Primeiro, a presidenta Dilma Rousseff, informada pelo secretário-geral da Presidência da República, Gilberto Carvalho, que estava reunido com o lobby ambientalista, determinou ao ministro da Justiça que acionasse imediatamente a PF para investigar a morte do casal. Em seguida, o coordenador da Frente Parlamentar Ambientalista, Zequinha Sarney, fez um anúncio público das mortes no plenário e foi vaiado por ruralistas enquanto lia trechos de uma entrevista de José Cláudio que eu havia publicado no site da revista *Vice* em outubro do ano anterior. No fim do dia, a Secretaria de Direitos Humanos da Presidência da República

(SDH) emitiu uma nota classificando o assassinato de "bárbaro", "com o objetivo de calar a voz de lutadores de uma justa e honrosa causa", e classificou a luta do casal como "luta legítima de defesa ambiental". O posicionamento terminava exigindo das autoridades do estado do Pará "uma rigorosa investigação e ação enérgica para evitar que esse e outros casos de execuções sumárias fiquem impunes" (Nunes, 2011).

Em Marabá, foi organizado um grande cortejo fúnebre. Mais de dez mil pessoas estiveram presentes, e se registrou ainda ampla presença dos movimentos sociais (MST, Fetagri, Federação dos Trabalhadores da Agricultura Familiar [Fetraf], CNS, CPT) e de autoridades do governo federal e estadual, que marcharam por mais de dez quilômetros, cruzando a longa ponte do rio Tocantins, fechando a Estrada de Ferro Carajás e impedindo a passagem dos trens da Vale. Em toda a mídia, a principal referência feita ao trabalho do casal era a palestra de José Cláudio no TEDx Amazônia, disponível para acesso público desde fevereiro de 2011. Nela, José Cláudio disse que todos aqueles que denunciava por crimes ambientais "acham que eu não posso existir"; ele vivia, acrescentou, com "uma bala na cabeça". "Eu posso estar hoje aqui, conversando com vocês, daqui um mês vocês podem saber a notícia de que eu desapareci." Essas fortes declarações tomaram uma conotação profética. José Cláudio foi testemunha de seu próprio martírio, aos olhos de todas e todos. Até o crime, a luta do casal não tinha atenção pública. Depois, passou a ser de grande interesse entender o que os levou a travar uma luta ambientalista até a morte, mesmo sabendo do risco que corriam.

Nos dias posteriores, ocorreram outros homicídios na Amazônia. Casos que em outras circunstâncias tenderiam a ser abafados passaram a ter atenção da mídia do Sudeste. Essas mortes contrastavam com os índices positivos de declínio no desmatamento, apresentados como um sinal de eficiência da política do governo para a Amazônia, a despeito dos megaprojetos e dos investimentos na economia extrativa, demonstrados no capítulo anterior. Na mesma semana, e no mesmo assentamento, foi morto o assentado Erivelton Pereira dos Santos, em 26 de maio de 2011. Na ocasião, acompanhei a polícia no comboio que foi até o lugar do crime, fazer a perícia no corpo e colher provas. Era noite. Os familiares, com os quais filmamos entrevistas, deixavam transparecer o desespero e a certeza da impunidade. Eles diziam que ninguém tinha segurança, que Erivelton era só um menino, e que nem mesmo uma parente poderia dizer alguma coisa, que era melhor ficar calada, senão morreria também. No caminho de volta, o delegado, com o qual vinha conversando, já havia descartado qualquer relação com a linha de investigação dos assassinatos de José Cláudio e Maria. Estava certo de que se tratava de um crime relacionado ao tráfico de drogas, e não de silenciamento de uma possível testemunha — por essa convicção, ele não precisaria de provas para tomar uma decisão sobre o inquérito.

Em 27 de maio de 2011, três dias depois do assassinato de José Cláudio e Maria, e no dia seguinte ao assassinato de Erivelton dentro do PAE Praialta Piranheira, um pistoleiro assassinou, à luz do dia e sem disfarces, na cidade de Vista Alegre do Abunã (RO), Adelino Ramos (Dinho), a principal liderança camponesa do Movimento Camponês Corumbiara (MCC), integrante do PCdoB e sobrevivente do Massacre de Corumbiara, de 1995. Por sua história de luta nos movimentos sociais e sua filiação partidária, o crime teve grande repercussão, amplificando o clima de tensão. Na semana seguinte, em 2 de junho de 2011, Marcos Gomes dos Santos, trabalhador rural, foi morto por pistoleiros em Eldorado dos Carajás.

Essa sequência de mortes por pistolagem provocou uma sensação de "explosão de violência". Nos meses seguintes, a imprensa do Sudeste publicou uma série de reportagens sobre "violência na Amazônia". O governo federal anunciou um conjunto de medidas para "conter a onda de violência", em sua grande maioria, medidas institucionais no âmbito administrativo, tais como reforço no programa de proteção a defensores de direitos humanos e pessoas ameaçadas de morte; investimentos na Força Nacional de Segurança Pública (FNSP), para efetivar essa proteção; e reforço do papel da Ouvidoria Agrária e da Comissão de Combate à Violência no Campo, que havia sido criada depois do assassinato de Dorothy Stang, ocorrido em 2005. Entretanto, não se viu o mesmo esforço para resolver os problemas que levavam aos conflitos, realizando demarcação das TI, reforma agrária e regularização fundiária nas áreas conflagradas, assim como a consulta livre, prévia e informada diante de grandes empreendimentos que intensificam esses conflitos, entre outras medidas estruturais.

Com a repercussão, foi organizada uma grande operação, envolvendo o Ibama, a FNSP, a PF e a Polícia Rodoviária Federal (PRF). No mês seguinte, Nova Ipixuna estava praticamente em estado de sítio: foram fechadas todas as doze serrarias da cidade, que já eram reincidentes nas multas ambientais; além disso, agentes do Ibama quebraram centenas de fornos de carvão, encontrados espalhados pelo PAE. Enquanto as serrarias achavam formas burocráticas para lidar com as multas, como mudar o CNPJ e conseguir autorizações judiciais ou licenças municipais de funcionamento (que eram também questionadas judicialmente), os fornos tinham uma estrutura mais precária e instável, podendo rapidamente ser reconstruídos.

Mesmo nessa situação, e com farta evidência da autoria do crime, apontada pelas testemunhas ouvidas pela polícia e pelas contradições nos depoimentos dos acusados, o juiz do caso vinha negando sistematicamente a expedição de um mandado de prisão requerido pelo delegado. Foi apenas no terceiro pedido, e diante de pressão dos movimentos sociais e da imprensa, que o juiz autorizou a prisão preventiva — a tempo, porém, de José Rodrigues e seu irmão serem informados previamente e fugirem. Eles deixaram parentes cuidando dos lotes no PAE e foram se refugiar nas terras da família em Novo Repartimento (PA). Seguiam mandando mensagens e ameaçando de morte Laisa e Claudelice, que apareciam na imprensa, cobrando justiça. Levou meses para serem capturados. Apenas diante da pressão da opinião pública, dos movimentos sociais e da imprensa, e, politicamente, da associação do governador Simão Jatene (2003-2007 e 2011-2019) com a impunidade e violência no campo, pois era o vice-governador de Almir Gabriel (1995-2003) na época do massacre de Eldorado dos Carajás, é que a polícia estadual agiu para prender os então acusados.

Foi uma operação espetacular de prisão, que não mais se repetiu no Pará desde então. Tive a oportunidade de investigar por dentro da polícia a sua preparação e publicar relatos exclusivos em uma reportagem na revista *GQ*.[33] A megaoperação que resultou na prisão dos dois irmãos, chamada Operação Maçaranduba, reuniu o operativo no quartel do 23º Esquadrão de Cavalaria de Selva, em Tucuruí, próximo de Nova Ipixuna. Havia agentes da polícia civil, PM e polícia do interior. Toda a tecnologia de inteligência de que se dispunha foi empregada, incluindo escutas telefônicas e interferências na comunicação (bloqueando mensagens de textos de olheiros que avisavam José Rodrigues da presença da polícia). O secretário de Segurança Pública do Pará, Luiz Fernandes Rocha, deu carta branca ao delegado Rilmar Firmino para desenvolver a Maçaranduba. "Gaste o que for preciso", teria dito na primeira reunião de planejamento da ação, em

---

33 "Caçada humana", *GQ*, out. 2011, p.120-7.

12 de setembro de 2011, segundo me relataram policiais da Secretaria de Segurança Pública. Assim, fizeram uso de helicóptero, caminhão de gado (para disfarçar o deslocamento da tropa), ampla rede de informantes, forças especiais e tropa de elite da PM.

José Rodrigues e Lindonjonson estavam escondidos na casa dos pais, Leonardo Moreira e Alaíde Silva Rocha. O irmão mais velho, então com 43 anos, ficava recluso e saía pouco — estava "entocado", como diziam ao telefone os familiares. Já Lindonjonson, 29, era a preocupação maior da família. Para um homem procurado, ele andava muito destemido e seguro, e circulava por toda a região. Ora em Jacundá, ora nas terras da família no assentamento Bom Jesus, em Breu Branco (PA), ora em Novo Repartimento. Ao telefone, preocupada, sua mãe teria dito, de acordo com transcrição literal de escuta da polícia: "O pau está quebrando aqui em Repartimento, meu filho, você se entoca na roça! Larga de ficar andando!". "Devido à presença de familiares na região, os irmãos contavam com uma rede de informação em um raio de cinquenta quilômetros", relatou o coronel Sandoval Bittencourt, da Companhia de Operações Especiais (COE), que chefiou a tropa de elite da PM na ação de prisão dos irmãos. "O difícil não era chegar lá, mas chegar lá sem ser percebido." Através de escutas telefônicas, me contou o delegado, "a mesma relação familiar que os protegia acabou por entregá-los".

Parte das informações foi recolhida por uma equipe de inteligência da polícia civil paraense. Acompanhados por outros colegas, disfarçaram-se de funcionários das Centrais Elétricas do Pará (Celpa) [hoje, Equatorial Energia Pará] e forjaram na área um cadastramento para o programa governamental Luz para Todos, para tentar prender os irmãos. A mãe de José Rodrigues e Lindonjonson recebeu os homens com sorrisos. Todos os moradores colaboraram e forneceram nomes, localização das casas e dos lotes, assim como o grau de parentesco entre eles. Aos investigadores, foi possível conhecer o terreno e marcar pontos no GPS — caminhos, trilhas, estradas, pontes, possíveis rotas de fuga. Informações essenciais para definir a estratégia de cerco e captura. Eles também tentaram prender José Rodrigues nesse momento, mas não conseguiram.

Em investigação paralela, a PF também realizava escutas com autorização judicial. Mesmo que ambos trocassem constantemente de chip de telefone celular, isso não impedia que os agentes captassem conversas de José Rodrigues e Lindonjonson com suas redes de apoio. Foi assim que a PF registrou um diálogo com Gilsão — como vimos, um morador do assentamento que vinha adquirindo lotes também ilegalmente e concentrando terras —, no qual José Rodrigues disse que contava com o seu apoio e o de outro fazendeiro, dono de uma loja de produtos agropecuários, para pagar advogados e ajudar a família, senão, contaria tudo. A polícia civil não investigou essa linha, sobre o crime de mando com apoio e financiamento de mais duas pessoas. Apenas concluiu que madeireiros e carvoeiros não estariam envolvidos com o crime, e limitou em José Rodrigues as investigações de mando.

Escondidos, os dois irmãos seguiam falando com a mãe, com o irmão mais novo, Dedé, e outros familiares. Em uma dessas conversas, José Rodrigues afirmava ter desmascarado o disfarce da polícia civil em uma tentativa de prendê-lo: "Não tem o pessoal da Celpa que vocês deram o endereço? Foi eles!". Para Dedé, que ficou cuidando da pretensa propriedade do irmão no assentamento Praialta Piranheira, e que ameaçava Laisa e Claudelice por meio de recados via outros assentados, ele deu mais detalhes da sua percepção dessa tentativa frustrada de prisão: "Hoje aqui veio um carro despistado falando que era carro de Celpa, mas só que eu não vi, não. Foram os outros que viram, sabe? Mas não é carro de Celpa, não! Mãe deu o endereço tudinho lá...". Essas informações, posteriormente, serviram para montar o cerco de sua captura.

Com sangue-frio, ele conta que conseguiu ludibriar policiais, conforme um diálogo interceptado pela PF. Usando um surrado chapéu de palha, quando viu o carro vindo, abriu educadamente a porteira e, olhando para baixo, cumprimentou os policiais, que seguiram adiante sem o reconhecer. Ele contou para a mãe, orgulhoso: "A hora em que eles iam saindo, eu ia chegando, passei por eles no colchete, aí eles não me reconheceram e foram embora!". E detalha: "Eu ia com aquele chapéu velho de palha na cabeça e eles não me reconheceram".

Até que veio a megaoperação para efetuar a prisão de ambos, o que revela o tamanho do controle e da capacidade que o Estado tem para capturar quem quiser, mesmo o Pará sendo um estado imenso em extensão territorial e com muitas áreas de difícil acesso. Com interesse político, há uma potência do Estado e a capacidade de prender os assassinos. Mas, desde essa prisão, não se viu novamente o mesmo esforço da polícia do Pará para prender José Rodrigues, depois de sua condenação em segunda instância, em 2016. Agora, o Estado estrategicamente se faz impotente, alegando uma suposta falta de capacidade e de controle sobre o território.

Em 2019, surgiram rumores da presença dos dois irmãos escondidos em uma área de mata, na região de Anapu, também próxima à Transamazônica, e a informação chegou até Claudelice. Ela jamais desistiu da luta por justiça. Com a informação repassada à polícia, para que agisse, e a atenção da imprensa despertada, para que a sociedade estivesse ciente, organizou-se outra operação. Agora, sem o mesmo interesse, sem o "gaste o que for preciso", sem o mesmo esforço, sem a mesma potência. Rodrigues conseguiu escapar pela mata. Prenderam apenas seu irmão Lindonjonson, que, em novembro de 2015, havia fugido pela porta da frente da penitenciária Mariano Antunes, em Marabá, em um escandaloso caso de corrupção prisional, dois anos depois de ser condenado a 42 anos de prisão.

Garantia jurídica da impunidade

O caso teve dois julgamentos, que foram apoiados por uma rara investigação dupla do crime: pela polícia civil estadual e, nos primeiros meses, pela PF. Essa dupla investigação está relacionada à grande repercussão e à ordem da presidente Dilma Rousseff para que a PF investigasse, associada ao fato de José Cláudio e Maria terem sido mortos dentro de uma área federal que estavam defendendo, o assentamento, que poderia ser um argumento para a investigação: defendiam a floresta nessa área pública, portanto, estavam defendendo o patrimônio da União. No final, a competência foi definida para a justiça estadual, com a acusação por um promotor público estadual, a partir de uma investigação sob responsabilidade da polícia civil estadual. Mesmo sem efeito direto para a sentença, a dupla competência para a investigação inicial forneceu uma melhor documentação do caso em termos de interesse de pesquisa, inclusive sobre os erros de cada polícia.

O primeiro julgamento ocorreu nos dias 3 e 4 de abril de 2013, e teve ampla cobertura da imprensa, com a presença da televisão e de jornalistas de outros meios. Para frei Henri, em entrevista realizada no dia do primeiro juízo, o julgamento era importantíssimo por duas razões:

> Primeiro, para que justiça seja feita nesse crime cruel, que foi a morte bárbara de José Cláudio e Maria. Depois,

segundo, devido à grande repercussão na imprensa nacional e internacional, esse é o julgamento do agronegócio que destrói a natureza, torna o campo transgênico e morto, e destrói a vida que depende da natureza.

No julgamento, foram condenados os dois pistoleiros (Lindonjonson e Alberto), e absolvido o mandante, José Rodrigues, por quatro votos contra três. Dois outros fazendeiros que podem ter contribuído para a empreitada criminosa não foram acusados pelo Ministério Público. Na sentença, o juiz culpou Maria e José Cláudio por "ter dado causa ao conflito"[34] e provocado a própria morte. Em uma manifestação sórdida, o magistrado expôs, com perversidade, como a vida é regulada e limitada nesse espaço da morte e como o Estado serve para a perpetuação da violência. A vítima se torna culpada de seu próprio assassinato.

Depois do caso, Claudelice decidiu cursar direito. Seu trabalho de conclusão de curso foca justamente esse

[34] O trecho se refere ao argumento do juiz sobre cada uma das vítimas. Primeiro, José Cláudio: "o comportamento da vítima contribuiu, de certa maneira, para o crime, pois, conforme declarado em plenário pela testemunha José Maria, a vítima enfrentou o irmão do acusado Lindonjonson, o corréu José Rodrigues Moreira, tentando fazer justiça pelas próprias mãos, utilizando terceiros (posseiros/sem-terra) para impedir o corréu de ter a posse de um imóvel rural, acarretando assim o agravamento do conflito fundiário, quando a vítima poderia ter procurado o apoio das autoridades constituídas para acionar na justiça a ação do corréu". Os mesmos termos foram utilizados para referir-se a Maria e em ambas condenações, de Lindonjonson Silva Rocha e de Alberto Lopes do Nascimento, de forma que a expressão "o comportamento da vítima contribuiu, de certa maneira, para o crime" aparece grafada quatro vezes na sentença redigida pelo juiz Murilo Lemos Simão. A CPT, junto da Fetagri, entrou com uma representação contra o juiz, alegando "total ausência de imparcialidade" em processos envolvendo trabalhadores rurais, "em uma atuação tendenciosa e parcial".

terrível julgamento, marcado pela parcialidade do juiz, por ameaças de morte contra testemunhas e por cultos evangélicos em favor dos réus, mas também por uma extraordinária mobilização dos movimentos sociais. Assim ela descreveu esse trecho da sentença, que reflete uma dimensão maior do sistema da morte política:

> Ao meu sentir, enquanto familiar, portanto, também vítima da circunstância do caso, o juiz não revelou imparcialidade na condução do julgamento, condição indispensável para a magistratura.
>
> Isso se revela cristalinamente quando na prolação da sentença, pelas palavras textuais do magistrado, ele afirmou: "o comportamento da vítima contribuiu, de certa maneira, para o crime, […] a vítima poderia ter procurado o apoio das autoridades constituídas para acionar na justiça a ação do corréu".
>
> O que foi inserido na sentença, sobre a responsabilização do casal Zé e Maria, não corresponde à verdade dos fatos. Não existe nas provas contidas nos autos. Por isso, um ano depois, o resultado foi a anulação desse julgamento. Isso, ainda, sem contar as diversas provas onde apontam as inúmeras vezes em que o casal denunciou as violações de direitos humanos e a destruição do meio ambiente, quando pediram às autoridades a resolução dos conflitos. Mas, quando agiam, nunca havia uma investigação sequer, inclusive da postura de diversos agentes estatais que contribuíram para o acirramento dos conflitos ou as ameaças de morte.
>
> Quando, na sentença, o juiz diz que eles "contribuíram, de certa maneira" para seus assassinatos, são os mesmos argumentos usados para culpabilizar vítimas, as que deveriam receber atenção e proteção do seu bem violado. Nesse caso, a vida. Acontece que a opção do Estado foi responsabilizar Zé e Maria pelos seus

> assassinatos. O monopólio do poder de punição do Estado foi deturpado, e para justificar a ação do mandante condenaram a vida de luta por direitos das vítimas. Esse caso revela a complexidade e o obscurantismo dos processos de culpabilização dos defensores ambientais.
>
> Ao analisar o que foi expresso numa fração de uma sentença que condenou um casal defensor da floresta, e as contradições aos autos, observamos quantas subjetividades e simbologias podemos desvelar. Quanto a isso, podemos ver os diversos direitos humanos que foram violados. O que explica esse desrespeito aos direitos daqueles e daquelas que lutam pela floresta em pé, pela terra livre, pelo território e pelos não humanos? Quantos mais defensores da terra e da Floresta perderemos? (Santos, 2021b, p.18-9)

Muito além da imputação de um fato a uma tipificação judicial do homicídio, este caso revela o próprio limite da persecução individual criminal de um crime que atinge uma coletividade — ou sujeitos coletivos —, que é característico dos crimes contra a terra, o ambiente e os defensores de direitos humanos e da floresta. Se este caso jurídico fornece uma boa estrutura analítica devido à quantidade de documentação que produziu, as razões pelas quais o casal lutava para defender a floresta com a qual conviviam vão muito além do tribunal. Há uma dimensão maior, que relaciona a impunidade e o desenvolvimento na Amazônia, e que escapa da esfera da criminologia.

A primeira sentença foi prolatada dois meses antes das manifestações que tomaram as ruas do Brasil em junho de 2013. Todo o julgamento foi transmitido ao vivo pela Mídia Ninja: tratou-se da primeira ação de transmissão ao vivo desse coletivo de jornalismo, que depois ganharia projeção nacional com as transmissões dos protestos. Havia muito em discussão — e dentro do espetáculo do júri, que ganharia espaço na política nacional nos anos seguintes. Fanatismo, fundamentalismo religioso e um moralismo conservador foram associados ao latifúndio, ao agronegócio e à mineração (José Rodrigues era também garimpeiro) na corte de Marabá, tal como apareceria mais tarde no Congresso Nacional, em torno da bancada parlamentar BBB, isto é, "do boi, da bala e da Bíblia". Não por acaso, tanto na seleção dos jurados como nas sustentações orais, diferentes contradições da sociedade brasileira estavam expostas. Nesse julgamento, apareceu vitorioso o violento movimento reacionário de aproximação das elites rurais com o fundamentalismo cristão, uma associação que se articularia em torno de um projeto político de poder amplo no aspecto nacional. Em termos de afinidades ideológicas, já estavam de mãos dadas contra a luta de José Cláudio e Maria.

A partir deste caso, transparece o efeito do estado de exceção permanente na colônia, trabalhado na teoria da necropolítica, de Mbembe (2017), que pode contribuir para elucidar o poder sobre a vida nesses mundos de morte ou zonas de sacrifício, criados na expansão do capitalismo e do extrativismo. De alguma forma, o Direito não é o sistema que regula a presença do Estado nessas regiões violentas da Amazônia. Transparecem também no caso os eixos da esfera do controle da vida descritos pela antropóloga Rita Laura Segato (2016a) em relação às guerras não convencionais contra as mulheres: as organizações paraestatais e o fundamentalismo cristão.

A "exceção" política da morte de defensores ambientais no Brasil se tornou uma regra para a aplicação do terror político. E o funcionamento dessas organizações milicianas e paraestatais — que já estavam presentes em 2011 e que vieram a ganhar muito mais força política e territorial ao longo da década —, junto ao fundamentalismo cristão, também constitui um elemento dessa guerra não convencional de "conquista" de territórios e corpos. Segato (2018) enfatiza o sentido da conquista, diante de estudos decoloniais e da colonialidade do poder, para que seja possível perceber algo ainda mais brutal que persiste, marcante neste caso: a conquistalidade, e o sentido de guerra e massacre nessa violência que tem por objetivo a espoliação para a acumulação. Nessas paisagens de uma atmosfera desordenada e de violências extremas, a *conquista* nunca terminou nem se consolidou; continua ainda hoje (Segato, 2016b, p.621).

Se o juiz teve uma conduta suspeita durante todo o processo, como acusam os movimentos sociais e a CPT, também o Incra contribuiu para a violência — e também para a impunidade. Depois dos assassinatos, e mesmo depois da prisão de José Rodrigues, o órgão autorizou o fazendeiro a permanecer como assentado no Praialta Piranheira, nos dois lotes objeto do conflito, mesmo sem consultar a associação de trabalhadores rurais — o que foi utilizado durante as audiências de testemunhas nos julgamentos para convencer o júri de que ele era "pobre" e "inocente". Rodrigues havia expulsado duas famílias que viviam nesse local e ameaçado de morte e encomendado o assassinato das duas principais lideranças do assentamento. Mas isso não impediu o Incra de, inicialmente, regularizar a posse conquistada pela violência.

Dias depois do assassinato, o Ibama lançou operações massivas com o Exército e a FNSP para combater os crimes ambientais. Eles fecharam as serrarias que extraíam madeira ilegal e, além disso, destruíram centenas de fornos de carvão, afetando a economia local. Nos rumores na cidade, isso se devia a uma teoria da conspiração, associada à pressão internacional. De repente, o Estado que havia sido tão impotente frente às denúncias se fez forte o bastante para impor a lei momentaneamente.

O julgamento foi construído como um teatro de justiça em meio a um oceano de ilegalidade. O tribunal do júri segue uma formalidade ritualística, em que cada parte, acusação e defesa, pode levar testemunhas para sustentar seus pontos aos sete membros do júri, que decidirão sobre as perguntas feitas pelo juiz sobre o crime — são essas pessoas, portanto, que devem ser convencidas da autoria. Percebi que, durante os debates, em vez de os assassinatos serem considerados um crime específico de acordo com a tipologia criminal, cinco teses distintas e contraditórias foram trazidas ao júri, que deveria formar convencimento a partir delas. Teses desencontradas, que expõem o limite do direito penal em lidar com situações complexas de conflito ambiental. Essas teses avançavam a partir do trabalho das linhas de investigação da polícia, que, para chegar até José Rodrigues como mandante, descartou outras linhas de investigação, como a participação de madeireiros. As teses que identifiquei estão relacionadas à construção dos argumentos para a punição dos réus. A acusação apresentou quatro teses argumentativas, e a defesa trouxe uma quinta. Três delas foram elaboradas pela promotoria, enquanto a assistência de acusação preferiu centrar os argumentos no caso específico do conflito fundiário, e a defesa, na insegurança dos jurados para a condenação.

A primeira tese da promotoria era a do sacrifício do casal de ambientalistas, que morreu por defender a natureza, como mártires de uma causa justa e ideológica. Ela fazia referência a um problema global, o dos ambientalistas, com foco na defesa da Amazônia, a exemplo de Chico Mendes e Dorothy Stang. Uma violência difusa, com vítimas certas. Portanto, os assassinos, ao matarem José Cláudio e Maria, também seriam responsáveis pela destruição da Amazônia. O sacrifício enfatizou o papel dos ambientalistas, em uma luta global que ocorre em nível local. Uma tese moral, que não angaria muita simpatia local e que contribuiu para que a defesa alegasse que o fazendeiro estaria sendo vítima de uma injustiça, por pagar por um crime que não cometeu.

Diversas fake news contra Chico Mendes e Dorothy Stang foram trazidas pela defesa para responder a essa tese — como uma que acusava a religiosa de ser traficante de armas e espiã de Cuba, visando criar uma guerrilha no Brasil. Se a luta era ampla e difusa, o problema era grande demais, e a defesa argumentou que não haveria uma relação do réu, um pequeno agricultor, com o crime específico.

A segunda tese, trazida ao juízo pelo segundo promotor, era a de que o assentamento era uma região violenta, que os assentados eram violentos, que José Cláudio era violento, que os assassinos eram violentos e, portanto, todos deveriam ir para a cadeia. Tudo era violento nessa tese, que considero como da "terra sem lei". Nesse caso, o justiçamento dos assassinos e do mandante deveria ser exemplar. Apesar de caracterizar José Rodrigues, seu irmão e o outro pistoleiro como violentos, o promotor também utilizou cerca de quinze minutos, mais ou menos um terço de sua exposição, para abordar um caso paralelo, que havia sido trazido por José Rodrigues. Nesse caso, José Rodrigues difamava José Cláudio e seus familiares, os acusando de serem assassinos. A argumentação, referente ao assassinato de uma pessoa conhecida como Pelado, foi mobilizada por José Rodrigues para acusar José Cláudio e seus irmãos; as investigações, à época, apontavam para uma questão relativa ao tráfico de drogas. Mas o promotor entrou nessa jogada. Perdido em um tiroteio de um lugar violento, disse o promotor que, se José Cláudio estivesse vivo, ele também estaria sentado no banco dos réus:

> Eu poderia muito bem ter devolvido o inquérito, ter feito outra coisa que não denunciado os irmãos do Zé Cláudio. Só que eu sou um profissional do direito, eu sou membro do Ministério Público. Eu tenho um dever funcional, eu tenho

um dever com a minha consciência. Mesmo baseando-se apenas tão somente na palavra do Manoel, que foi levado na delegacia pelo José Rodrigues, eu falei: não, a morte do Pelado, pra mim, é uma morte como qualquer outra. Tem que ser investigada. Os acusados têm que ser responsabilizados. Sejam eles quem fossem. É com toda a tranquilidade que eu digo pra vocês: se o José Cláudio estivesse vivo, se ele tivesse sido pronunciado e tivesse vindo pro Tribunal do Júri, eu também estaria ali acusando ele. Eu também estaria ali fazendo a mesma coisa que eu estou fazendo hoje. Eu tenho imparcialidade.

A "imparcialidade" argumentada pelo promotor desde um primeiro momento já se coloca como parcial, tendo em vista a digressão que ele realiza para fugir de um aspecto objetivo do caso em tela e entrar em uma discussão paralela, provocada como estratégia da defesa para embaralhar o processo e produzir confusão. Os familiares, que tiveram que escutar, ao final, em sentença lida pelo juiz, que José Cláudio e Maria eram culpados por sua própria morte, também tiveram que ouvir no julgamento o promotor dizendo que, se a vítima estivesse viva, ele estaria pedindo a sua prisão — sem qualquer direito de defesa da pessoa morta. Uma situação terrível de agressão do próprio Estado, aquele que deveria garantir, em tese, a lei e a justiça.

Uma terra sem lei, controlada pela violência absoluta, faz do promotor uma figura supostamente imparcial, que, do alto desse lugar idealizado, afirma que mandaria prender todo mundo e qualquer um. Como o promotor afirmava não ter lado, prenderia todos os lados — o assassino e a vítima. Acontece que essa digressão foi tão absurda que a promotora que assumiu posteriormente a acusação do crime de José Cláudio e seus irmãos pediu a absolvição de todos os réus por absoluta falta de provas.

Mas o papel do promotor nesse dia serviu para que os jurados imaginassem que José Cláudio era uma pessoa violenta e contribuiu para o juiz criminalizar e culpar as vítimas na sentença.

A tese do "ambiente violento", da "terra sem lei" se fundamentava no fato de o PAE Praialta Piranheira estar localizado em uma região muito violenta, rota do narcotráfico e da economia ilegal da floresta. Terra de bandidos. De ausência do Estado, sem o "Império da Lei", definindo a floresta como o Velho Oeste, como um lugar selvagem. Nesse sentido, o próprio promotor de acusação, que visivelmente não conhecia o caso ou o conhecia apenas de forma muito superficial, fez uma conturbada alegação de que José Cláudio era um homem violento, assim como os assassinos, e que, portanto, todos deveriam enfrentar a justiça.

A terceira tese dos promotores foi a de se tratar de um caso exemplar, que pede, portanto, uma punição exemplar. Essa tese tanto responderia à do sacrifício em defesa da Amazônia quanto à do lugar violento. Que a condenação servisse de exemplo. Fazer desse caso um exemplo abriu as portas do julgamento para que a defesa trouxesse teorias conspiratórias utilizadas em favor dos acusados. Se é um caso exemplar, ele pode ser injusto, por ser irreal. Os réus seriam vítimas, expostos a uma nova injustiça.

A quarta tese da acusação foi construída pelos advogados assistentes da acusação, enfocando especificamente o conflito fundiário. Foi o trabalho conduzido pelo advogado da CPT, José Batista, e por Aton Fon Filho, histórico advogado dos movimentos sociais, de presos políticos e da rede de advogados populares. Conscientes da necessidade de individualização da conduta para a punibilidade criminal, decidiram focar especificamente a participação de José Rodrigues como mandante e dos pistoleiros na execução, e o motivo que levou ao crime de mando, decorrente do conflito pela posse da terra. De acordo com as investigações, José Rodrigues havia vendido seu terreno anterior por 130 mil reais e comprado a nova área por cem mil, fazendo um investimento em terra. Ele também trocou um caminhão por gado, a fim de iniciar uma criação de gado na área, depois de realizar o desmatamento. José Cláudio e Maria se opuseram a seus interesses, denunciando sua conduta ilegal ao Incra. Ao saber que corria o risco de perder seu investimento, o fazendeiro decidiu ordenar as matanças, para ter controle da terra que havia comprado ilegalmente. Perderia a terra, mas não a honra, uma testemunha disse ter ouvido; além disso, ele teria dito que José Cláudio pagaria por isso. Havia provas irrefutáveis da presença de um familiar próximo de José Rodrigues na cena do crime, devido ao exame de DNA de fios de cabelo encontrados em uma touca de mergulho no local. Junto a provas testemunhais, a caracterização da motivação do crime no marco da disputa fundiária comporia um quadro de convencimento do júri.

A principal estratégia da defesa foi provocar confusão com as evidências da autoria: o dever de provar estava do lado da acusação, a quem cabia demonstrar a responsabilidade dos assassinos e do mandante. Há que se provar o crime, jamais a inocência. Isso é um pressuposto do ideal de um julgamento justo. Acontece que provocar confusão contribui para gerar dúvidas, promover a insegurança na formação do convencimento e fazer com que membros do júri sejam induzidos a não se responsabilizar por uma condenação. Essa foi uma estratégia que se mostrou poderosa em casos semelhantes — os dois advogados de defesa eram reconhecidos publicamente como tendo ganhado, no ano anterior, nove julgamentos por crimes de assassinato.

A defesa se aproveitou ainda de um argumento do promotor, de que cabe à "sociedade local, de onde aconteceu o crime, a responsabilidade de julgar os seus pares". Segundo o promotor, o mesmo da tese do ambiente violento, essa responsabilidade local se deve ao fato de as pessoas nessa situação terem mais familiaridade com o contexto. "Porque vocês moram aqui. Porque vocês sabem da repercussão do crime. Porque vocês sabem o que gerou, o que provocou e quais foram as consequências do crime que aconteceu no local em que vocês moram." Era uma fala retórica da promotoria para tentar ganhar a simpatia do júri, e que compunha com a digressão contra José Cláudio e seus irmãos. Como a promotoria argumentou que quem vivia no local saberia julgar melhor, a defesa abusou da escolha de uma representação conservadora da sociedade local e explorou o desconhecimento em relação às técnicas de investigação.

É nesse sentido que encontro a quinta tese argumentativa. Baseada no que hoje chamaríamos de fake news, a defesa buscou meios de burlar todos os argumentos de acusação. A tese de fake news responderia a todas as outras, produzindo desconfianças genéricas, mas potentes, no sentido de constranger os jurados à dúvida e, portanto, nessa condição, serem a favor do réu. A luta política de José Cláudio e Maria teria provocado muitos inimigos, decorrendo daí que o martírio poderia ter sido perpetrado por qualquer outro envolvido nesses interesses conflitantes: madeireiros, carvoeiros, outros fazendeiros, outros assentados descontentes, grandes pecuaristas. Qualquer um poderia os ter matado. Então, por que teriam sido os pobres coitados associados a esse pequeno fazendeiro, que havia acabado de chegar? Isso também responderia à tese do ambiente violento: como se tratava de um lugar violento, e sendo José Cláudio supostamente violento, eles poderiam ter sido mortos até mesmo por outros assentados que estavam vendendo ilegalmente recursos naturais. Em um caso "exemplar", os fracos seriam levados para a cadeia, dando uma resposta fácil à imprensa, a fim de permitir que o sistema ilegal funcionasse.

A tese das fake news também funcionaria bem para contestar todas as evidências que levavam a José Rodrigues, atacando testemunhas e até testes de DNA mitocondrial realizados em fios de cabelo encontrados no local do crime. As escutas telefônicas ligavam José Rodrigues ao plano de assassinato, assim como a outros fazendeiros mais ricos, que supostamente estariam por trás do pagamento dos advogados. Uma das testemunhas trazidas pela defesa como álibi para Lindonjonson foi acusada de ter cometido perjúrio. Ela dizia que, na hora da morte, estava assistindo à televisão com o acusado em uma região distante, porém entrou em contradição diante dos questionamentos, chorou e admitiu que não estava com ele.

Um dos advogados de José Rodrigues tinha uma história de sucesso pessoal associada à teologia da prosperidade. Como pregador evangélico neopentecostal, ele mesmo havia sido preso por tentativa de assassinato e estupro. Foi na cadeia, relatou, que encontrou Jesus. Converteu-se, estudou direito e construiu uma nova vida. Ele tratava de provar ao júri que, uma vez convertido ao cristianismo, um assassino pode mudar. Como pregador e pastor da Igreja Universal do Reino de Deus, ele converteu José Rodrigues e Lindonjonson. A defesa selecionou membros do júri que também eram evangélicos e conduziu os debates como fazem pregadores em cultos, emulando a forma em que discursam, os gestos. Tudo fazia referência a uma pregação.

José Rodrigues e Lindonjonson aproveitaram uma oportunidade para chorar e se apresentar ao júri como convertidos. E o juiz permitiu a cena, embora no julgamento não devesse haver espaço para manifestações religiosas. Inclusive, o juiz permitiu que lhes dessem lenços para limpar as lágrimas. Dois membros do júri choraram quando José Rodrigues pediu perdão a Deus.

Logo depois de oferecer seu depoimento na corte, uma das testemunhas, que viu Lindonjonson e falou com ele logo depois do crime (Lindonjonson se perdeu no assentamento, dirigindo uma motocicleta em busca de um atalho que o levaria para outra cidade), foi ameaçada de morte por outro irmão, que assistia ao julgamento: ele bateu no peito da testemunha, na frente de todos, dizendo que ela seria a próxima vítima.

Quatro membros do júri decidiram que José Rodrigues não era culpado, e ele foi libertado no mesmo dia. Lindonjonson e Alberto foram culpados por maioria: 42 anos de pena para o primeiro e 45 para o segundo. Na sentença, o juiz que presidiu o julgamento de dois dias considerou o caso um empreendimento criminoso e, como vimos, declarou em sua sentença que "as vítimas contribuíram para o crime". Ele construiu uma tese própria para interpretar o crime, fazendo uma mistura de diferentes pontos expostos para justificar a sua visão: considerou o caso um conflito agrário, em que o casal, ao denunciar a compra ilegal de terra, as tentativas de expulsão de assentados e outras práticas de violência contra os agricultores que ocupavam a área, teriam agravado o conflito fundiário. A tese é de que deveriam ser julgadas, portanto, as atitudes do casal. Eu chamo essa tese de "criminalização da vítima".

O primeiro julgamento não foi, ao final, sobre o assassinato, mas sobre as ideias de José Cláudio e Maria. E essas ideias de defesa da floresta foram condenadas, em Marabá, com a absolvição do fazendeiro que mandou matá-los. A acusação recorreu do absurdo julgamento. Os movimentos sociais protestaram. E a absolvição de José Rodrigues no júri realizado em Marabá foi anulada no ano seguinte, em agosto de 2014, pelo Tribunal de Justiça do Pará. Os desembargadores acolheram o argumento de que "a decisão dos jurados contrariou as provas existentes no processo que incriminava José Rodrigues" e determinaram a sua prisão.[35] Mas negaram o pedido dos advogados de Lindonjonson e Alberto por um novo julgamento para eles. Uma nota pública dos familiares e dos movimentos sociais, de 12 de agosto de 2014, destaca que a postura do juiz era vista como "uma tentativa de criminalizar as vítimas, manchar a história e a memória do casal".[36] A impunidade em primeira instância está geralmente associada à pressão local dos proprietários que controlam a polícia, a mídia e a burocracia estatal. Neste caso, também revelava a sua influência junto a igrejas neopentecostais. Os advogados assistentes da acusação reivindicaram a transferência do júri para Belém, onde a pressão local não desempenharia o mesmo papel que havia desempenhado em Marabá.

Solto pelo juiz de Marabá, o mandante fugiu, pois sabia que era difícil que o circo se repetisse. Mas estava tão seguro de sua impunidade que, durante todo aquele ano, passou a ocupar novamente os dois lotes e a intensificar as ameaças de morte contra as irmãs e outros familiares de Maria e José Cláudio. A normalização da violência, com a garantia da impunidade pelo sistema judicial e a omissão do Incra, promoveu uma verdadeira situação de terror. Ainda pior: o Incra seguiu colaborando com José Rodrigues. Na mesma nota pública de 13 de agosto, os familiares escrevem: "Mesmo respondendo a processos por ocupação ilegal de terra pública, estelionato e duplo homicídio, o Incra ainda o

---

35 "TJ do Pará anula julgamento que absolveu acusado de ser mandante do assassinato de casal extrativista em Nova Ipixuna", CPT, 13 ago. 2014.
36 "Nota dos movimentos sociais e das entidades sobre o júri de José Cláudio e Maria do Espírito Santo", CPT, 8 abr. 2013.

mantém assentado no mesmo lote que deu origem a todos esses crimes".

Foi preciso uma condenação judicial em ação oferecida pelo MPF para que o Incra expulsasse os invasores. Os parentes de José Rodrigues que ainda estavam ocupando os lotes ilegalmente adquiridos — e dali vinham fazendo ameaças de morte à irmã de José Cláudio e à irmã de Maria — foram finalmente expulsos do PAE em 2015. Francisco Tadeu e Zequinha, os dois agricultores que haviam ido viver com suas famílias nos lotes e que foram expulsos por José Rodrigues, decidiram não retornar para a área por medo. Haviam sofrido ameaças de morte, intimidações, agressões, difamações.[37] Tudo poderia ter sido evitado por uma medida simples, logo depois da denúncia efetuada por José Cláudio e Maria: bastaria que o Incra tivesse agido a tempo e expulsado os invasores. Quando quis, e por pressão da decisão judicial, ele mostrou a potência do Estado no assentamento.

O segundo julgamento foi realizado em dezembro de 2016. Acompanhei o deslocamento dos familiares em ônibus de Marabá até Belém, em uma viagem carregada de angústia, tensão, apreensão e emoção. José Rodrigues foi julgado à revelia, pois estava desaparecido — como aliás, está até hoje, quando este livro é finalizado. A defesa não levou testemunhas para serem ouvidas diante dos jurados. Ao contrário do primeiro julgamento, que tinha uma longa lista de mais de quinze testemunhas — tanto da acusação como da defesa —, o segundo teve apenas três, duas delas familiares de Maria, explicando as ameaças de José Rodrigues. Se, no primeiro, a defesa havia indicado até uma falsa testemunha para forjar álibi (de que Lindonjonson estaria junto dela no dia, assistindo à televisão), no segundo, sabendo das

---

[37] Francisco Tadeu havia sido assaltado quando se deslocava do Maranhão, onde estava refugiado com a família, para participar como testemunha do juízo.

condições de um julgamento em Belém, pareciam aceitar a condenação. Havia apenas um irmão presente para assistir. E uma mensagem silenciosa, que indicava que caberia agora a José Rodrigues garantir a sua liberdade na sua capacidade de se fazer esconder da justiça.

Dessa vez, a acusação, com a mesma assistência qualificada dos advogados dos movimentos sociais, mas com um promotor mais experiente em assassinatos ligados a conflitos fundiários, teve apenas uma tese central na argumentação: o crime foi cometido para garantir o controle fundiário. Foi uma disputa por terra. Um clássico caso de conflito agrário entre um fazendeiro e pequenos agricultores sem-terra. Centrado nesses termos, o argumento foi construído com a estratégia de demonstrar que José Rodrigues havia adquirido ilegalmente a terra, com uma forte documentação produzida nas investigações e um argumento já apoiado na ação do Incra, que finalmente expulsou os parentes de José Rodrigues da terra em disputa. Isso revela, também, que a omissão do Incra teve um papel ativo na formação do convencimento dos jurados sobre José Rodrigues em primeira instância.

Havia muito menos atenção da imprensa durante esse julgamento, e muito menos presença de movimentos sociais. Sabendo que José Rodrigues era fugitivo, havia a intenção de um julgamento moral, pelo menos, para defender a memória dos ambientalistas assassinados. Ele foi condenado a sessenta anos de prisão, considerado pelo juiz, na sentença, como mandante de um "crime frio, covarde e premeditado, [que] articulou a morte das vítimas ao contratar assassinos para executá-las". Além disso, o magistrado respondeu à acusação do colega de Marabá, de que José Cláudio e Maria contribuíram para sua própria morte: "Entendo que o comportamento das vítimas não contribuiu para o crime".

Tal como na decisão do Incra de agir posteriormente, o Poder Judiciário produziu, ao final, uma decisão que aliviou os familiares do sentimento absoluto e revoltante de injustiça. Ainda que a injustiça tenha permanecido na prática, pela fuga, depois da condenação de José Rodrigues e da expulsão de seus familiares do assentamento foi possível aos familiares de José Cláudio, liderados por Claudelice, reocupar sem medo a reserva e realizar o evento anual em defesa da memória e da luta do casal: a Romaria dos Mártires da Floresta. A justiça da condenação, ainda que injusta com relação à prisão e à investigação de outros mandantes de um possível consórcio, serviu para um aspecto fundamental de caráter histórico. A condenação dos responsáveis por esse e outros crimes que foram levados a julgamento pela CPT, mesmo depois de muito tempo, tinha uma importância histórica, conforme comentou, em entrevista, frei Henri: "Para a memória da história de um povo, de uma geração, foi um fato, foi julgado e foi condenado. Para a memória coletiva".

Aqueles que devem morrer

> *Informamos ainda que estamos sendo ameaçados de morte porque não concordamos com o que está acontecendo.*
> — José Cláudio e Maria, em carta para a então ministra do Meio Ambiente Marina Silva

Perguntei a José Cláudio quanto tempo fazia que ele vivia com medo de ser assassinado, em razão das ameaças. Ele disse treze anos, repetiu para enfatizar e continuou: "Eu vivo aqui em constante tensão".

Um levantamento da CPT identificou, no Pará, entre 1964 (ano do golpe militar) e 2011 (quando foram assassinados

Maria e José Cláudio), 914 assassinatos de trabalhadores rurais, religiosos e advogados por questões de terra. Do total, 654 ocorreram no sul e sudeste do estado. Não conhecemos o rosto, nem sabemos o nome da maioria dessas vítimas. Um extraordinário trabalho tem sido realizado pelo advogado da CPT em Marabá, José Batista, no cuidado do arquivo da entidade e na elaboração de uma documentação sobre as vítimas. O dossiê da CPT, junto ao MST, à Fetagri e ao Cepasp, movimentos sociais com forte atuação na região, apresentado no dia 2 de abril de 2013, às vésperas do julgamento, informa a participação da polícia nesse processo, negando tanto o registro das denúncias formalizadas por sindicalistas e familiares das vítimas como o resgate dos corpos. Os agentes da violência seriam os empresários e os proprietários de terra, agindo em uma parceria público-privada. Esse setor privado tinha o apoio das autoridades civis e militares; para defender as suas propriedades e assassinar trabalhadores rurais e suas lideranças, requisitavam a polícia, compravam armas e contratavam pistoleiros e grupos paramilitares. Assim, além de eliminar aqueles que ocupam as terras, também tentam impedir a luta coletiva dos movimentos sociais pela terra e em defesa da floresta.

As estratégias de uso da violência foram sendo modificadas ao longo dos anos. Fazendeiros passaram a usar empresas de segurança para encobrir os crimes praticados, sendo que muitas delas têm extensa lista de crimes; também começaram a agir politicamente para garantir a impunidade em crimes ambientais e crimes fundiários, e manter o Incra inoperante; e passaram a colaborar com a implantação do projeto de mineração, através da concentração e reconcentração de terra por parte das mineradoras, especialmente a Vale, por meio de atos institucionais que retiram os direitos das populações e os transferem para as corporações.

Essa dimensão institucional de controle da burocracia estatal legitima a violência interpessoal que atinge os indivíduos, os sujeitos em luta. Uma das formas mais perversas de instauração da necropolítica é a ameaça de morte: ela tem um fator de intimidação que estabelece uma relação de poder sobre os indivíduos. Aqueles ameaçados têm a sua existência colocada em questão. Há uma decisão, tomada anteriormente à ameaça, de que certo indivíduo não deve existir. Não existir significa a "exclusão" da sociedade através da eliminação física, uma expressão utilizada por políticos locais, conforme registramos no filme *Toxic Amazon*.

Várias pesquisas de viés institucional procuraram investigar o papel do Estado nos conflitos ambientais na Amazônia. As limitações do Estado de Direito, mesmo diante de diferentes perspectivas teóricas de análise política, podem estar relacionadas a argumentos como o da impotência estratégica, ou à popular "vontade política", que revelam as disputas pelo controle do Estado muito mais que relacionadas à capacidade de ação e de controle sobre um território. A vontade de agir do Estado colonial brasileiro na Amazônia, como este caso é capaz de demonstrar, pode ser mais contraditória do que sustenta a análise institucionalista. As medidas institucionais que surgiram com o Plano Nacional de Combate à Violência no Campo, criado para responder aos anseios da sociedade diante do terrível assassinato de Dorothy Stang, estabeleciam catorze ações, como a criação de arranjos institucionais para a resolução de disputas no campo e a construção de delegacias especializadas para investigar conflitos agrários. Esse superfortalecimento do Estado para combater a violência fez com que, em muitos casos, a estrutura fosse, em um segundo momento, utilizada para fins políticos contrários à sua criação, como para criminalizar militantes do MST, lideranças camponesas e indígenas em casos de conflito por terra.

Nos anos seguintes ao assassinato, realizei uma investigação nos arquivos da Delegacia de Polícia de Conflitos Agrários em Marabá. Nos inquéritos que encontrei, os militantes que lideravam ocupações de fazendas se tornaram alvo de acusações, por parte da polícia, de diferentes crimes associados, tais como formação de quadrilha, ameaça, roubo, invasão de propriedade. Essa tipificação penal, somando penas diferentes, poderia permitir um enquadramento, ainda em fase de inquérito, que possibilitasse o pedido de prisão preventiva e, com ela, a intimidação das lideranças dos movimentos sociais. Isso atingiu, por exemplo, de forma injusta, algumas lideranças importantes do MST do Pará. E os movimentos sociais denunciaram um processo de "criminalização" que ocorria em paralelo à chegada do "Império da Lei" no Pará.

É elucidativo que Maria afirme que a violência está relacionada ao modelo de desenvolvimento, baseado na propriedade de terras em larga escala e concentração fundiária. Essa dimensão das condições econômicas da violência, explicitada por Maria, relaciona-se à suposta "vontade de agir" do Estado, isto é, ao controle político dos aparelhos para determinar a "ausência do Estado" em territórios e situações específicas. Essa impotência, portanto, funciona de uma forma estrategicamente definida: uma "impotência estratégica". Agir ou não agir, como omissão, assim como a ausência de resposta às mais de dezesseis denúncias de crimes ambientais feitas por José Cláudio e Maria entre 2001 e 2011. O sistema institucional foi informado, com dados exatos, para fazer cumprir a lei. Acontece que os órgãos que deveriam agir para fazer cumprir a lei simplesmente não o fizeram. A omissão é uma ação deliberada de não agir para fazer cumprir a lei. É o poder de controlar as ações do Estado independentemente das formas institucionais de controle, por interesse econômico e para favorecer a acumulação e circulação do capital em detrimento do respeito aos direitos sociais e ambientais. A regra do direito é suspensa pela exceção, que confere a decisão de não agir quando determina a lei. A omissão é em si uma ação.

A política da morte passa a organizar o poder do Estado para favorecer uma economia da morte, uma face brutal do capitalismo, que promove a acumulação de capital e o controle dos recursos naturais. As novas formas de guerra na Amazônia exigem uma abordagem crítica do papel do Estado, que não esteja restrita a seus aparelhos institucionais, mas também perceba as dinâmicas do que parece uma parceria público-privada de uma economia da morte. Nessas parcerias, que Segato (2016b) define como paraestatais, aparecem as esferas de controle da vida determinadas por corporações armadas. Essas esferas têm a participação efetiva do Estado e de forças paraestatais.

A ideia de uma esfera paraestatal, para Segato (2016b), é caracterizada pela predominância da informalidade e por uma forma de ação que é, ao mesmo tempo, paraestatal, ainda que o Estado seja a agência que sustenta a ação. A informalidade, que parece estar para além do Estado, mas que é informalmente autorizada. Essa seria, para Segato, uma herança direta dos conquistadores. Por isso, enfatizando também a importância do conceito de colonialidade, Segato abre a perspectiva de se compreender a dimensão violenta da conquista como permanente.

A ideia de conquista, nesse momento, sobrepõe-se à colonialidade: funciona como a necropolítica imposta do poder sobre a vida e a determinação daqueles que devem morrer. Como afirma Segato (2016b, p. 621), "neste novo mundo, a noção de uma ordem discursiva estruturada pela colonialidade do poder se revela quase insuficiente". Desse padrão, emerge, indisfarçada e grosseira, a prática de varrer as pessoas para longe de seus territórios de ocupação tradicional ou ancestral. Assim, podemos dizer que, da colonialidade, há um retorno à conquistalidade, à violência brutal e crua da subjugação e eliminação.

José Rodrigues atuava como um bandeirante contemporâneo, invadindo, expulsando, matando, desmatando. Parte de uma trajetória comum ao latifúndio dos novos bandeirantes, que organizam milícias para conquistar a terra e, com apoio do Estado, estabelecer um sistema colonial de exploração. Uma apropriação violenta que, em seguida, passaria ao controle de fazendeiros maiores, em um processo de concentração que pode levar às antigas oligarquias, respaldada pela omissão estratégica do Estado, e por seu apoio e participação na legitimação dessas trajetórias, pelos relacionamentos com os aparelhos do Estado, contribuindo para a acumulação de capital e de terra dos proprietários na região, para fornecer árvores para os madeireiros ou para as siderúrgicas de ferro-gusa que queimavam castanheiras para derreter o minério de ferro. A paisagem é transformada e controlada pela violência absoluta.

O Estado, às vezes, colocava-se de fora do assentamento criado por ele próprio, mas se fazia presente para legitimar a distribuição ilegal de títulos de terra para as fazendas, para financiar investimentos na pecuária e nos megafrigoríficos, nos megaprojetos. A pressão em torno do PAE Praialta Piranheira para controlar os recursos florestais foi intensa, agressiva e caótica. A luta pela floresta era liderada por quem vivia nela e se recusava a vendê-la. Logo depois de retornar de uma caminhada em que me levou para conhecer a magnífica castanheira Majestade, José Cláudio me respondeu, com impaciência e indignação, o que sentia quando uma árvore era cortada:

> Eu sinto como se um cara tivesse matado alguém. Porque é um ser vivo. Ainda tem uma música, né, um CD que

os seringueiros do Acre fizeram, que diz que, se a floresta tivesse pé para andar, ela não ficaria aqui. Quando ela visse o perigo, sairia. Mas, aí, o cara chega, limpa ao redor, acelera a motosserra: rom, rom, rom. E ela está quietinha no lugar dela. Só sentindo a dor. E o cara corta. O que a natureza levou anos e anos para fazer, o cara acaba dentro de uma hora. Menos de uma hora, ele põe fim naquilo tudo. É triste. Tudo, em nome do capital. Tudo, em nome do se dar bem. Tudo, em nome do: "Ah, eu sou o empresário fulano, eu vim, exportei cem metros de madeira para os Estados Unidos, para o Japão, não sei para onde. Eu tive um lucro de tanto este ano". À custa da floresta. À custa de algo que ele não plantou. À custa de algo que ele não gastou um centavo para fazer. É muito fácil você ganhar dinheiro desse jeito. E nem as responsabilidades que eles têm, em pagar os impostos. Nada. É driblando fiscalização, é fazendo as coisas ilegais, é trabalhando ilegalmente só, a ponto de enriquecer. Pode? Se, ao menos, eles fizessem as coisas dentro da legalidade, respeitassem o que é lei. Porque [cortar] a castanheira é proibido em todo o território. Não tem legislação para cortar castanheira. E por que cortam? E acham quem compra? E aí, quando acabar, dizem: "Ah, não sei quem está trabalhando para o meio ambiente". Mas compra madeira ilegal que sai daqui, de castanha, que é ilegal; do mogno, que é ilegal; da andiroba, que é ilegal; da copaíba, que é ilegal. E por que compram? Por que não procuram a origem? São coisas que eu procuro entender aqui, como caboclo aqui do mato, e não consigo. Não consigo mesmo. Como é que sai daqui de Nova Ipixuna, daqui do sudeste do Pará, e vai parar nos portos do Espírito Santo, Rio Grande do Sul, São Paulo, Rio de Janeiro, uma madeira proibida? E aí embarca e vai para a Europa, para fora. Como pode? Ninguém entende. Isso é de doer. Aqui, fica o estrago, fica o buraco. E lá fora, a burguesia, os caras que têm poder aquisitivo, ficam morando em seu chalé à custa de madeira ilegal daqui, que sai daqui do Pará, que sai da Amazônia, que sai da nossa região. Aí, quando acabar, ainda ficam fazendo comercial dizendo que são protetores da natureza. O protetor da natureza sou eu, que vivo aqui, no meio delas [árvores], e não pretendo vendê-las.

O protetor da natureza, para José Cláudio e Maria, é aquele que vive e convive com ela. E, sendo parte dela, protege-se ao protegê-la; não se vende, nem a vende. Liberta-se ao libertá-la: libertam-se em conjunto, em convívio.

5 Por suas próprias vozes: as entrevistas com José Cláudio e Maria

Este capítulo consiste na edição de uma série de entrevistas realizadas em sequência, em seis partes, com José Cláudio Ribeiro da Silva, e uma entrevista com Maria do Espírito Santo da Silva. Elas sintetizam o encontro ocorrido em um sábado, dia 9 de outubro de 2010, na casa onde viviam. Foram gravadas em áudio e, em grande parte, também filmadas. Na tese de doutorado apresentada na Universidade de Coimbra, elas foram transcritas e publicadas na íntegra; esta versão contém edições, para facilitar a compreensão e transmitir o pensamento do casal, disponibilizando uma documentação rara.

José Cláudio Ribeiro da Silva

Felipe Milanez: Seu Cláudio, como é todo o teu nome?
José Cláudio: Ribeiro da Silva: José Cláudio Ribeiro da Silva. Nome de presidente da República, né?
F: E o nome de teu pai?
JC: Meu pai... O meu pai é o que está no meu documento: Nelson Alves da Silva.
F: Ribeiro é de tua mãe?
JC: Sim, é Raimunda Ribeiro da Silva.
F: Por que o nome de seu pai é o que está no documento?

JC: É porque o meu pai biológico, por força do tempo, de alguma coisa que não deu certo… E eu, quando eu me entendi por gente, já estava no poder do meu avô. Que é meu pai que está no meu documento.

F: Você não chegou a conhecer o teu pai biológico?

JC: Conheci. É um cara espetacular, um cara bom. Conheci ele, sim.

F: E quem te criou foi o teu avô? O que ele fazia?

JC: Foi. O meu avô era agricultor, mas aquele agricultor de verdade, aquele que plantava só coisas para comer: arroz, milho, feijão, fava, mandioca. Era fazedor de farinha, criava porco, galinha.

F: Ele fazia roça de toco? Como era a roça?

JC: É, roça de toco. Aqui na nossa região até hoje o que predomina é a roça de toco.

F: Ele derrubava sozinho?

JC: É. Naquele tempo não existia motosserra, os homens eram mais trabalhadores do que hoje. Então ele derribava no machado, brocava, derribava, queimava. Naquele tempo não tinha juquira, era floresta pura mesmo.

F: Floresta alta, castanha?

JC: Não, castanha não. Porque as castanhas, a gente sempre respeitou. Escolhia aqueles lugares em que não tinha a castanha. Mas as outras árvores todas iam para o chão: jatobá, amarelão, tudo quanto é madeira ia para o chão.

F: Ele nasceu quando?

JC: O meu pai? O meu avô nasceu em 1914. No Piauí. Quando ele veio para cá, deveria ter uns dezenove anos… Por aí, assim, vinte anos no máximo.

F: Veio atrás de terra para a agricultura?

JC: Não. Ele veio atrás de um tratamento para um irmão dele que teve um problema de garganta. Naquele tempo, ninguém sabia o que era. Mas hoje, como está a coisa mais evoluída, a gente acha que ele tinha um câncer de garganta. E ele veio para cá em busca de um tratamento para esse irmão dele. Veio ele. Eles só eram três: o pai, o irmão e ele, e trazia uma sobrinha. Quando ele chegou aqui, o irmão faleceu, e ele resolveu ficar. Naquele tempo, ele trabalhava de garimpo. Ele era solteiro, trabalhava de garimpo. Naquele tempo, o rio Tocantins, quando secava, dava muito diamante. O pessoal trabalhava nos pedrais a fôlego, como de fôlego mesmo, sem precisar de máquina nem de equipamento nenhum. O cara mergulhava, tirava aquele cascalho e pegava o diamante. Ele trabalhava nessa atividade.

F: E trabalhou até quando nessa atividade?

JC: Ele trabalhou pouco, não deve ter tido uns três, quatro anos, por aí assim. Aí, ele conheceu a minha avó. Minha avó era de Jatobá — que nesse tempo não era Jatobá, era Malichal, um povoadozinho na beira do rio, que era Alcobaça, que hoje é Tucuruí [Pará].

F: Tucuruí ficou debaixo d'água?

JC: Não, Tucuruí ficou por baixo da barragem. Aí, ele conheceu a minha avó. Minha avó era viúva, tinha um casal de filhos, que eram a minha mãe e um tio. Minha avó só teve esses dois filhos. E aí, todos os dois sem nada, eram todos os dois trabalhadores e resolveram juntar os bregueços. E aí, então, esse senhor, que é meu avô hoje e meu pai, criou a minha mãe. Não é... Eu e ele não somos geneticamente de sangue, não tem nada. É uma sequência de acontecimentos que teve.

F: O senhor nasceu em Marabá?

JC: Nasci em Marabá. No dia 22 de janeiro de 1957.

F: Nessa época, o seu avô era agricultor e ele produzia comida para os castanheiros?

JC: É, para os castanheiros. A função dele era fazer roças de mandioca, fazer farinhas, e vendia para o pessoal que tinha um ponto de castanha, como os Almeida, os Pinheiro, os Mutran mesmo... Esse pessoal que mexia com castanha. Então, eles compravam muita farinha, porque a alimentação do castanheiro, basicamente, na mata, era só farinha. Ainda tinha um trabalho doido, porque não era vendida em saco, a farinha. Era vendida em paneiro, chamado quarta de farinha. Pegavam duas latas de farinha em um paneiro. Um paneiro feito de olho de paia, de palmeira do babaçu, empandeirado com uma folha chamada guarimã. Então, era feito aquele paneiro de farinha com duas latas de farinha: chamava-se quarta de farinha.

F: E quanto é que ele vendia? Ele trocava por castanha?

JC: Não, vendia mesmo por dinheiro. Mas naquele tempo era um preço que eu não sei, porque a moeda já mudou tanto desse tempo para cá. Eu só sei dizer que, quando eu me entendi, era cruzeiro. Agora, o valor de uma quarta de farinha daquelas, sinceramente, nem ele sabe mais dizer.

F: E o senhor começou a trabalhar na agricultura. Desde pequeno, já trabalhava no campo?

JC: Desde pequeno. O garoto do campo, com cinco anos, já começa a fazer alguma coisa. Pelo menos debulhar feijão ou olhar o feijão no sol, mas ele já começa com alguma atividade.

F: O senhor não chegou a ir para a escola?

JC: Eu fui para a escola. Naquele tempo, os pais botavam um professor para dentro de casa. Cara que soubesse ler e escrever já era um professor, e colocava lá dentro da casa para começar a ensinar, naquele tempo do abc mesmo, o abcd. E eu fiz, ainda cheguei, eu sou do tempo em que o primário ia só até a quinta série, e você fazia uma admissão, aí ia para o ginásio, naquele tempos atrás. Eu estudei até uma sexta série.

F: E o seu primeiro trabalho?

JC: Era juntar castanha. Castanheiro, com sete anos de idade.

F: O senhor andava acompanhando e colhendo castanha — assim que o senhor aprendeu a andar na mata?

JC: Foi. Eu ia para a mata colher castanha. Eu não sabia cortar, não me deixavam cortar, porque eu era pequeno. Tinham medo de eu cortar a mão. Porque o castanheiro tem que cortar ouriço apoiando com a mão. Mas eu juntava a castanha e eles, o meu pai, iam e cortavam.

F: E tinha muita castanha no castanhal?

JC: Tinha. Tinha muita castanha.

F: Quanto chegava a colher?

JC: Ah, chegava a colher cinquenta hectolitros ou mais… Porque era município e todo mundo cuidava. Mas eu tinha uma vantagem, porque eu não trabalhava na roça, então eu passava o tempo todo colhendo castanha.

F: Quando é que se colhe castanha, em que época do ano?

JC: Ela começa a cair agora no mês. Já tem pé que começa a cair agora no mês de outubro. Mas ela começa mesmo em novembro, dezembro, janeiro, fevereiro, março. Em março, ela termina o período. É o mesmo período do cupuaçu e de outras frutas, do pequi — o pequiá, na nossa região é o pequiá —, o uxi. Tudo é essa época. A andiroba também cai nesse tempo. A andiroba é para tirar óleo para cosmético. Inclusive, a gente também tem um trabalho com essas coisas.

F: Naquela época, o pessoal já tirava óleo de andiroba?

JC: Já. O pessoal tirava de maneira rústica, que não é o aconselhado pelo Conselho de Farmácias, mas o pessoal já tirava e utilizava. Por exemplo, a gente foi criado na base da andiroba: doía a garganta, estava gripado, a mãe da gente fazia um melado lá de banha de galinha, andiroba, mel, umas gotas de limão, socava na goela do sujeito e o cabra no outro dia estava bom. Para a tosse, também, coisas assim…

F: Nessa época, não tinha dono de terra?

JC: Até 1960, a década de 1960, em 1961, 1962, 1963, por aí assim, o cara não era dono de terra. Tu ficava nessa área aqui até quando tu queria. Quando tu não queria, tu arrumava tuas tralhas e ia embora para outro lugar, e a terra ficava aí. Não tinha esse negócio de "Eu só saio se eu vender". Não tinha isso. O cara ia para outro lugar, se situava lá de novo, começava a trabalhar de novo, dava a doida para ir embora, e ele ia embora e largava lá de novo também. Quer dizer que tudo o que ele tinha em cima, ele colhia, botava o trocado no bolso, as coisas, e ia embora. Mas em 1963, mais ou menos, 1964, começou a migração do povo do Sul pra cá, e aí começou a divisão de posse de terra. Aí, começou a divisão de terra.

F: Mas essas pessoas que tinham terra continuavam tendo? Quem já vivia aqui continuou tendo a sua terrinha?

JC: Muitos ficaram sem! Não foram espertos e ficaram sem a terra.

F: Por que eles não foram espertos?

JC: Muitos, muitos achavam que esse negócio de posse de terra era ilusório, não era real. Outros, o cara chegava: "Não, eu te dou cinco contos, dez contos por isso aqui". E aí, o cara, quando pensou, quando começou a abrir o olho, já não tinha mais lugar para ficar. Porque a migração de 1964, 1965, 1970 até 1980... Aqui, foi um enxame de gente de fora que veio para cá. E aí, foram colonizando as terras, ajeitando... Em 1970, teve a abertura da Transamazônica, que foi um enxame de nordestino vindo para aí, para todo o lugar.

F: O que aconteceu com o senhor nessa época?

JC: Aconteceu o seguinte: a gente vivia com essa cultura, o costume que a gente tinha. E meu pai virou — que agora a gente pode chamar na língua — atravessador. Porque meu pai comprava a produção dos outros agricultores. Comprava milho, feijão, arroz, essas coisas, porque ele tinha um patrão, em Marabá. Esse patrão é, até hoje, usineiro e beneficia arroz. Era um comprador. Ele comprava tudo: arroz, feijão, farinha, todas essas coisas. E meu pai trabalhava com ele e comprava as coisas e revendia para ele. Então, era uma espécie de atravessador. Nesse tempo, a gente chamava de outro nome: marreteiro, uns negócios assim. E aí, a gente tinha...

Com o negócio, melhorou para a gente. O meu pai ralou muito. Mas aí, a gente já estava melhor. Naquele tempo, não era carro, era burro. A gente tinha uns quinze a vinte burros em casa. E aí, chamava-se tangida de burro: seis burros, um homem tropeava, carregando as coisas, levando e trazendo. O meu pai trabalhava dessa maneira. Por volta de 1970, a gente começou a perder a essência do trabalho que a gente fazia, com essa migração que chegou. Porque começaram a fazer as derribadas, introduzir capim, a pastagem e a criação de gado.

F: O senhor trabalhou com isso?

JC: Trabalhei, eu trabalhei com isso. A gente trabalhou com isso. Porque eu me lembro: um senhor da Bahia, chamado Deli, comprou uma terra atrás da nossa. Então, o ponto de partida era por dentro da nossa terra. Tinha uma estrada por dentro da nossa terra que saía, pegava um canto da terra, pegava o pique e ia para essa terra dele. Então, quando ele trouxe a mudança, começava a tirar do caminhão. Eu, vendo aqueles sacos enormes, cheio de coisas, falei: "Arroz?". Eu sabia que a Bahia não produzia lá tanto arroz assim para o cara trazer. Aí, curioso, fui lá, peguei: um negócio macio, assim... Depois eu descobri: era semente de capim, que o baiano trazia já da Bahia. Do capim colonhão.

Eu me lembro como foi hoje: o Deli falou para o meu pai: "Seu Nelson, o senhor tem horror de juquira aqui, rapaz...". Primeira vez que eu ouvi o nome de juquira, que eu não conhecia o nome de juquira, eu conhecia como capoeira. Que a linguagem nossa aqui era capoeira. Você botava uma roça na mata, plantava arroz, milho, mandioca, depois que você tirava a mandioca, ficava a capoeira. Aí, a gente largava ela de mão para lá, ia fazer outra. Quando a gente chegava um determinado tempo, uns cinco anos, seis anos, aquela roça que a gente tinha feito primeiro, a gente voltava para ela de novo e começava uma sequência de novo até ir lá.

Quer dizer que a gente tinha um período em que a gente ia trabalhar uns dez anos em cima de um trecho seguido, para depois poder mexer na floresta de novo.

Agora, com incentivo da pastagem, isso não acontece. Porque o cara faz uma roça… Quando muito, ele planta um pedaço de arroz e milho; quando não, ele só joga capim mesmo e já vai fazer outra abertura lá na frente. E aí, foi quando a gente perdeu a essência do trabalho que fazia. Foi nesse ponto.

F: Foi nessa hora que o senhor se deu conta de que estava sem terra?

JC: Não, não foi nessa hora. Essa hora eu ainda não apitava quase nada. Eu estava com treze, catorze anos; era o meu pai. Aí, a gente começou a derribar as capoeiras — e juquira, que a gente tinha, como eles falaram. De presente, o cara deu logo três sacos de semente para ele. Aí, ele fez logo assim, na frente da casa, uma baita de uma juquira que tinha lá, derribou tudo, queimou aquilo. E aquele troço nasceu como semente de alface! E aí, quando a bicha ensementou — não pode deixar ensementar, veio ensinar como é que a gente tirava a semente, como é que tratava a semente. No prazo mais ou menos de uns oito anos, nós não tínhamos mais terra.

F: Isso no final dos anos 1970?

JC: Ah, isso já no início de 1980, por aí, 1978, mais ou menos… 1976, 1978. Em 1976, eu fui para o Exército, passei um ano lá, voltei. Aí, eu me casei — foi um outro casamento, não é esse, foi o primeiro casamento. A gente trabalhava, botava roça, eu não perdi a essência de plantar. Eu plantava o arroz, milho… Só que aí, eu só plantava arroz e milho, não plantei mais mandioca. Eu botava capim. Em 1978, chegando a 1980, nós não tínhamos mais terra. Porque, quando a terra está toda em pasto, você já não tem mais terra.

F: Quando o senhor conseguiu terra de novo?

JC: A gente vendeu esse trem lá. E aí a gente já tinha uma casa na cidade, lá em Morada Nova, que era um povoado. A gente foi para lá, resolveu colocar comércio. Eu trabalhava de caminhonete: eu tinha uma caminhonete, trabalhava carregando gente para Jacundá, para Goianésia [do Pará]. E a minha companheira tomava conta de um comércio. Mas o negócio foi ficando difícil, e a gente juntou o resto do dinheiro que tinha e conseguimos esta terra aqui.

F: Esta onde você chegou, o senhor comprou?

JC: Foi. A gente comprou de posseiro. Porque isto aqui é outra longa história, este assentamento aqui…

F: Onde é que estamos agora, neste momento?

JC: Isto aqui é o Projeto de Assentamento Agroextrativista, quando foi criado. Mas isto aqui era ponto de castanha de um famoso, que agora tem um advogado, que era filho dele, chamado Coraci Costa. Isto aqui era de um senhor Coraci Costa — o nome dele não é Coraci, é Hidelbrando. Ele tem um filho chamado Hildenor Barros, que é advogado em Marabá. Do tempo dos coronéis… Esse advogado é do tempo dos coronéis. Inclusive, esta região toda aqui era do Coraci, de um senhor Passarinho, e lá na boca do igarapé Praialta era um tipo de aforamento dos Mutran, do Benedito Mutran, esse pessoal… Isto aqui era região de castanha. Como os donos de castanha só tiravam castanha, e o pessoal que trabalhava com eles ia para o garimpo no verão, ia para o garimpo trabalhar no garimpo, no rio seco — quando era no inverno, vinham tirar castanha de novo…

Quando começou a evoluir e começaram a chegar as leis trabalhistas para cá, e começaram os patrões a pagar indenizações muito caras… Tinha gente que trabalhava com eles havia quarenta anos, vinte anos, trinta anos, e assim por diante… Eles começaram a dividir as áreas de terras dos castanhais. Esta área aqui, eles dividiram em parcela. Os castanheiros, aquele pessoal que trabalhava com eles, os mais velhos, eles foram dando um pedaço de terra como forma de indenização dos tempos de trabalho. Acontece que eles não podiam fazer isso, porque a terra aqui é da União. Não eram terras deles. Mas, como eles se achavam donos, eles fizeram isso: dividiram.

O pessoal trabalhador não tinha costume de tocar a sua vida por conta própria. Inclusive, eles eram realmente extrativistas, porque viviam de tirar castanha e de trabalhar no garimpo. Com a barragem da hidrelétrica de Tucuruí, sepultou os garimpos. Porque não tem como garimpar, porque o rio ficava cheio, e se encheram de areia todos os lugares que têm diamante… Ainda trabalham por aí, mas é meio remoto. E o pessoal, como não tinha muita experiência em trabalhar por conta própria, muitos começaram a vender as suas parcelas. Eu vim aqui mais meu pai, e compramos uma parcela de 250 hectares.

F: Isso quando foi?

JC: Mais ou menos 1985, 1986.

F: Chegava até aqui de barco, a pé ou de burro?

JC: Você vinha de barco. Ou você vinha de carro até o quilômetro 41, que é lá na estrada PA-150, e lá você pegava umas picadas para cá. Ou você vinha montado, ou de pé. Eu mesmo gastava um dia todo para chegar aqui. O cara tinha uma barraquinha bem ali embaixo. Com uma aberturinha de mais ou menos umas três linhas de terra aberta, e uma barraquinha ali. Nesse tempo, tinham fechado a barragem. Isso aqui tinha muriçoca, que caía em você como terra, quando o cara está jogando areia da praia em você.

F: Por causa da barragem?

JC: É, foi, por causa da inundação, da decomposição de matéria orgânica.

F: Ela fica aqui perto, a barragem?

JC: A barragem fica… Não, ela está longe, mas ela atinge aqui. Aqui fica tudo lago, quando enche. Fica uma represa só.

F: E o lago está a quanto tempo daqui da casa de vocês?

JC: Cinco quilômetros daqui.

F: O senhor chegou nos anos 1980 e já se estabeleceu aqui para começar?

JC: Foi. A gente veio para cá, comprou a área, uma área de 250 hectares: uma área de 125 minha e 125 do meu pai. E a gente veio para cá. Aí, a gente só vinha tirar castanha. A gente fez essa abertura que você está vendo aqui. Fizemos ela logo de uma vez. Botou capim. Fizemos uns pedaços de cerca para sustentar uns animais, porque nós comprávamos castanha aqui e tirávamos a nossa. A nossa, a área aqui produzia 110, 120 hectolitros. E aí, a gente comprava dos outros e levava para Marabá.

Em 1989, eu decidi vir morar aqui. Eu já estava com esta minha companheira, ela era secretária no colégio em Morada Nova. Combinei com ela: "Vamos embora para aquela terra, passar uma temporada lá?". E ela falou: "Vamos…". Aí, ela pediu conta do serviço dela, a gente vendeu os bagulhos que tinha, eu vendi uma caminhonete velha que tinha, e viemos para cá. Viemos para passar um tempo, e esse tempo, nós já temos 23 anos aqui e agora não tem mais para que sair. Porque todas as barreiras de dificuldades já passaram. A gente não tinha energia; agora, graças a um governo popular, a gente tem luz. A gente pode tomar um suco de cupuaçu batido no liquidificador. De primeiro, a gente só comia um cupu aqui na base do tradicional: a castanha ralada na paxiúba e o cupu socado no gancho de pau.

F: Deve ser bom também, esse!

JC: É gostoso. O tradicional é gostoso.

F: A luz chegou quando aqui?

JC: Tem três anos.

F: Foi agora do governo popular de Lula…

JC: Foi do governo popular. Porque, no outro governo [Fernando Henrique Cardoso — FHC], que fez aquele [Programa] Luz no Campo — era Luz no Campo mesmo. Se fosse a Luz no Campo, eu estava no escuro. Ela passava lá e eu não tinha condição de trazer. Porque, para vir dali para cá, eu ia gastar oito mil reais… Aí, como é que o agricultor tem oito mil reais para investir em um programa para puxar uma luz de alta tensão para rebaixar para ele? Este aqui [Programa Luz para Todos] foi o programa mais acertado que este governo já fez. Você recebe a luz dentro da sua casa com três bicos de luz e duas tomadas. Ainda tem um ano de 0800 [sem cobrança de tarifa]. Aí, o que que você quer mais da vida?

F: E os problemas, quando começaram a chegar?

JC: Rapaz, estes problemas aqui começaram a chegar com a criação do projeto, o projeto de assentamento [agroextrativista]. Porque a gente pegou uma discussão… Pegaram uma discussão… Eu era fora de movimento social. Eu não fazia parte de movimento social. Eu cuidava da minha vidinha, eu fazia minha roça, eu criava meu porco, eu vivia no meu cantinho. Em 1995, começou a discussão. Essa discussão já vem há mais tempo, desde os anos 1990 que já tem a discussão para a criação de um projeto aqui. Aí, ficava: "Criava um projeto tradicional? Não… Vamos criar uma modalidade diferente". Aí, criaram um PAE, que é um projeto de assentamento extrativista. Aí, eu comecei a me envolver… Aqui tem um vizinho, o Zé Ribamar, e ele começou a me convidar para as reuniões… E eu: "Ah, rapaz, eu não vou para essa reunião, não…". Mas aí, eu comecei a ir e comecei a me interessar pelo discurso dos outros.

Nessa época, vinham o Raimundinho [Raimundo Gomes Cruz], do Cepasp [Centro de Educação de Pesquisa, Assessoria Sindical e Popular]; o Gatão, do CNS, que veio aqui; o José Batista, da CPT. E aí, eu comecei a me interessar pelo papo de preservação, porque eu já era meio ambientalista… Mesmo sem saber, mas eu era, né? Porque eu vivia… Não estava desmatando, eu estava vivendo dos produtos da floresta. E aí…

Eu sei que, mexe e vira, em 1997, criamos o projeto de assentamento e criamos uma associação aqui dentro, e me botaram como presidente dessa associação. Aí, devido ao que eu tinha aprendido já nas discussões, e ao meu ideal, começaram [as ameaças]. Aí, foi o tempo também em que começaram a vir as indústrias madeireiras, que foram se instalando por aí. E aí, começou o ataque à floresta. E aí, começou o meu embate com eles. E aí, começou a perseguição. E aí, começou nego querer meu pescoço.

F: Já faz, então, pelo menos treze anos que…

JC: Treze anos, treze anos…

F: Que tu vive em…

JC: Eu vivo aqui em constante tensão. Eu vivo aqui de orelha em pé. De noite, a gente não consegue dormir direito. Cachorro, quando late, você fica alerta. E a gente em constante… Ultimamente… E já teve muita ameaça. Sem contar com ameaça de defender o meio ambiente, com os madeireiros, ainda teve umas ameaças com fazendeiros.

E agora a ameaça está continuando de novo. Porque os empresários estão concentrando terra aqui. Porque está ficando difícil. A madeira está acabando mesmo, daqui mais uns anos não vai ter madeira. E o que eles estão fazendo? Estão concentrando terra aqui dentro do projeto de assentamento, o que não pode. Não pode comprar terra dentro de projeto de assentamento. Ainda mais empresário.

E aí eu vou para cima. Eu denuncio. Eu entro no Ministério Público [Federal]. Eu vou para o Incra. Inclusive, já teve retomada de área aqui de gente que esteve concentrando terra, comprou e já perderam. E aí, a gente fica na mira, que algum dia que, deus-o-livre que venha acontecer um negócio desses, a gente não sabe nem de onde foi que veio…

F: Quais madeiras havia aqui? Era do mogno que eles estavam atrás?

JC: Não, aqui, esta região foi fraca de mogno. Existiu mogno, mas foi muito fraco. A madeira mesmo que tinha, que tem, abundante nesta região, e tiram como se fosse ipê, essas outras madeiras de lei, é castanheira. É o alvo deles, é a castanheira. Porque é uma madeira que rende muito. E tem muita aceitação no mercado.

F: Mas pode vender castanheira?

JC: Não pode. Ela é proibida total. Seja de que jeito for, ela é proibida. Você não pode: ela é intocável. Não tem legislação nenhuma para a extração dela, da madeira dela. E junto

com a castanheira, estão indo a andiroba, outras espécies...
E estão acabando mesmo com a floresta.

F: Se não pode, por que tiram?

JC: Porque ela rende mais dinheiro. Eles compram uma árvore aqui por duzentos reais e, quando ela dá menos, serrada, ela vai dar seus vinte mil reais, trinta mil reais. Porque é uma madeira que rende muito. Uma árvore de porte de cinquenta metros de comprimento, com seus seiscentos, oitocentos, setecentos de rodo, quinhentos de rodo, é madeira para dar 20 metros serrada, 25, 30 metros serrado. Lá no mercado, lá fora, eles vendem a dois mil reais o metro.

F: Mas é ilegal?

JC: Ilegal. Ela sai clonada como se fosse outra madeira. Fazem o famoso "chocolate" no embarque da carreta: eles mudam o nome. Porque a metade do pessoal de fiscalização só reconhece se é castanheira se colocar reagente químico. Não me contrataram, porque eu conheço. Pode uma tábua ser de castanha, estar com dez anos serrada, eu olho para ela e digo: "Isto aqui é castanha".

F: Quantas castanheiras tem na sua terra?

JC: Olha, eu não cataloguei, porque, quando eu estava fazendo isso, depois eu interrompi para fazer outro serviço e não voltei mais. Eu tinha contado 140 pés de castanha, quando eu estava fazendo o levantamento. Mas tem mais. Mais ou menos umas 180 castanheiras, por aí...

F: Isso daria um bom dinheiro se fosse vendido.

JC: Para mim, não. Para mim, ela dá dinheiro do jeito em que ela está: em pé. Mesmo com a mãe natureza. Quem trabalha com a natureza sabe que um ano elas carregam muito, outro ano não carregam nada, outro ano dá pouco, outro ano dá médio, e assim por diante. Porque nós dependemos do fator clima e de outros fatores, de muitas outras coisas. Mas esse ano passado me deu cinquenta hectolitros de castanha.

F: E isso o senhor vende por quanto?

JC: Se eu for vender ela *in natura*, eu vendo por cinquenta reais o hectolitro. Então, daria cinco vezes cinco, são 25 (2,5 mil reais). Quer dizer: não é muito dinheiro. Mas a contribuição que ela tem para o ecossistema vale muito mais que isso. E esse valor já me dava uma ajuda. Sem contar com o cupuaçu. Porque, se eu vender as castanheiras, o trator vai entrar dentro e vai derribar todo o meu cupuaçu, vai entupir toda a minha floresta, eu fico sem as castanhas e eu fico sem os outros recursos de fazer o dinheiro, como o cupuaçu, como os paus que têm o cipó — eu trabalho com cipó —, as andirobas, assim por diante, e várias outras coisas. Então, para mim, não compensa.

Outra coisa: eu não vendo castanha *in natura*, eu transformo ela em óleo. Um hectolitro de castanha — chama de hectolitro porque é equivalente a cem litros de castanha —, descansando essa castanha, eu vou produzir em média dez litros de óleo por um hectolitro. E vendo a trinta reais o litro. Então, se eu vender dez litros de óleo, eu vou fazer trezentos reais por hectolitro. Então, já subiu, né: cinquenta hectolitros vezes trezentos, aí já rendeu dinheiro bastante [quinze mil reais]. Tem um detalhe: eu ainda tenho a farinha desengordurada e a casca, que serve para adubo. Faço a alimentação de animais com resíduos, sem contar 21 receitas que são feitas com a farinha desengordurada da castanha, de biscoito, sorvete, e vários outros tipos de alimentação que você tem, adicionado na farinha de mandioca…

F: E para quem o senhor vende? O senhor consegue escoar essa produção?

JC: Consigo. Eu vendo para o pessoal que aparece por aqui. Dificilmente passa um mês em que não vem alguém. Agora mesmo, esta semana, quinta-feira, saiu daqui um rapaz, um estudante de São Paulo, que está fazendo agronomia lá na universidade… A Maria sabe, está mais lembrada dele que eu. Ele veio, passou quase uma semana aqui, fazendo uma pesquisa sobre o extrativismo...

F: Mas não tem uma cooperativa que venda, que o pessoal possa se unir e vender junto, com preço melhor?

JC: Não. É porque o pessoal não acredita nisso. Sou o único que acredita. Só eu. Eu que trabalho com óleo de castanha, eu trabalho com manteiga de cupuaçu, trabalho com manteiga de cacau que eu plantei aqui, e trabalho com andiroba, com óleo de andiroba. Mas não dá para formar, porque os outros não acreditam e não tem um número suficientemente grande.

Outra coisa: as empresas acham que você trabalhar com a natureza é como trabalhar com o agronegócio, como quem pega a semente transgênica, planta lá e calcula logo: "Ah, eu plantei tantos hectares de soja e vou colher tantas toneladas de grão, porque a semente é de procedência tal e tal". Nós, que trabalhamos com a natureza, não podemos firmar contrato nenhum de quantidade de produto. Porque nós temos uma diversidade grande. Por exemplo, eu disputo a andiroba que cai na minha floresta com os animais da floresta. Porque os animais começam a comer ela lá em cima. São os papagaios, as curicas, as araras, que começam a comer ela lá em cima. Quando ela cai no chão, eu disputo ela com caititu, com porcão, paca, veado e outros animais. Sem contar com os que ficam perdidos lá na floresta, na folhagem. Porque é uma amêndoa pequena para você colher dentro da folhagem do mato. Então, eu vou aproveitar uma base de uns 30% da produção da andiroba. Aí, eu não posso firmar: "Ah eu vou entregar cinquenta...".

Ainda tem outro detalhe: é uma coisa tão impressionante como é que achata o extrativista com o agronegócio. Porque, quando você chega em um supermercado, está lá um litro de óleo de soja. Os produtores que querem comprar o óleo da gente querem comprar no quilo! "Quero um quilo de óleo de andiroba, um quilo de óleo de castanha." Eu respondi para um cara que estava querendo fechar um contrato com a gente. Nos chamaram para uma reunião e eu fui. Ele falou: "Eu quero tantos quilos de óleo de castanha, tantos quilos de óleo de andiroba". Eu falei: "Olha, no dia em que eu chegar no posto de combustível e o cara botar quilo de gasolina no tanque do meu carro, ou eu chegar no supermercado e comprar quilo de óleo de soja, aí eu vendo para vocês no quilo. Mas até agora não. Você chega e é litro de gasolina, é litro de álcool, é litro de óleo de soja. E por que vocês querem comprar da gente de quilo? Vocês têm que comprar é de litro, rapaz!". E vocês têm que ver que uma alta produtividade é diferente de quem produz artesanal. Tem que dar mais valor para o custo artesanal, porque você tem mais trabalho. E produz em escala pequena. Eu posso muito bem produzir a andiroba na escala industrial. Mas será que ela tem a mesma qualidade? Não tem. Ela não tem a mesma qualidade. Aí que está a diferença.

F: Quem são essas pessoas que não querem trabalhar no extrativismo? São muitas? Quantas famílias vivem aqui?

JC: Aqui tem em média umas 350, 400 famílias.

F: E antes elas eram extrativistas e desistiram?

JC: Antes, eram. Aí, é o imediatismo. O camarada quer enricar em um piscar de olho. Quer possuir, digamos, uma moto; quer possuir, digamos, uma geladeira, uma televisão, e o cara não procura o meio para fazer isso sem destruir o meio ambiente. Então, ele se vale da floresta… A primeira coisa que ele faz: vende a madeira. Com tudo. Porque ele vai fazendo de parcela. Ele vende primeiro a madeira que serve, e deixa a castanha. Ele compra uma moto velha, aí a moto começa a dar problema… Tem que ter combustível, tem que ter pneu, tem que ter a manutenção. Aí, ele começa a vender as castanheiras, até quando resulta zerado. Aí, se volta para o carvão, que é outra prática predatória que tem aqui na nossa região, as guseiras que estão ali em Marabá estão detonando toda a região com carvão vegetal. Aí, o madeireiro tira a principal de fazer madeira, e eles vêm e acabam de achatar o resto. Tirar o resto tudo em carvão. E o camarada vai jogando semente de capim, para acabar de resolver o problema.

F: E o que ele faz com o capim? Coloca boi, tem dinheiro para colocar boi?

JC: Aí, ele não tem nem para fazer cerca... Aí, o resultado é só vender a parcela.

F: E depois que ele vende, ele vai para onde?

JC: Vai tentar em outra região, caçando terra de novo para se apossar.

F: Eles não têm consciência disso?

JC: Têm, mas... Eles têm, porque, como dizer, a gente explica isso, isso é uma ladainha que o cara já cansou, já está com a língua pelada de tanto falar esses negócios. Mas acontece que o cara acha que tudo é fácil. E, no fundo, não tem nada fácil... Porque, se fosse fácil, a população já tinha triplicado, né?

F: E quem é que ameaça o senhor, são os fazendeiros, os madeireiros?

JC: Olha, aqui faz... Como dizer? Ninguém dessas laias gosta de mim, né? Nenhum gosta de mim. E aí, faz... Como dizer? Cada um que a gente dá um aperto de um lado dele, aí, ele cria uma raiva. E você sabe que esse pessoal, os empresários, eles agem em bloco. Eles não fazem uma ação sozinhos. Não. Eles se sentam, lá no sindicato deles, discutem: "Ah, nós temos que matar fulano". E aí, eles pegam, fazem a vaquinha e contratam quem eles querem para mandar fazer o serviço. Sempre na nossa região acontece isso.

F: O senhor já conheceu gente que foi morta assim?

JC: Eu conheci a irmã Dorothy. Eu trabalhei com a irmã Dorothy. Eu passei quase um mês lá no Anapu, na época em que ela estava sendo ameaçada. Eu fiquei lá uns trinta dias, mais ela, que estava resolvendo uns problemas lá de reunião, para ver o Projeto de Desenvolvimento Sustentável [PDS Esperança] dela lá. E, aqui em Morada Nova, morreu o Dedé

(José Pinheiro Lima). Morreu a família do Dedé inteira. Quase inteira, porque morreram o Dedé, a esposa dele e um filho. Ele era o representante sindical. É esta terra, ele morreu por causa desta terra. A irmã Dorothy. O Dedé, ali em Morada Nova, que morreram ele, a esposa dele e um filho, mataram os três de uma vez. Na casa dele. Ele estava até doente...

F: Por quê?

JC: Porque ele estava com um grupo de gente lá na fazenda, acho que era Três Poderes, lá na região da Panelinha. Inclusive agora o projeto de assentamento leva até o nome dele, José Pinheiro Lima. Sem contar com outras lideranças que a gente já viu morrer: o Dema (Ademir Federicci), que morreu lá em Altamira; o Dezinho (José Dutra da Costa), em Rondon do Pará, que era outro sindicalista. Em Xinguara, morreu... João Canuto, em Rio Maria... Aqui em Nova Ipixuna, mataram o Geraldinho [Geraldo José da Silva], outro sindicalista... Nossa, gente boa demais. Enfrentou muita luta aqui comigo, andando nessas picadas aí de moto. O Geraldinho era meu amigo demais. Mataram ele ali, do lado da Brasileira, ali no centro. Porque ele estava fazendo uma ocupação lá com um pessoal. E aí eu vou te contar... Eu... Deus deu um propósito na minha vida. Porque eu vou te dizer, eu já passei... Nós já passamos por muitas coisas. A minha companheira tem problema psicológico, por causa disso. Por causa das ameaças. Por causa de tantas coisas que a gente já passou juntos aqui. E é barra, viu? Mas a gente faz... Como dizer? A gente tem uma bandeira de luta. A gente tem uma obrigação como cidadão. Eu jamais vou ver uma injustiça e ficar de boca calada, eu não fico. De jeito nenhum. Nem que isso custe a minha vida. Mas eu não fico calado. Enquanto eu tiver fôlego de vida e viver aqui dentro, eu combato as injustiças. Seja pela depredação do meio ambiente, seja por apropriação da terra, que ninguém tem direito a ter a terra só para si. A terra tem que ser distribuída para todos.

F: As pessoas que mataram esses sindicalistas foram presas?

JC: Olha, aqui do Geraldinho… O assassino do Dezinho está preso, só não está o mandante, só o pistoleiro. O do Geraldinho, aqui, ninguém sabe, ninguém descobriu, a polícia não tomou providência, não investigou. A gente só tem uns anúncios, assim. Mas… Como dizer? São coisas que a gente não…

F: E o senhor não tem medo?

JC: Tenho. Se eu disser que eu não tenho medo, eu estou mentindo, né? Porque o todo-poderoso sabia que ia morrer, mas ia voltar no terceiro dia, e ele teve medo. Por que eu não vou ter medo? A vida é muito boa, né, meu amigo? [*Risos.*] Eu tenho medo, mas, no mesmo instante em que eu tenho medo, além de eu ter a minha obrigação como cidadão, o impulso que eu tenho quando eu vejo uma injustiça me tira o medo. Faz com que eu tenha coragem de lutar. Porque o homem é o que ele é. Então, se você tem coragem de lutar, lute. Porque mais antes você morrer tentando que morrer omisso. Padre Jósimo [Morais Tavares], no Bico do Papagaio… O padre Jósimo, eu não conheci. Eu conheci a irmã Adelaide [Molinari], a que morreu aqui em Eldorado. Alguns que morreram na Curva do S, a gente conhecia, que eram do MST.

F: O que aconteceu na Curva do S?

JC: O pessoal estava fazendo uma reivindicação pela Fazenda Cabaceiras e obstruíram a rodovia. O governo do estado — na época, era o governador do estado Almir Gabriel [1995-2003] — mandou a polícia chegar lá e baixar o sarrafo.

F: A polícia matou as pessoas?

JC: Matou. Dezenove trabalhadores sem-terra. Já teve outra ação também dos garimpeiros, que bloquearam a ferrovia ali na altura da ponte. Nesse tempo, era o governo do Hélio Gueiros [1987-1991]. Hélio Gueiros também mandou matar os garimpeiros. Já teve vários massacres. Marabá é palco de conflito. Desde as décadas de muito tempo, como teve massacre da Ubá, tudo era fazendeiro que mandava matar os posseiros ou mandava matar sindicalista. Naquele tempo, era um horror. Agora, está mais calmo, depois que a CPT [Comissão Pastoral da Terra] e outras entidades começaram a encampar a defesa dos trabalhadores, dos sindicalistas. Ficaram mais receosos. Eles têm mais receio de matar um trabalhador, porque os trabalhadores agora estão mais organizados. Então, os mandantes agora vão para a cadeia, os pistoleiros vão para a cadeia, e aí está tendo um desgaste muito grande, tanto material quanto de imagem.

F: O senhor toma cuidado?

JC: Tenho, eu tenho cuidado. Cuidado redobrado. Eu não tenho medo aqui dentro, aqui dentro eu ando tranquilo, despreocupado. Aqui, eu não tenho medo.

F: O senhor tem medo onde?

JC: Na rua. Em Marabá, Nova Ipixuna… Nova Ipixuna, eu praticamente só passo por Nova Ipixuna. Tem até um caminho aqui por dentro que eu vou sair em Marabá e eu uso muito ele. Mas eu não posso viciar por um caminho só. Eu vou por um caminho, eu volto por outro. Eu não digo quando vou sair. Eu não digo quando eu vou chegar. Eu não tenho hora para sair, eu não tenho hora para chegar. A gente tem que usar a estratégia para poder… Você tem que pensar igual um cara: quando você quer pegar um cara, você calcula a trajetória dele, por onde, o que que ele faz, por onde ele anda. Aí, então, você tem que pensar igual a um cara desses. Você tem que começar a se desviar, mudar a trajetória de caminho.

F: O senhor tem proteção da polícia?

JC: Não, eu não quero, porque Chico Mendes, no Acre, morreu e ele tinha três policiais de segurança com ele. E deixaram o cara matar ele em um horário inconveniente — que até um burro que estivesse fazendo uma segurança saberia que aquilo não era horário de ir tomar banho, um camarada que está sendo ameaçado de morte. Por isso, eu não quero, eu não quero proteção policial só para ter um cara do meu lado 24 horas. E talvez alguém vai e compra ele, e ele facilita ainda a coisa. E aí você confia mais, porque você está tendo um guarda-costas. Então, é você e deus.

José Cláudio parecia tenso, preocupado com sua vida, e sugeri darmos uma pausa. Continuamos, de forma um pouco mais informal, uma segunda parte, ainda em frente a sua casa.

JC: Um por cento acha que eu sou um cara correto, que eu faço as coisas direito. E o restante não, dizem que eu sou progressista, que eu não quero que ninguém trabalhe, coisas assim. Não é. Eu não sou contra a exploração de madeira. Eu não sou contra a fazeção de carvão. Eu sou contra o modo em que eles trabalham. Porque eles trabalham de um modo ilegal. E a exploração de madeira de modo ilegal vai extinguir. A fazeção de carvão de modo desenfreado, que eles têm, vai também extinguir. Todo mundo sabe que a lei ambiental é clara: você tem que deixar 80% de reserva legal dentro da sua propriedade.

F: E aqui ninguém deixa?

JC: Hoje, aqui, neste assentamento, pode ser que tenha três pessoas que tenham os 80% de floresta preservada. Umas três. Incluindo eu, eu sou um. Porque eu tenho além do permitido, eu tenho 85% de floresta preservada.

F: E dá para viver assim?

JC: Eu consigo, eu almoço, eu janto, eu tenho um carro. O meu carro está lá na rua até, que eu botei para vender, é um Paraty velho, estou querendo comprar uma caminhonete, porque eu tenho muita coisa para fazer aqui dentro, e precisa carregar as coisas. É um Paraty velho que eu tenho e botei lá para vender. Então, a gente vive mais ou menos. Mas, como dizer? Eu não almejo riqueza, porque, no dia em que eu morrer, vão botar uma calça em mim que nem bolso tem. Eu não vou levar nada daqui. Camarada tendo o suficiente para viver, almoçar, jantar, fazer as três refeições dele no dia com dignidade… Se adoecer, ter um dinheiro para fazer um exame básico, um tratamento. O que quer mais? O cara nasce nu, tem duas calças, duas camisas e duas cuecas. Que diabo! Dois sapatos para botar nos pés. O que quer mais da vida? Se, no dia em que ele morrer, ele vai deixar tudo aqui… Aí, a mulher ou o irmão pega aquelas roupas, leva para um brechó e vende lá as roupas usadas, porque ninguém quer vestir. Então, bota para lá, e a outra que vai vestir, para cá. Que diabo que vai ter ganância para enricar? Se tivesse a expectativa de viver uns duzentos anos… Mas, bom, né, que não interessa, o meu pai ali está com 96 anos…

F: Quantos anos tem o seu pai?

JC: Tem 96 anos, e eu tenho que dar banho nele, tenho que tirar a barba dele, cortar a unha dele. A única coisa que a gente não faz é botar comida na boca dele, que ele ainda bota, mesmo derramando a comida, ainda bota comida na boca. Arrasta ainda, de dia vai ao banheiro. Mas, quando a gente dá fé, a gente tem que dar banho, trocar a roupa de novo. Para mim, não é vida. Tem que viver com dignidade. Viver enquanto ainda aguenta vestir suas calças, fazer suas coisas, aí está tudo bem.

F: Ele é que é seu pai e seu avô, o que você falou?

JC: É. O meu pai biológico já morreu.

F: O senhor tem filhos?

JC: Eu tenho. Do primeiro casamento, eu tenho um filho. Antes do casamento, eu tenho uma filha, que foi um namoro que eu tive com uma companheira. São esses dois. Agora, com essa moça que eu namorei aqui, ela ficou com muita raiva de mim, pegou a menina, que era a nossa filha, e deu para um irmão dela. Eles registraram para lá. Mas, como dizer? Eu sei que ela é minha filha, ela mora no Tocantins e, de vez em quando, ela liga para mim, a gente se conhece.

F: Ela reconhece o senhor como pai?

JC: Ela me reconhece como pai e eu reconheço ela como filha, mas o nome no documento é do tio dela.

F: E seu filho mora onde?

JC: Em São Paulo. Quando eu me separei… A mulher com que eu casei era baiana, de Teixeira de Freitas. Ela voltou lá para a Bahia e disse que não dava o menino, e eu falei: "Eu não vou brigar pelo menino. Não brigo por outra coisa, vou brigar por um filho? Leva. Você pode criar, não pode? Então, leva".

F: Com a dona Maria, o senhor tem algum?

JC: Não. Quando nos juntamos, eu e a Maria, fomos viver juntos, ela tinha vindo de outro casamento, ela tinha uns filhos. Aí, já tinha uns já maiores, outros menores. A menor delas tinha três anos, que eu acabei de criar, e essa mora em São Paulo também. Só ela que foi. Tem um outro que foi para o Paraná, esse outro não veio para minha companhia, ele morava com uma tia dela. Quando ela se separou, os meninos foram esfacelados. Quando a pessoa é pobre, ela tem que ter ajuda dos parentes. Aí, esse foi para São João do Araguaia, morar com uma tia dela. Esse foi para o Paraná, ele trabalha no Paraná.

F: E aqui com vocês?

JC: Para cá vieram dois: essa menina pequena, que eu acabei de criar, e veio outro, menor, e o outro, que era o mais velho. O mais velho trabalha na Serra Pelada, é motorista; trabalhava aqui na prefeitura, mas pediu uma licença sem remuneração e está trabalhando lá na Serra Pelada. E a outra mora no Moju — tem dois que moram no Moju. A gente ficou sem ninguém. Aí, essa menina que mora no Moju, que é a filha dela, teve um menino. Mas era muito nova, meio de cabeça doida, e o menino estava sendo maltratado, e eu falei: "Vamos pegar esse menino para criar e aí, quando estiver grande, a mãe toma conta". Quando o menino estava com dois, três anos, a Maria chamou ela: "Ó, está aqui o teu menino, tu registra teu menino, porque já está no ponto quase de ir para a creche, e está aí o teu menino". E ela: "Não, mãe, esse menino é da senhora, pode registrar esse menino como seu filho, seu e do Zé Cláudio". E aí, então, fomos ao cartório e registramos o menino. Ele está com quinze anos, fazendo o primeiro ano na escola técnica.

F: Escola técnica onde?

JC: Aqui em Marabá. Ele é regime semi-interno. Ele passa quinze dias lá, volta e passa quinze dias em casa, e aí volta de novo.

F: E sobre essa eleição, o senhor está acompanhando o debate? Estão pegando pesado. Quando disseram que a Dilma é ex-guerrilheira, eu fiquei com orgulho dela.

JC: Vou te dizer uma coisa: eu me pergunto, eu tenho uma visão diferente. Se eu vejo que a pessoa só fala mal da outra, eu fico longe dela. Ele não tem plano de governo. Porque eu acho que o candidato tem que ir para a frente de uma televisão falar dos planos de governo dele, do que ele pretende fazer se ele for eleito. Agora, o que adianta ir lá para a frente da televisão e dizer: "Não, fulano de tal não presta, fulano de tal fumou maconha no passado, ele foi guerrilheiro, ele matou não sei quem, ele fez não sei o quê"? Pô! Eu acho que esse homem não merece um voto de ninguém. Quem tem proposta do que vai fazer, do que pretende fazer, nem que ele não faça — que o bicho mais mentiroso que tem é político —, mas pelo menos estamos vendo que o cara está lá com a gana de intenção de alguma coisa que ele quer fazer em benefício da população. Agora, vai lá só denegrir a imagem dos outros, só falar mal dos outros... Um cara desses não merece crédito.

F: Barra pesada que está essa discussão, eles estão pegando pesado, o PSDB [Partido da Social Democracia Brasileira].

JC: O PSDB está pegando pesado. Sujo, o Fernando Henrique Cardoso. Tem uma enorme diferença: a nossa Vale do Rio Doce, que foi entregue por banana, preço de banana; a nossa Celpa, aqui no Pará, que foi entregue por preço de macarrão vencido, essa nem se fala. O FHC quase privatiza o Brasil: "Toma aqui. Nós vamos ficar só com 10% e vocês tomam conta do resto". E o que a gente não sabe também, que ficou debaixo do…

Suspendemos a conversa e, em seguida, surgiu outra, em frente a sua casa. Vínhamos falando sobre comunistas e ele, então, citou Oswaldão. A partir daquele momento, recomecei a gravar, e a conversa seguiu. Dali em diante, passei a carregar o gravador enquanto andava com ele, para registrar suas reflexões. Nesse contexto, ele trazia a experiência da Guerrilha do Araguaia e a violência da repressão como marcos da violência no campo no sul do Pará.

JC: Dizem que o cara, o Oswaldão, era o maior bicho-papão do mundo, era um chefe da guerrilha… Ele era oficial da Aeronáutica, ele era tenente da Aeronáutica. Fugiu e fez um curso de guerrilha de selva em Cuba. Desse horror de gente que tinha aí, só havia três guerrilheiros formados. Eram o Oswaldão, a Dina e a Sônia. Eles eram guerrilheiros formados, tinham feito curso de guerra na selva, um monte de trabalho.

F: O senhor chegou a conhecer eles?

JC: Não. Só vi fotografia deles quando eu servi no Exército em 1976, e a história…

F: O senhor chegou a presenciar o agito que tinha na região?

JC: Ah, meu amigo… Eu estudava em Marabá. Quando nós demos fé, um dia, Marabá amanheceu atacada: de helicóptero, avião, polícia, Exército nas ruas, tudo. Marabá só era Marabá Velha, não tinha Nova Marabá, não tinha nada. E eles fazendo tática de combate à guerrilha, era um tiroteio danado, eles atirando com aquelas balas de festim.

F: Mas e os guerrilheiros, se chegava a ver na cidade?

JC: Nesse tempo, quando eles vieram fazer essa ação para tomar Marabá e centralizar o local, já fazia um tempo que a

Polícia do Exército, a inteligência do Exército estava investigando. Foi quando estourou mesmo o grosso da guerrilha, em 1973. Primeiro guerrilheiro a ser preso foi o José Genoíno, que foi preso bem aí…

F: Ele entregou gente sob pressão, não é?

JC: É, porque a tortura era braba. O cara, para não entregar, era para o caso de ser mesmo bom. E muitos deles não tinham formação. Eram todos estudantes secundaristas que tinham ideias diferentes… Mas não eram gente treinada. Porque, quando você é treinado para uma coisa, talvez você aguente porrada, aguente cacetada sem falar nada. Mas quando você não é um cara preparado, nem fisicamente, nem psicologicamente, você abre a boca com a maior facilidade do mundo. Basta uma pressão e você já está abrindo a boca. Foi isso que aconteceu. Era uma coisa bárbara, de campo de concentração para frente, tudo teve aqui. Aqui foi barra pesada. Teve campo de concentração, execução sumária, um monte de barbaridade que teve nesta região. Onde tinha o braço direito, o satanás mesmo virado gente, Sebastião Curió. Nesse tempo, ele era tenente, depois passou a major, major Curió. Ele era barra pesada. Ele foi quem arregaçou tudo. Vou te contar: gente morreu, gente apanhou demais, tem gente desaparecida até hoje.

F: A maioria não foi encontrada?

JC: Não… Eles matavam e cortavam as cabeças. As cabeças eram levadas para Brasília e o corpo era sumido aqui nestas matas. Enterrados em lugar clandestino. E o Exército nunca vai dizer isso onde está.

F: E ninguém na região sabe?

JC: É, ainda mais que os coronéis, os policiamentos daquele tempo da guerrilha estão todos velhos, e a maioria dos comandantes até já morreu, outros estão por aí. Mas não vão abrir a boca. Sumiu, sumiu…

F: O Curió, uma vez, abriu uns documentos, alguma coisa que ele tinha guardado, mas ele não diz.

JC: Não, ele não diz. Eles não dizem. Eles não vão dizer isso. São coisas que nunca vão dizer.

F: E havia gente da região que ia com eles?

JC: Nada... O mateiro era só para guiar o Exército na mata. Quando tinha uma coisa, o guerrilheiro morto, eles eram apanhados de helicóptero e sumiam. E o mateiro ficava lá pelo mato, ia para o acampamento, e não sabia para onde tinha ido, desaparecido. O Exército é muito... Eu servi em 1976, eu sei o que eles fazem com os jovens que vão para lá. Falam mal de Benedito Monteiro. Sabe quem é Benedito Monteiro?

F: Não.

JC: Fidel Castro. Foi uma dupla que saiu daqui. Porque todos são brasileiros. O Fidel Castro é brasileiro, eles dizem que o Fidel Castro não é cubano. Saiu daqui Benedito Monteiro, Fidel Castro e o Che Guevara, que é o... Então, eles saíram e foram fazer a guerrilha em Cuba, aí ganharam. Aí, depois saiu... O Benedito Monteiro era um cara também exilado. Isso tem a maior fofoca: que esses caras eram maçons, que esses caras eram não sei o quê... É fofoca, e eles fazem uma lavagem cerebral. Fazem o cara ficar odiando o homem sem conhecer nem a história. Marighella, esse pessoal... Dá filmes e mais filmes... Tem muita história.

F: Faz quanto tempo que vocês construíram essa casa?

JC: Quando foi, Maria? Quando foi que nós fizemos essa barraca? Em 2000. Era uma barraquinha de taipa ali embaixo, bem no lugar onde estão aquelas mandiocas.

F: E agora tem energia, televisão...

JC: É, o negócio aqui está embalado. A mulher não lava mais roupa ali no igarapé na tábua, agora tem uma maquinazinha de lavar ali em casa, ali. Água encanada, tem um motor-bomba que enche a caixa. Agora, a gente não vai mais para o mato chutar as cobras de noite quando dá dor de barriga, a gente tem banheiro. O negócio melhorou bastante. Chegando para o ideal. Chegando para o ideal, porque este é que é o ideal. Quando eu ia para a roça, eu levava uma cabacinha d'água, ou uma garrafa térmica com água do igarapé. Quando dava uma hora dessas, a gente nem suportava beber. Agora não. A gente leva uma garrafa congelada. Até o final da tarde, está lá o gelo. Olha aqui os meus produtos. Isto aqui é manteiga de cupuaçu.

F: Para que vocês usam a manteiga de cupuaçu?

JC: Para tudo quanto é arranhão, ferida vermelha. Não tem um negócio que dá que envermelha? Dá pra comer também. Mas a gente não usa para comer, só para passar na pele. E esta aqui é manteiga de cacau.

F: Esta aqui serve pra proteger os lábios?

JC: É, proteger os lábios. E isto aqui é bom para assadura dos pés também, que dá no calcanhar. Esse aí é cacau... Este aqui é cupuaçu. Eu tenho óleo de castanha aqui. Vocês comeram comida temperada com óleo de castanha. Não é óleo de soja, ela não usa óleo de soja. Nós usamos um óleo altamente natural tirado a frio, na prensa, para substituir o óleo de oliva. O óleo de castanha, você pode fritar, pode fazer tudo. Você vai ter o privilégio de me ver tirar o óleo da castanha. Eu estou com a castanha quebrada ali e era para eu estar tirando o óleo da castanha. Mas eu estava esperando vocês...

F: O método é diferente do da andiroba?

JC: É. Andiroba é cozida. Eu colho ela no mato, ponho ela de molho por 48 horas. Depois, eu lavo ela, selecionando já as que estão estragadas, e depois cozinho por uma hora. Aí, ponho para enxugar depois. Eu ensaco elas e deixo descansar por trinta dias. Com trinta dias, você quebra, retira a massa, selecionando a massa boa da que estragou nesse período. Não é que ela estragou para dar óleo, é que às vezes ela fica preta, com um mofo dentro, a gente retira. Tira só a boa. Aí, amassa e põe ela na sombra, em umas bicas, para ela escorrer naturalmente. Ela vai no processo de tirar. Se você prensa, você está tirando as propriedades de antibiótico que ela tem. Então, ela é tirada naturalmente. Só escorrida. Ela escorre por ela mesma. Você amassa ela: o segredo é só ficar amassando três vezes por dia, mais ou menos, colocar na sombra, ali dentro da casa, e ela vai escorrendo o óleo, pingado. Sai uma andiroba verde, fininha, de qualidade. Ela contém o índice de acidez dela, que varia de 19% a 35%. Dentro desse índice, você pode ingeri-la. Se passar de 35%, só serve para cosméticos, não serve mais para comer, para garganta, para beber, não pode. Só serve para passar na pele.

F: O senhor não tem copaíba aí?

JC: Tenho.

F: O senhor extrai?

JC: Eu ainda não furei ela, não. Porque é rara. Eu só tenho um pé. Eu tinha dois, mas o raio caiu em uma e matou. Tanto pau aí, e cair certo na copaíba…

F: A copaíba tem todo um ritual pra tirar?

JC: Tem. Você tem que furar ela na lua nova, no mês de agosto. Não pode olhar para cima. Para cima, não pode. Você, um dia antes, vai lá e marca o lugar, deixa tudo agasalhado. Chega de manhã cedo. Não olha para cima, e fura. Fura no trato. Ou bico de furadeira na motosserra. Depois que você extrai, se ela der óleo, se tiver óleo, depois você tampa ela e passa barro ao redor por causa da abelha, esses bichos invasores. E deixa para o próximo ano. Com um ano, você vai lá de novo.

F: De uma copaíba, você tira em média quantos litros?

JC: Depende. Tem delas que dá vinte litros; outras, 25, trinta litros; outras dão dez ou cinco litros. Isso depende. E, primeiro, você tem que saber se ela tem óleo. É que, às vezes, você fura e ela não tem nada. Às vezes, ela é oca ou tem alguma coisa, e não tem óleo. Para saber, você tem que ir à noite, bate nela um pouquinho, encosta o ouvido, que você vai escutar se tem óleo dentro. É segredo, né… À noite, por causa do silêncio. Porque, de dia, não dá para escutar, por causa do vento, barulho. Copaíba, eu tenho plantada ali. Aquele

jatobazeiro ali que a Maria plantou já está floreando!
Aquele que está ali está floreando. A copaíba, o raio caiu
em uma, matou; tem uma outra, que é filha única. Este ano,
ela produziu, eu fui lá, colhi umas sementes, mas eu não
sei o que teve, que a semente não germinou. E todas essas
altas que tu vê aí são castanheiras. Todas elas.

*Depois dessa sequência de entrevistas e conversas em frente
à casa onde viviam, José Cláudio nos levou para conhecer
a Majestade, a grande castanheira de seu lote. No caminho,
registrei, com ajuda de auxiliares, imagens do percurso, procurando gravar todas as suas falas, entre entrevistas, comentários e reflexões espontâneas. Nessa caminhada por seu jardim, até entrar na trilha que leva à Majestade, José Cláudio
teve a oportunidade de expressar um pouco do seu conhecimento e de seu amor pelas árvores da floresta.*

JC: Bom, eu vou mostrar para vocês aqui o orgulho da
minha floresta, que é a Majestade, uma castanheira que é
considerada uma castanheira gigante. A gente chama de
majestade porque a gente acha que é a mãe das outras castanheiras. Pelo tamanho dela, a gente acha que as outras
vieram dela. Vamos lá?

F: Essas árvores pelas quais a gente está passando, o
que são elas?

JC: Isto aqui é cupuaçu. Isto aqui é plantado. Todas as
que estão aqui em volta da casa estão plantadas, sejam as
naturais, da floresta, como as outras que já são da agricultura familiar. Tudo foi plantado aqui em volta. Isto aqui
é cupuaçu, isto aqui é jambo. Tem um abacateiro, estas
outras árvores que estão plantadas aqui são jatobá, copaíba,
também plantadas. A gente fica introduzindo. Aqui, eu
tenho mogno plantado. Isto aqui é uma madeira que, além
de servir de comida para os animais, a madeira de lei é boa.
Isso aqui é mogno plantado, aquele pau mais fino lá. Esta

madeira aqui é angelim-pedra, também plantado aqui. Aquele ali é mogno, aquele é outro e esse aqui, outro. Angelim-pedra, uma madeira de lei que nós temos aqui.

F: O senhor planta para aumentar o valor da sua floresta?

JC: É. Porque, toda a semente que eu vejo, se eu pudesse, eu colocaria na terra para nascer. Como eu não gosto de desmatar, além de eu estar agregando mais valor futuramente, que eu posso chegar a não ver a tiração de um plantio desses que eu faço, mas tem as futuras gerações, tem o filho, tem o neto, e vai ficar um legado aí e tem que deixar alguma coisa para alguém, né? Já que você desmata, pelo menos repõe um pouco. Que não é o meu caso, que eu não estou desmatando, eu estou dentro do padrão. Aqui é limão, para fazer uma caipirinha de vez em quando, que ninguém é de ferro. Isso aqui é jenipapo — a nova descoberta do jenipapo agora é que ele serve para diabete, colesterol, essas coisas assim, você pica ele e põe na água para beber. E serve também para fazer um licorzinho, que a gente faz um licor de jenipapo que ó, é dez. Estas castanheiras aqui são plantadas por mim. Inclusive tem duas que já estão botando, precoces, que começaram a botar com cinco anos, seis anos.

F: Faz quantos anos que o senhor plantou ela?

JC: Aquelas ali estão com sete anos mais ou menos.

F: São filhas da Majestade?

JC: Não. São descendentes daqui já das castanheiras que a gente vai achando em um dia, vai plantando uma. Isto aqui é jaca. Tem mais madeira nobre ali, que é a tatajuba. Então, são sementes dormentes que ficam aqui. Quando a gente abre, que taca fogo, muitas espécies nascem. Mas quando você usa o fogo contínuo, você mata todas essas coisas. Não é o meu caso. Eu não gosto de queimar. Então, elas vão ficando por aí, a gente vai conservando. Já estão servindo para alguma coisa.

F: Essas palmeiras na frente, o que são?

JC: Açaí, esse aqui é o ouro negro do Pará. Alimentação que reduz colesterol, é rica em ferro e vitamina C. É bom para o cabelo, para a vista, as proteínas que tem no açaí… Eu gosto de açaí, principalmente com peixe assado ou carne. Esse aqui é o meu poço, que joga água para casa.

F: O senhor já fez uma análise da qualidade da água?

JC: Não, porque custa muito caro para fazer análise de água. Mas eu acredito que seja uma água boa, porque tem uma qualidade muito boa, uma água fina, você pode lavar o cabelo. E a gente usa filtrada para a gente beber. Isto aqui é cacau, eu fiz um viveiro de muda, aí ficaram as mudas mais pequenininhas. Ali é mogno, tenho uma carreira de mogno, aquele pauzinho fino. Isto aqui é a nossa água que tem aqui, ela nasce logo ali em cima. Ela não seca, então é protegida de um lado e do outro pela floresta nativa. Isto aqui é uma APP [área de preservação permanente], área de proteção total, que não pode ser desmatada em hipótese nenhuma. Só se você quiser correr o risco de morrer de sede mais tarde. Este pau aqui é uma madeira de lei também, é cedro, cerdruarana, na língua popular, é uma madeira de lei. E a do lado de lá é uma castanha. O mogno, ali, e isto aqui é café. É um consórcio de café, banana e cacau. Isto é cupuaçu.

F: [*Olhando um casal de araras voando.*] Essa são suas sócias?

JC: São. Elas vão derribando os ouriços novos, comendo até quando podem.

F: Elas conseguem comer castanha?

JC: Não quando já está grande deste jeito, duro. Elas comem só a casca, roem, roem mesmo, tentando, não conseguem comer mais, não. Elas só comem quando está pequeno, porque ela corta e bebe tipo a água que tem dentro, que fica coifando assim. Isto aqui é cacau, tem uns maiores, outros menores; quando morre um aqui, coloca outro no lugar. Fica observando o tamanho. O consórcio cacau, banana e café, como eu estou fazendo. Aqui, outro bananal… [*Olhando para as araras.*] Estão trocando até carinhozinho, elas. Elas sempre andam em duas e sempre são fiéis. Quando mata um, o outro morre sozinho. Elas não arranjam outra companheira, não é que nem os homens, não. Esta aqui é uma castanheira, deve ser uma das filhas da Majestade. Coisa mais rara que tem de acontecer é um ouriço cair em alguém. As castanhas, elas têm os horários de cair. Aqui é uma castanheira, uma futura castanheira. [*Aponta para uma planta pequena*.] Nasceu sozinha, porque a gente tem um paiol de castanha. A gente corta castanha e amontoa em um lugar. Aí, vêm os semeadores, tem as cotias, os quatipurus, uma série de animais que comem castanhas, que carregam as castanhas. As cotias são as maiores semeadoras que tem, elas carregam a castanha e enterram em um lugar para comer depois, e muitas vezes esquecem. E todas aquelas que ela esquece nascem. Eu só conservo. Eu não gosto que ninguém ande por aqui, porque alguns passam cortando, e aí não conhecem e cortam o que não deve. Isto aqui é outra castanheira, ali é outra, e outra. Este pau é um tamboril, madeira nobre também, eles usam muito para confecção de móveis. É uma madeira mole. Isto aqui era um paiol de castanha, por isso que tem muita muda de castanha por aqui. Aqui era um paiol: traziam as castanhas, amontoavam aqui, para depois daqui levar. Ou levar para a beira do rio, para levar de barco, ou de carro, para vir apanhar. Por isso que tem muita muda de castanha nascida por aqui. [*Mostrando uma folha comprida, que não é de castanheira*.] Pode sentir este aqui, tem um odor diferente, a castanheira não tem esse cheiro.

F: Aqui era um castanhal?

JC: É, aqui não era um castanhal, mas aqui era um depósito de castanha. Um paiol, como a gente chama. A gente coletava castanha lá, e trazia e amontoava aqui. Há um outro paiol, lá em casa; quando chegar lá, eu vou mostrar. Apresento a Majestade. Este é o orgulho da nossa floresta aqui. Aqui é minha propriedade, eu chamo de Reserva Isabel Ribeiro, em homenagem ao nome da minha avó. E esta é a Majestade. Isto aqui é um galho que caiu dela. Isto aqui era um cipozinho que vivia agarrado nela, que eu cortei, olha lá no chão.

F: É impressionante esta Majestade, hein?

JC: Dá uma volta ao redor dela para você ver... Isto aqui é um galho que caiu dela faz tempo. Tem uns dez anos. Isso aqui é tudo galho dela. Isto aqui é um ouriço. Não presta, ou será que presta? [*Abre o ouriço com um terçado.*] Ôu, caramba, está saindo tanta formiga aqui de dentro... Foi arara que derribou. Pode dar uma volta ao redor da Majestade e se perder. Se tem outra igual esta aqui, já foi para o chão, ou já derribaram, já deve ter acabado. Agora, se depender de mim, esta aqui vai ficar por muitos e muitos anos aqui. Mesmo que ela venha a morrer, se alguma coisa acontecesse com ela, este tronco vai ficar aqui. Esta é a Majestade, o orgulho da floresta. Acho que ela é a mãe de todas as outras castanheiras que tem por aqui. Eu acho que não tem terapia melhor, não tem uma coisa melhor que você sentar à beira de uma árvore destas e ficar meditando. O tanto que a natureza é perfeita, o tanto que as coisas que deus faz são bem-feitas. E eu acho que tudo que deus fez é bem-feito, menos o homem.

F: Por quê?

JC: Porque ele não vê beleza no que deus fez. Ele vê beleza no que ele faz. Ele acha que a natureza não está perfeita. O cara vem, desmata isto aqui para botar capim. Então, ele não vê beleza nisto aqui, ele vê beleza no que ele está fazendo. Ele acha que o que ele faz é que é bem-feito, por isso retira uma beleza para implantar uma beleza que ele faz. Você, que é lá de São Paulo, que beleza não era o rio Tietê? O que foi que fizeram? Acabaram com ele, para implantar a beleza que seja a grande metrópole ao redor entulhando ele todo. Desse jeito, acontece por aqui. Agora, eu, aqui, eu vejo a beleza aqui, aqui é onde eu estou, aqui é onde eu fico sentado, aqui é onde eu venho meditar, recostar aqui, e pensar: "Como é linda a natureza, o silêncio".

[*Barulho de moto ao fundo.*] Quando eu cheguei aqui, tinha mais silêncio, agora já tem essas motos para incomodar com essa zoada horrível ali.

F: Mas, quando não tem moto, é só o barulho das araras?

JC: Só. O barulho do vento aqui, na folhagem.

F: O homem vê aí o que tu vê como uma árvore… Ele vê como madeira?

JC: Ah, ele vê como real. Isto aqui: já viu o desenho animado do Tio Patinhas? Quando ele vê uma coisa assim, só aparece cifra no olho dele. Desse jeito, a indústria madeireira quando vê uma árvore como esta, como outra qualquer, como aquela ali, ó, filha dela que está ali encostada, tem mais outra ali, mais outras por aqui. Então, o cara vê dinheiro nisto aqui. Aí, o cara diz assim: "Porra, tu vender cem árvores dessas aí". Mas eu vou fazer o que com cem árvores vendidas a duzentos reais cada uma? Não vou fazer nada. Não dá nada. Ela em pé me dá muito mais resultado. Além da beleza, o fruto que ela dá, que eu tenho todo ano. Se eu vender ela por duzentos reais, eu só tenho um ano. E ela aqui, ela me dá todo ano.

Sem contar com a beleza e o benefício que ela faz ao mundo. Não é só a nós. Ao mundo! Sem contar com a biodiversidade que ela tem. Hospedeira de orquídeas. Onde tem orquídea rara. Orquídea que, às vezes, alguém não conheça, a ciência não conheça ainda, hospedada nelas. E a infinidade de pássaros e árvores e abelhas e insetos que dependem dela, dependem da flor, dependem de tudo. Cupim, e muitos e muitos outros microrganismos que estão aqui. Isto aqui é adubo vivo [*mostra com a mão*], e o cara acha que tem que queimar tudo isto, fazer carvão disto aqui. A maior ignorância que existe. Porque o homem sobrevive sem precisar agredir a natureza.

F: A Majestade pede respeito mesmo.

JC: Pede. E enquanto eu estiver por aqui, por esta região, ela vai ser respeitada. Para eu mostrar para todos os visitantes que tem aqui. É com orgulho que eu mostro ela. E ver como a natureza é bonita de se ver. Talvez, quando voltar aqui novamente, eu tenha uma trilha ecológica para andar. Que o meu sonho é fazer uma trilha ecológica. Para mostrar para o pessoal o silêncio da floresta, andar por ela, o que ela tem de bonito. Porque só mesmo um admirador da natureza, uma pessoa que tenha respeito pela natureza, vê beleza. Porque o camarada vê logo aqui: "Ah, tem muita formiga, tem inseto, tem marimbondo, tem não sei o quê, cobra, tem bicho, ah, eu não aguento".

Mas eu, além de eu ser um apaixonado pela natureza, eu tenho sangue indígena nas veias, quase todos os brasileiros têm. Mas eu tenho muito acentuado, o sangue indígena. E aí, eu adoro a floresta, eu me sinto bem aqui dentro. E nem me preocupo. Passo o dia todo dentro dela. Não chega nem a dar fome. E, quando dá fome, você tem muito o que comer. Você tem a castanha. Você come três bagos de castanha; um bago de castanha é equivalente a um bife. Um bago de castanha é equivalente a um ovo. A mesma proteína que tem em um ovo, em um bife, tem em um bago de castanha, em um só. Você come uns três, está alimentado. Você chupa um cupuaçu, no tempo, é outro que tira a fome. Você acha um uxi, você come. Acabou a fome. Se você não achar nada, você vai no brejo, você pega uma mão cheia de caroço de açaí, você rói ele, também amenizou a fome.

E se você estiver lá no meio de São Paulo, sem nem um centavo no bolso, você come? [*Risos*.] Você não come, não. Você morre, você é obrigado a dar uma de trombadinha para assaltar o primeiro que aparecer. [*Risos*.] No meio da selva amazônica, existe uma castanheira gigante, a famosa Majestade! Ela está localizada no município de Nova Ipixuna, na Reserva Isabel Ribeiro. Em homenagem a minha vó e minha mãe de criação, que é quem me criou

F: E ela gostava da floresta também?

JC: Gostava. Minha avó era índia.

F: Você tem traços indígenas. Ela era índia de onde?

JC: Tenho. Ela era índia Kayapó.

F: Ela era da região, então. Tinha sido pega naquelas brigas dos Kayapó com o pessoal da região?

JC: Foi. Porque os Kayapó andavam por aqui também, e eles mudaram para São Félix do Xingu [PA], mas eles viviam por aqui também. Deste lado aqui, eram os Gaviões, e do lado de lá, eram os Kayapó. Os Gaviões lutavam, brigavam de flecha; os Kayapó, de bordunas. Borduna é um pau de quase dois metros de tamanho que eles fazem.

F: Qual desses povos dava mais medo nos castanheiros?

JC: Os dois. Mas os Gavião eram mais perigosos, que eles pegam de longe o pessoal. Por exemplo: tem uma picada, e eles sabiam que nós passávamos por ela; daí, fica todo mundo escondido de um lado, quebra todos os galhos de mato de um lado e deixa. Quando vem o cara e aplica a taquara, que é uma flechona doida, assim, com aquela pontona feita de osso de animal, com um arcozão de quase dois metros de comprimento.

F: E os Kayapó atacavam os acampamentos?

JC: Os Kayapó, era o seguinte. O castanheiro vinha com o paneiro de castanha. A gente tem uma mania, com o paneiro de castanha cortado, você carrega quatro latas, cinco latas de castanha, um homem. Quando eu era mais novo, eu carregava cinco latas de castanha. Molhada, que pesa em média uns sessenta, sessenta e poucos quilos. Aí, bota em um paneiro nas costas, e o paneiro tem duas alças, amarra aqui, e uma que põe na cabeça. Bota na cabeça para descansar mais os ombros. E quando o cara vinha caminhando na picada desse jeito, o Kayapó estava atrás do pau e, pum, metia o porrete na cabeça. Cacetada que tu jurava que tinha sido com um facão que tinha cortado. Era um pau que eles usavam, um pau de âmago, feito de três quinas assim, lavrada aquela quina, com um corte bem fininho. O cabra, com um braço dessa grossura, rumava na cabeça do cara, arrancava o tampo da cabeça fora. E já matava. Eles matam e deixam a borduna que matou o cara lá. Diz que criminosa é a borduna. Não são eles.

F: Eles aterrorizavam quem entrava no território deles…

JC: Seringueiro, castanheiro — todos, eles aterrorizavam. Aí foi que surgiu a figura de um homem aqui que tem muita gente que tem ele como herói; eu tenho ele como bandido. O Ângelo Apinajé e o Cariolando.

F: Quem foi o Cariolando?

JC: Cariolando era um matador de índio que tinha aqui a mando dos patrões dos castanhais. Na nossa região, não teve seringa, tinha o caucho, que é borracheira. Uma árvore muito grande, grossa, que dava leite de borracha. Chamava caucho, que não é a seringueira, é o caucho, que também acabou aqui pelo uso indiscriminado. Porque ela era uma árvore imensa e grossa, e eles não sabiam cortar como os seringueiros do Acre. Então, eles derribavam e, depois de derribada, é que eles faziam a sangria dela. Mas já tinha perdido uma árvore.

F: Eram os caucheiros?

JC: É, eram os caucheiros. E a mando dos patrões dos caucheiros e dos castanhais, donos de castanhais, esses dois camaradas, que eram chamados Ângelo Apinajé e Cariolando, dizimaram muitas tribos aqui da região. Obrigaram os remanescentes a se unir aos brancos ou se extinguir.

F: Isso foi em que época?

JC: Isso foi na década de 1940, 1950, por aí assim. Eu não era nem nascido.

F: Mas ouviu história desses dois?

JC: Ouvia muita história, meu pai contava, minha avó. Minha vó ainda viu muita gente morta pelos índios, e os índios matavam os castanheiros, atacavam os castanheiros e matavam. E viu muitos índios matados também. Inclusive, dessas matanças de índios é que saiu a descendente por parte da minha avó.

F: Não era a tua avó?

JC: Era a mãe da minha avó. Ela tinha sido pega assim. Teve um tiroteio e um dos homens que andavam, os índios correram, e acharam ela. Era uma garotinha, mais ou menos uns oito ou dez anos, e um homem pegou e trouxe. Daí, saiu dela a minha avó. E daí saiu a minha mãe, e daí saí eu.

Você está vendo aquilo ali? Ali, todos são hospedeiros da Majestade. Ali, tem bromélia, tem cactácea, tem orquídea — o maior hospedeiro de orquídea que nós temos na região é a castanheira. Tem uma série de coisas. Devido a esse rodo de ingrediente que tem nela, a flora que tem nela atrai o besouro polinizador, um besouro chamado mangangá. Ele tem um voo curto, ele é um besouro bem gordo. Por isso, se tiver uma castanheira lá no meio da manga [pasto], ela fica sem dar. Porque ela fica sem polinizador. Tem que ter várias castanheiras perto, porque o voo dele é muito curto. Eu não medi o tamanho da Majestade, eu vou medir ela este ano. Veja se a gente tem o direito de acabar com uma coisa dessas... Se a gente não aguou, não botou uma gota de adubo nela... Você acha pronta pela natureza e se acha no direito de acabar! Se acha dono! Você tem muito é que preservar, você tem muito é que cuidar disto, você tem que ser guardião da floresta, não acabar com a floresta. Você não fez nada por ela, como é que se acha no direito de acabar?

Quando eu construir uma trilha ecológica, já tenho mais ou menos a ideia por onde vai passar. Aqui vai ser um dos pontos onde eu vou roçar, colocar umas bancadas. Para quando vier com o pessoal de lá da casa, sentar aqui, fazer uma conversa, uma interação deles com a floresta. Depois, a gente segue e lá, em outro ponto, vai ter outro lugar para a gente sentar também, um lugar de descanso meio rápido. E aí, a gente bate um papo, explica a floresta, algumas coisas. Mas eu vou fazer. Eu vou fazer este ano. A castanheira tem essa essência. A castanheira não dá a sapopema [formato de raiz]. A gente tem a sumaúma, e ela é muito grande, mas ela dá uma sapopema muito grande, ela tem um espaçamento muito grande de catana, como a gente chama. A castanheira não, ela é uma árvore mesmo tipo cone, quase reta.

F: É melhor para madeira?

JC: Por isso são gananciosos. Uma castanheira dá mais de vinte metros de madeira serrada. Olha o tamanho daquele pau ali. Deve ser a filha da Majestade. Esta aqui ficou pertinho da mãe. Um dia desses, até quebrou um galho, coitada. Aí, tem a outra já ali, aquela outra lá. Bem aqui, tem mais umas três. Como é que você pode fazer roça para criar gado em um lugar destes? Por isso, a Majestade está aqui assim, e lá tem um pé de cupuaçu, bem ali tem outro, bem ali tem mais dois.

F: E querem transformar isso tudo aqui em um pasto...

JC: Por que eu vou fazer isso? Depois, eu tenho que conservar ele limpo. Eu vou ter que fazer cerca. E aqui, não. Eu não faço cerca, eu não tenho que roçar nada. Eu só roço aqui a trilha para entrar para apanhar alguma coisa. Eu entro para apanhar castanha, eu entro para apanhar o cupu. E quando está muito quente lá em casa, você vem para cá, senta aqui embaixo, conversa um pouco com ela aí, com você mesmo. Para que melhor?

Essa é que é a minha briga. É por isso que eu corro risco de vida. Porque eu defendo. Eu defendo a floresta inteira, mas principalmente as castanheiras. A castanheira é a mãe de leite do paraense. Do caboclo que vive no mato. Eu não preciso de leite de vaca, eu tenho leite de castanha, que eu tomo com café, eu boto na comida. Eu tiro o óleo. Para que vai querer vaca, que depende de vacina, depende de sal, depende de não sei o quê, depende de remédio, e ainda tem que ter cuidado, tem que fazer curral, tem que fazer cerca. Eu não faço cerca para ela, eu não boto sal no pé dela, e ela está aí. A mãe natureza se encarrega. Às vezes, ela fica um ano, dois anos, dando pouquinho, mas de repente ela dá muito de uma vez.

F: Quanto ela pode dar?

JC: Muito. Uma castanheira como esta aqui pode dar um hectolitro, cinco latas de castanha, pode dar dez latas, pode dar 25 latas. Eu não sei, porque, quando a gente colhe a castanha, a gente mistura todas as castanhas. Sabe mais ou menos, a área deu uma quantidade x. Por exemplo, este ano mesmo, minha castanha aqui deu 53 hectolitros, a minha área toda de floresta, com a castanha. São cinco latas de cabeça para dar um hectolitro. Cinco latas de castanha, ela dá em média dez litros de óleo, então ela dá trezentos reais pelo preço que eu vendo o óleo. Então, se o cara tem cinquenta hectolitros e ele transformar tudo em óleo, ele vai botar quinze mil no bolso.

F: Muito mais do que ganharia vendendo as toras…

JC: E é uma coisa que eu tenho todo ano, e a tendência é aumentar.

F: E o preço, principalmente…

JC: O preço, é claro. Porque vai acabar por aí tudo…

F: Na região de Marabá, quanto se produz hoje em dia?

JC: Marabá já foi chamado o Polo Industrial da Castanha, chegava a produzir 180 mil hectolitros de castanha. Marabá já foi considerado o Polo Industrial da Castanha, onde ficava a castanha mesmo. A produção de Marabá era castanha. Era o que dava a vida em Marabá, a castanha.

F: Aí, quiseram enfiar gado?

JC: Eu me queixo do processo de migração. Porque o pessoal do Sul vem tudo com o olho voltado para criação de gado. Ele não acha que fizeram mal para os estados deles acabando com a floresta, acabando com os recursos naturais que existiam por lá. Aí, vêm para os estados dos outros fazer a mesma merda. Vêm para cá e fazem a mesma coisa. Santarém já não tem lavoura de soja? Já lá para onde o diacho, para Amapá, Roraima, já não estão indo plantar soja? Já não basta o Mato Grosso, que está todo acabado com soja, acabaram o Cerrado, acabaram a Caatinga e, por fim, estão acabando com todos os ecossistemas para plantar soja. E, no fundo, o que fica para nós aqui, de soja? Muito pouco. Porque quem financia a soja são os países que consomem soja, que dão ração de soja para gado, são aqueles que dependem da soja para alimentar animais e outras coisas. Quer dizer que nós é que temos que pagar o pato com isso? "Mas tem que ter, a balança comercial tem que crescer, não sei quem tem que crescer, o mundo tem que comer." Pô, tem, mas toda a coisa tem seu limite. Vamos desenvolver, mas sem agredir. Tem que ter desenvolvimento. Mas tem que ter controle do que está se fazendo.

Outro dia, um carvoeiro me disse: "É, seu Zé Cláudio, você é contra a fazeção de carvão, a tiração de madeira". Eu falei: "Não, senhor. Eu não, não sou o homem da caverna, não. Eu tenho uma cabeça evoluída. Eu sou contra o sistema em que vocês trabalham. A maneira em que vocês trabalham. Vocês são escravos. Vocês são escravos. Você não tem controle, e vocês não ganham nada. Vocês trabalham altamente para os outros, destruindo um bem comum de vocês, sem ter dinheiro para vocês. Porque o homem vem e financia o forno de carvão para o cara. Ele dá o forno feito, ele dá o primeiro combustível, corrente de motosserra, essas coisas todas. Dá uma junta de boi, tudo para o assentado. E lasca o pau a fazer carvão. Aí, se lá na Cosipar [Companhia Siderúrgica do Pará] o metro de carvão estiver de 60 reais, ele paga 25, 30. Quanto tempo o cara não leva para pagar o investimento de dez, doze mil reais? Porque tem as despesas, tem os trabalhadores, tem tudo. Quando o cabra acaba de tirar, aquilo que vai para cima da conta é uma mixaria.

Aí, o cara desgraça o pau a fazer carvão a torto e a direito para poder cobrir uma dívida que ele não vai cobrir nunca! Porque o atravessador que está lá no pé daquilo não vai deixá-lo pagar a conta dele nunca. Porque ele quer, ele quer manter o escravo trabalhando para ele. Ele quer manter o escravo trabalhando para ele. Então, não vai quitar a conta dele nunca. Ele vai ficar devendo o tempo todo, que é para poder mantê-lo na mão, pagando uma mixaria pelo produto que faz. De maneira ilegal.

Agora, eu pergunto: cadê a fiscalização, que não vai fiscalizar lá no início do problema? Não é vir aqui dentro, multar o pequeno, não. É multar a guseira lá em Marabá. Porque ela é quem compra o carvão ilegal. O outro fator era organizar os trabalhadores. "Bom, você quer mexer com carvão, mas você vai ter que tirar a área, para fazer o carvão. E licenciá-la. Fazer de maneira legal. Você só vai fazer carvão até aqui. Daqui para a frente, você não toca nisso daí, nem em uma vara. Senão, você vai pegar uma multa, vai perder o lote."

F: Isso não acontece?

JC: Não acontece. Não tem esse tipo de coisa.

F: Como é o esquema do carvão aqui? Tem o assentado, ele está lá no lote dele, aí o que é que acontece?

JC: Chega o atravessador: "Quer fazer carvão? Eu te forneço tudo. Te dou forno pronto". Aí, vai lá e faz todo esse processo. Faz os fornos, vende a motosserra. Porque ele não dá nada. Tudo, ele vai anotando. Dá a estrutura toda pronta. Aí, começa a fazer. Ele paga o carvão pela metade do preço que vende, ou menos da metade. A Cosipar, além de pagar pelo preço real lá, ainda paga o frete. No duro, ele é dono de um caminhão. Então, ele leva o carvão daqui e ainda recebe. A Cosipar paga o frete e está ganhando a metade do carvão. E o cara que está fazendo, que tem tudo quanto é despesa, só ganha a metade e, assim, ele não vai conseguir pagar aquela conta tão cedo, nunca.

Ele vai fazendo mais, vai fazendo mais, aí pede mais um forno, e aí aumenta a despesa e aumentam as coisas e ele vai ficando toda a vida na mão do atravessador. E o carvão é todo ilegal, porque não tem legalidade para isso. Eles não se uniram. Se todos se unissem, pedissem uma licença coletiva de desmate… Digamos: cada um ia fazer um alqueire de roça, dez pessoas, e pedissem uma licença de desmate, conseguissem uma licença, eles teriam como vender o carvão diretamente para a Cosipar, pelo preço real que existe. Talvez ganhassem alguma coisa, talvez ganhassem mais dinheiro, agregassem valor. Mas não fazem isso. Deixam tudo na mão dos atravessadores, vão fazendo tudo atravessado. Passam nas barreiras de fiscalização e já levam o dinheiro na mão: cinquenta reais por um caminhão toco; por um caminhão gaiola grande, cem. E vai passando. Chega lá na Cosipar, vendem o carvão, pronto. O carvão vem esquentado de algum outro lugar.

Aqui em Nova Ipixuna, é prática deles mandar o carvão guiado [com guias] como se fosse resíduo de serraria. Só que a serraria está serrando ilegal. A serraria não é legalizada. Isto tudo é um processo de destruição em cadeia. Tudo ilegal. Começa pela serraria, que emite a nota dizendo que o carvão é resíduo da serraria, mas a serraria está ilegal. Então, tudo está ilegal. É duro. É duro combater o sistema. Você denuncia, você faz alguma coisa. Mas eu acho que indivíduo ter tanta denúncia, aí o Ministério Público fica maleável e, quando vem fazer uma ação, aquela denúncia já está quase caduca. O que tinha de acontecer, o que tinha de levar, já levaram. Aqui tem uns madeireiros em Nova Ipixuna que, quando eles pegam uma área de terra, uma área como esta minha aqui — que são dezoito alqueires de floresta que tem aqui, dezoito alqueires e meio de floresta, que está aqui completa —, se eles baterem aqui dentro, com oito dias não tem mais nem um pau aqui dentro. Eles tiraram. Dentro de oito dias, eles tiram esses dezoito alqueires de floresta.

F: Desmatam ou tiram a madeira de valor?

JC: Tiram a madeira de valor de dentro. Todinha, dentro de oito dias. Eles colocam aqui três tratores de esteira, colocam cinco ou seis homens de motosserra, cortando aqui dentro, e colocam cinco ou seis, dez caminhões aqui dentro, puxando. Quando dá oito dias, não tem mais nada. Uma semana, não tem mais nada. Acabou. A madeira que tinha aqui está toda no pátio.

F: E aí, o que sobra?

JC: Só dá para escoramento. Porque vai sobrar só vara. Porque eles levam de tudo. O que não dá para serrar, levam para carvão. Porque sai o carvão.

F: Quanto que custa um forno por aqui?

JC: Rapaz, esta informação eu vou ficar te devendo, porque eu não sei quanto custa para fazer, nem quanto custa para tirar. Eu só sei, de vez em quando eu vejo dizer: "Ah, o carvão caiu, está 25 reais, está 30".

F: E para onde eles vendem, é para a Cosipar?

JC: É para essas guseiras de Marabá. É a Cosipar, a Maragusa, Mara não sei o que diabo. É tanta que tem aí, que eu já nem sei mais qual é…

F: E o dono do caminhão é o que dirige o caminhão, ou não?

JC: Não, muitas vezes eles põem motoristas.

F: Aí, passam recolhendo em cada lote?

JC: É, em cada lote ele vem fazendo a carrada. Ou queima dois fornos, três fornos pra dar a carrada, e já leva.

F: Carrada é encher o caminhão?

JC: É.

F: Com a crise, deu uma diminuída essa história do carvão?

JC: Não. Quando a Cosipar reduz muito o preço, aí os caras ficam meio devagar. Mas na hora em que ele dá uma subidinha, todo mundo *vrum* de novo.

F: Mas, se a Cosipar parasse de comprar? O que aconteceria, se todas essas guseiras parassem de comprar?

JC: Eles parariam de fazer, porque eles iam fazer para quê? Para vender para quem?

F: Não tem… É só pras guseiras?

JC: Só.

F: E o senhor acha que isso inibiria o desmatamento?

JC: Olha, no nível assim… Dava uma chacoalhada boa, porque o cara não ia ter tanta ganância de desmatar. Porque o cara não tem muito empenho para plantar nada. Muito menos para botar capim. Então, o que ele ia fazer? Se não tivesse esse comércio ilegal do carvão, seria um fator para ter menos desmate. Porque os madeireiros, realmente, como eles fazem aqui um corte raso, eles não respeitam nenhuma espécie. Mas se eles levassem só a madeira, deixando as castanheiras... A floresta, estivesse com dez anos, vinte anos, estaria regenerada de novo. Mas acontece que o mal é igual à peste que assolou o Egito. O cara vem e tira a madeira toda de serragem, aí vem o cara atrás fazendo carvão do resto. Aí, tem lote que já detonou, já não tem mais 1% de floresta mais, já acabou tudo. É tanto que eles brocam a roça e queimam no tempo errado, que é só para poder tirar a lenha, não é para plantar nada. É para tirar lenha.

F: E depois deixa...

JC: Jogam capim. Diz que para não formar juquira.

F: Jogam capim, mas tem boi pra botar lá?

JC: Eles dizem que, tendo pasto, fica mais fácil para adquirir o gado. Agora, só que eles já raciocinam de maneira errada. Porque, quando o cara olha, tem gente aí que vai ter que vender a terra, porque ele não pode cercar o capim que tem porque ele não tem um pau para fazer uma estaca e não pode comprar. Porque hoje em dia, no mercado, são sete reais uma estaca. Sapucaia, acapu, o menino ainda vende ali de sete reais, mas acho que lá fora são dez reais já. O mourão é vinte. Eu, por mim, o cara que vendeu toda a madeira e não tem um pau para fazer uma cerca, deviam cobrar dele era muito mais caro. Muito mais caro. Aí, ele ia saber o valor da madeira, ele ia saber quanto custa um metro de madeira. Acontece que não... O cara vai lá com um compadre, toma emprestado um pau, ou corta, e abre e tira as estacas. Aí, o negócio muda.

Só que é uma briga muito desigual. Entre nós, ambientalistas, e o poder aquisitivo do dinheiro. Porque nós brigamos e tudo e tudo e tudo. E o cara chega, impõe o dinheiro, em cima da miséria do cara que está lá, da ganância do cara que está lá, e aí vai conseguindo aliciar o cara e detonar a floresta. Sendo que o cara não tem a cabeça que nós temos, que é que desta vida nada se leva. Se você não fez uma boa ação, dançou. Porque você não leva.

F: Nas reuniões, como que é colocada a questão do carvão aqui entre os assentados?

JC: Olha, quando eu fui presidente e a Maria foi presidente [da Apaep], isto era imposto até com certo rigor. Eu dizia mesmo: "Pode ser meu pai: se fizer carvão, eu denuncio. E vou buscar a Polícia Federal, o Ibama, o próprio Incra". Mas, como você não pode ficar no cargo o tempo todo, o estatuto reza que você tem um tempo para ficar, essas coisas assim, entraram outras pessoas, que não ligam muito para isso. Ou melhor: incentivam a fazer isso. A própria associação é conivente com a situação.

F: Como é que chama a associação do assentamento?

JC: Apaep, o nome de fantasia: Associação dos Pequenos Produtores do Projeto Agroextrativista Praialta Piranheira. Reduzido: Apaep.

F: O que quer dizer Praialta Piranheira?

JC: Porque Praialta é onde nasce o projeto, Piranheira é onde funda. São dois igarapés. São as limitações do projeto.

F: Da região, este é o assentamento mais ameaçado de floresta?

JC: Aliás, do município de Nova Ipixuna, é o único que ainda tem fragmento de floresta. O resto não tem mais, acabou. Já, *puf*. Quando foi criado, em 1997, nós tínhamos 85% de floresta nativa, o assentamento. Hoje, se tu fizer um levantamento, talvez não tenha 30%. Não tem mais, não. Eu acho que hoje, se fizer um levantamento... Área que não foi mexida, que eu conheço, tem a minha aqui, aquela do Zé Rondon, ali, a da minha irmã, lá na Cupu, e a dos Carneiro, lá na beira do rio.

Depois dessa entrevista, que fizemos sentados ao pé da Majestade, começamos a retornar para a casa. Continuamos a falar. Percebi a beleza dos comentários de José Cláudio e tentei registrar dois trechos, um deles refazendo a pergunta que tinha levado ao seu raciocínio.

F: Desculpa, eu não ouvi o que o senhor disse... Quando tu morrer...?
JC: É, quando eu morrer, eu quero ser cremado, e as minhas cinzas têm que ser jogadas aí no pé da Majestade.

E, em seguida, caminhando na floresta.

F: Quando cortam uma árvore dessas, parece que ela sangra, não é?
JC: Meu amigo, ela exala um cheiro, quando está sendo cortada, que você sente. Quando vai cair, aí você escuta o gemido dela, né? Ela range o tronco, e aí você vê as folhas, como quem vai dando adeus: vixi. Aí, você escuta o estrondo: *prum*. Mais um gigante da selva tombou. Nós estávamos aqui outro dia e eu escutei a motosserra zoando para cá, aí eu escutei o som: *pum*. Aí eu e a Maria: "Vamos lá?". E nós fomos. Chegamos lá e o cara tinha derribado. Caiu bem perto do nosso extremo, mas não chegou a cair lá dentro, não. Eles vinham derribando.
F: Tu sente como um ser?
JC: Foi. Eu sinto como se um cara tivesse matado alguém. Porque é um ser vivo. Aí tem uma música, né, um CD que os seringueiros fizeram, que diz que, se a floresta tivesse pé para andar, ela não ficaria aqui. Quando ela visse o perigo, saía. Mas, aí, o cara chega, limpa ao redor, acelera a motosserra: *rom*, *rom*, *rom*. E ela está quietinha no lugar dela. Só sentindo a dor. E o cara corta. O que a natureza levou anos e anos para fazer, o cara acaba dentro de uma hora. Menos de uma hora, ele põe fim naquilo tudo. É triste. Tudo em nome do capital. Tudo em nome do se dar bem. Tudo em nome do: "Ah, eu sou o empresário

fulano, eu vim, exportei cem metros de madeira para os Estados Unidos, para o Japão, não sei para onde. Eu tive um lucro de tanto este ano". À custa da floresta. À custa de algo que ele não plantou. À custa de algo que ele não gastou um centavo para fazer. É muito fácil você ganhar dinheiro desse jeito. E nem as responsabilidades que eles têm, em pagar os impostos. Nada. É driblando fiscalização, é fazendo as coisas ilegais, é trabalhando ilegalmente só, a ponto de enriquecer. Pode?

Se, ao menos, eles fizessem as coisas dentro da legalidade, respeitassem o que é lei. Porque [cortar] a castanheira é proibido em todo o território. Não tem legislação para cortar castanheira. E por que cortam? E acham quem compra? E aí, quando acaba, dizem: "Ah, não-sei-quem está trabalhando para o meio ambiente". Mas compra madeira ilegal que sai daqui, de castanha, que é ilegal; do mogno, que é ilegal; da andiroba, que é ilegal; da copaíba, que é ilegal. E por que compram? Por que não procuram a origem? São coisas que eu procuro entender, aqui, como caboclo aqui do mato, e não consigo. Não consigo mesmo. Como é que sai daqui de Nova Ipixuna, daqui do sudeste do Pará, e vai parar nos portos do Espírito Santo, Rio Grande do Sul, São Paulo, Rio de Janeiro, uma madeira proibida? E aí embarca e vai para a Europa, para fora. Como pode? Ninguém entende. Isso é de doer. Aqui, fica o estrago, fica o buraco. E lá fora, a burguesia, os caras que têm poder aquisitivo, ficam morando em seu chalé à custa de madeira ilegal daqui, que sai daqui do Pará, que sai da Amazônia, que sai da nossa região. Aí, quando acabar, ainda ficam fazendo comercial dizendo que são protetores da natureza. O protetor da natureza sou eu, que vivo aqui, no meio delas [árvores], e não pretendo vendê-las.

Quando retornamos, José Cláudio me levou para conhecer a estufa onde estocava castanha, o processo produtivo da farinha e do óleo, e suas ferramentas de trabalho.

JC: Aí, ela é envolvida em uma tela, colocada aqui dentro.

F: Ela é triturada, envolvida numa tela?

JC: É, aí coloca aqui dentro e prensa. Essa prensa tem catorze toneladas de força. Aí, escorre o óleo. Totalmente a frio, sem contato nenhum com o fogo. A castanha é quebrada aqui, essas são as máquinas de quebrar, descascar. Quando ela está verdinha, tem mais leite. Agora, depois de mais seca, tem mais óleo. Esta é uma estufa que desidrata. Quando o sol está deste jeito aqui, muito quente, em uma semana, no máximo, já está no ponto de quebrar. Eu recebi uma encomenda de dez litros lá de Belém, aí eu quebro. Isto aqui dá uma quantidade de dez litros.

F: O óleo tem cheiro?

JC: Não, só o gosto diferente. Não sentiu um gosto diferente na comida? Você pode comer ele como azeite de oliva, em cima da salada. Ele é muito menos ácido. Este é um trabalho que a gente está fazendo para mostrar como a castanha é sustentável sem precisar derribar.

Outra coisa: o pessoal acredita que vende a castanha *in natura*, e ela custa cinquenta reais um hectolitro. Deste jeito que está aqui. *In natura*, com casca: cinquenta reais. Se você transformá-la em óleo, vai para trezentos reais um hectolitro. Acontece que vende *in natura*, deste mesmo jeito aqui. Eles compram *in natura*, vendem *in natura*. Nem em Belém eles fabricam o óleo. Vendem a castanha para fora, mas só ela quebrada, do jeito que ela está ali. Eles fazem um pré-cozimento na castanha. Quebram ela e deixam ela toda branquinha, toda coifada, e vendem para fora. Exportam a castanha-do-brasil — já mudaram o nome, não é mais do Pará. Podia ao menos ser da Amazônia, porque são os nove estados da federação que compõem a Amazônia [Legal]. Podiam ao menos ter botado castanha-da-amazônia, mas bota do Brasil. A maior parte do país não tem castanha; do Maranhão para a frente, não tem mais, tem babaçu.

Maria do Espírito Santo da Silva

Entrevista realizada no escritório de Maria do Espírito Santo da Silva, localizado na varanda da casa onde vivia com José Cláudio Ribeiro da Silva, no dia 9 de outubro de 2010, no final de tarde, com duração de aproximadamente uma hora.

Felipe Milanez: Vamos conversar um pouquinho? Eu queria saber um pouco da senhora. De onde a senhora é? Como é o seu nome?
Maria do Espírito Santo da Silva: Maria do Espírito Santo da Silva.
F: De onde a senhora é?
M: Eu sou filha de São João do Araguaia, uma cidade próxima a Marabá. Acho que é a uns quarenta quilômetros.
F: Que vai ficar debaixo d'água agora...
M: É, infelizmente, né? A notícia que corre é que vai. Mais uma, como tantas que aconteceram, em função do negócio.
F: E a senhora morou em Marabá?
M: Eu vim de São João do Araguaia pequena e me criei em Marabá, posso dizer assim. Cheguei em Marabá, tinha dez anos de idade, e meus pais saíram. Sou filha de agricultor, nasci e me criei no campo. E parte da minha vida assim. Porque, quando nós viemos para Marabá, meus pais tiveram que voltar para o campo. Não se acostumaram com a cidade, tudo deu errado e eles me deixaram em Marabá. Eu fiquei em casa de família para estudar, e fiquei até os quinze anos em Marabá, assim, morando pelas casas de família. E depois voltei para o campo. Aí, aconteceu muita coisa: casamento, depois o casamento não deu certo... Aí, morando no campo; depois, muitas coisas surgiram. Voltei para Marabá novamente. Aí, consegui, com sacrifício, terminar o ensino médio. Naquele tempo, chamava de segundo grau. Mas era técnico, chamava de educação geral. Uns cursos assim, compensatórios.

F: A senhora estudou até o segundo grau?

M: É, estudei. Aí, parei e fui trabalhar como professora, na época, por Marabá. Fiquei um tempão, até um tempo — se eu for falar tudo aqui, é um livro. Eu tenho um memorial, mas aí não tem como, tem que pegar uns pontos dessa trajetória de vida.

F: Mas a senhora quer fazer um livro?

M: Eu pretendo. Quando eu terminar — eu terminei meu curso agora, o curso em disciplinas está fechado, mas estou terminando a monografia.

F: A senhora quer fazer um livro sobre o quê?

M: A história do assentamento. Disto aqui, Nova Ipixuna. Aí, eu estando inclusa, meu companheiro e os demais companheiros que têm a construção desta história, o movimento.

F: E por que a senhora acha que é importante fazer um livro?

M: Eu acho importante porque, senão, a história vai acabar. Porque muitas pessoas passaram por aqui fazendo pesquisa, mas foram embora. E pouco retorna isto aqui de volta. As pesquisas que tem de retorno positivo são as pesquisas que estão vindo pelo Lasat. As demais pesquisas são só justamente para pegar fundamentação para as suas monografias, as vivências nossas. Mas qual o retorno que está trazendo para o município? Quem melhor seria para falar da história desta região que nós, que vivemos aqui? Alguém vem e fala, claro, superficialmente. Mas não conhece a história. Eu também não conheço, mas o pouco que eu cheguei, eu quero deixar um dia para alguém. Porque precisa fazer. É importante fazer isso. Eu tenho esse projeto de vida. Além da monografia — que essa é obrigatória —, esta outra já é um projeto.

F: A monografia, sobre o que é?

M: É o meu trabalho de conclusão do curso de pedagogia do campo.

F: A senhora está estudando pedagogia do campo?

M: É, concluindo. Disciplinas, está fechado. Mas, agora, eu estou arrumando a monografia.

F: E o que de mais importante a senhora quer contar daqui? Qual a experiência que você gostaria de transmitir da luta do assentamento?

M: Da luta, tudo. A primeira coisa importante do livro, como eu pretendo escrever esse livro, é a ousadia. [*Pausa, choro.*]

F: Qual é a ousadia? De vocês conseguirem ter a terra e viver na floresta?

[*Pausa, choro.*]

M: Eu acho que a ousadia... [*suspiro, choro*] é uma coisa que alimenta. Para mim, é o que alimenta a luta. [*Pausa e suspiro; pede desculpa.*]

F: Pode ficar tranquila, a sua luta é muito bonita mesmo, tem que contar, para ajudar nessa pressão que vocês sofrem aqui.

M: Eu acho assim: tudo o que eu falo, e qualquer coisa que eu escreva, tem lágrima. Eu acho que a tinta, quando eu estou escrevendo uma coisa, é borrada pelas lágrimas. Por que eu digo isso? Porque assim: quando se criou este assentamento, para mim, era uma coisa tão distante. Eu, mesmo sendo filha de agricultor — meu pai, toda a vida, trabalhou no campo. Meu pai nunca criou gado. Meu pai nunca criou gado, meu pai nunca teve ideia de gado. Meu pai era um homem de campo, de trabalhar o cipó da maneira dele, de coletar castanha e seus produtos da floresta. Mas, quando cria este projeto, aí eu comecei a me integrar com outras histórias. Aí chega a CPT, chega o Conselho Nacional dos Seringueiros, chega o Cepasp, o sindicato, enfim, e eu hoje, como liderança do Conselho dos Povos Extrativistas, que é o Conselho dos Seringueiros.

Então, assim: toda essa minha trajetória, chegando aqui, depois da criação deste assentamento, esta história de luta que nós estamos construindo aqui dentro, tanta coisa bonita que se viu falar. O agroextrativista foi um modelo em 1997. Depois, hoje, nós contamos com quem? Com a CPT. Não vou falar do CNS, porque sou suspeita, sou ambientalista e é a ONG [organização não governamental] que eu represento com todo o carinho, o Conselho dos Seringueiros, que vem nos sustentando, e a CPT. As demais, ninguém apoia. Não adianta chamar ninguém para fazer uma ação. Então, isso foi me angustiando. Foi surgindo a ideia de escrever o livro, e aí eu já pensei tanto que isto aqui é o fim e o começo. Isto aqui virou...

O projeto está sendo saqueado a cada momento. A biodiversidade está desaparecendo. Ninguém que ajudou a criar — ninguém entre aspas, sem falar da CPT, que sempre nos apoiou aqui dentro, os demais são omissos. Então, tem que ficar alguma coisa escrita. Não pode só eu fazer o meu trabalho da universidade porque é obrigatório. Mas eu quero deixar alguma coisa para as futuras gerações. Porque eu digo assim: se um dia você voltar aqui outra vez, daqui dez anos, cinco anos, um ano, daqui seis meses, não importa, um dia que você voltar aqui, você vai encontrar as mesmas pessoas, um pouco mais velhas, né, porque a gente envelhece. Mas a floresta é esta mesma, a ideia é esta mesma. Então, por isso. Mas nós não vamos ficar aqui toda a vida contando essa história, falando com as pessoas visitantes, fazendo entrevistas com os pesquisadores que chegam aqui. Eles levam essas pesquisas, mas que retorno está vindo para a comunidade? Então, a minha ideia é essa, por conta mesmo da luta que eu sei. Para mim, é importante.

F: Há quantos anos a senhora está nesta luta?

M: Treze anos.

F: Aqui?

M: Aqui. Porque o assentamento tem treze anos de criado, tudo com aqueles critérios da lei, né? Só que, quando foi criado o assentamento, nós já morávamos aqui havia dez anos. Morando aqui.

F: Então são 23 anos?

M: São 23 anos.

F: Que a senhora vive aqui?

M: De resistência. Vivendo aqui. Porque aí, enquanto a gente sofria ameaça, passava todas aquelas angústias, de pistolagem e tudo mais, mas, quando tinha tanta gente em volta da gente, era bom. Mas depois, que aí quando você lutou, parte dos trabalhadores foi assentada, recebeu os seus lotes, não. Aí, ninguém mais quer estar do seu lado. "Não, ah não, eu não vou fazer isso, porque…" Aí, coloca um: "Não vou fazer isso por conta da política…"; "Porque vai prejudicar o governo não sei de quem…"; "Porque vai prejudicar não sei o quê…". E aí, enfraqueceu. Agora, eu e meu companheiro, não. Nossa luta é esta. E pretendemos continuar.

F: Vocês estão cada vez mais solitários aqui?

M: Nós estamos. Com certeza. Porque, se não tivesse a CPT, apoiando assim, para estar divulgando nosso trabalho, para trazer aqui pessoas que têm o mesmo compromisso… Porque ninguém vai vir aqui… Poderia chegar qualquer uma outra pessoa que tivesse interesse: "Ah, vou fazer uma entrevista com a dona Maria e Zé Cláudio, porque eu pretendo divulgar alguma coisa", de interesse dele, que é diferente de quando a CPT encaminha alguém para cá, com esse ideal. O ideal de mundo que as pessoas e a sociedade entendam, que eu acredito, que a região sul e sudeste do Pará, esta experiência, ecologicamente, que nós vivemos aqui, são poucos. Pode alguém assim… Tem alguém. Eu não vou dizer… Tem alguém que acha importante, que é legal, que é preservar, que nós precisamos cuidar. Agora, colocar assim a sua face, frente a qualquer lugar, não faz. Porque tem o receio de alguém que pode matar.

F: A senhora vive com esse receio?

M: Não. Assim, eu não tenho esse receio da questão da morte, assim, esse negócio de ameaça, não. A gente tem um pouco de cuidado. Mas eu não tenho esse receio. Nem tenho receio de forma alguma. Nem para falar para qualquer tipo de madeireiro. Eu nunca escondo. Nem ninguém pode não gostar de mim, porque que eu falo mesmo. Madeireiro já me procurou aqui, agora parece que no mês de agosto, assim que eu cheguei da universidade, chegou um madeireiro aqui. Me procurando, que ele ia comprar uma madeira. Eu até ironizei, que ele falou que era madeira branca, e eu falei assim: agora piorou a situação para vocês, que vão ter que comprar a tinta para pintar madeira. Porque agora as madeiras todas são brancas, então vocês estão comprando tinta para pintar… Falei: "Não, você sabe qual é a minha posição, a minha posição é essa. E eu não vou, não adianta. Se você passar com madeira aí, eu vou fotografar o caminhão". E eu vou, na minha condição, com a minha possibilidade que eu tenho, de dificuldade de ir para Marabá… Nós só temos telefone celular, não tem internet, essas coisas que a gente pode imediatamente colocar. Porque tudo o que ocorre aqui, o que eu tenho no meu computador, se eu tivesse condição assim de, hoje, se acontecer aqui uma ação, e agora mesmo terminou ali, passar para lá e colocar no mundo, eu faria isso. Porque é um pouco, mas é aquilo que eu acredito que é importante fazer.

F: Ele veio aqui para comprar madeira?

M: Para comprar madeira. Disse para eu liberar ele, que ele tinha um vizinho que tinha vendido madeira, ele não ia levar madeira se eu não autorizasse. Falei: "Primeiro, você já chegou no lugar errado. Quem autoriza é o Ibama. O Ibama só autoriza se estiver legal. Tem plano de manejo?". "Não, não tem." "Então…" Ele disse: "Não, mas é uma madeirinha branca…". Foi a hora em que eu ironizei com essa história de pintar. Porque tudo é branco e tudo é pequenininho. "Ah, é uma arvorezinha, é uma madeirinha ali." Tudo é pequenininho. Mas o rombo na floresta fica imenso. É irreparável. Então… E madeireiro já veio aqui também oferecer propina. Quando ele vem oferecer propina, a gente fica com um pouco de receio.

F: Por quê?

M: Porque eles podem estar vindo aqui oferecer a propina, sabem que a gente não vai receber propina e adiante eles podem pegar a gente. Caminhão… Já colocaram caminhão madeireiro em cima da gente. Então, muita coisa assim. Gente da minha família. As pessoas começaram a ver essas coisas aí fora e diziam: "Dona Maria, a senhora não faz isso, não, é muito arriscado… Muito arriscado, não vale a pena". Tem pessoas que dizem.

F: O que é muito arriscado? Não querer vender madeira?

M: Não, defender. Ficar lutando. Denunciando madeireiro, denunciando todo mundo. Fazendo fotografia. Fotografando caminhão madeireiro, forno de carvão, todas essas práticas de ilegalidade que a gente pode pontuar hoje dentro do assentamento. Então, tem pessoas que dizem que não vale a pena. Para mim, vale a pena. Para mim, para o meu companheiro, vale a pena, sim. E para todos os demais que acreditam que é importante. Porque, para mim, a pior fraqueza do ser humano é a omissão. É a omissão. Porque, se eu não denunciar, mesmo eu não conseguindo ver aquilo que eu penso, que é denunciar e ver a efetivação da fiscalização, eles efetivarem a fiscalização de fato, como é de fato por lei, mesmo eu não conseguindo, porque aí já não depende mais de mim…

Mas o que é de minha condição e possibilidade, a gente faz. Mesmo não vendo nada disso acontecer, a gente não fica de braços cruzados. Tanto é que as pessoas têm um pouco de receio com a gente aqui dentro. E falam assim. Qualquer madeireiro está aí: "Mas não, a dona Maria e o Zé Cláudio estão aí…". Eles já têm medo da gente. Ontem mesmo caminhão jogou no Zé Cláudio lá na estrada. Porque eles já conhecem. Não tem como você não ser conhecido, tudo te caracteriza hoje, até uma moto, se usa alguma coisa. Quando você não está com uma coisa, tem outra coisa. E saber que é um risco — disso aí, eu não tenho dúvida.

Dizer que eu não tenho medo, estou sendo hipócrita. Isso é hipocrisia, se eu falar: "Ah, não, tenho medo não". Tenho medo, sim. Tenho medo, porque eles não medem distância. É um consórcio, não é um, são vários. Aí, é todo mundo, entra todo mundo, porque é do sindicato dos ruralistas. O sindicato está todo composto assim: é o latifúndio, são os madeireiros e são os carvoeiros. Por ser esta a única área de reserva nativa fragmentada, o olhar hoje de destruição está todo aqui, todo aqui. Todos os madeireiros vão e vêm para cá. E têm também a certeza de que nós não damos moleza, não. Mesmo com recurso pouco, a gente resiste. Mas uma câmera já dá para a gente fazer foto, a gente leva lá na CPT, o Batista pega e divulga. E aí, quando tem qualquer coisa importante, o pessoal fala: "Dona Maria, a senhora e o Zé Cláudio, é importante que o pessoal vá conversar com a senhora, para vocês contarem". Então, é por esse lado. Eu digo…

F: Qual é o sonho da senhora aqui?

M: Meu sonho, hoje, eu não posso dizer mais que é um sonho individual. Porque antes era um sonho coletivo de ver esta floresta, estes 22 mil hectares, estas quase quatrocentas famílias que hoje moram aqui, todo mundo agregando valor em sua renda com o extrativismo. Esse que era o sonho.

F: Vivendo com a floresta?

M: Convivendo com a floresta de forma sustentável, ecologicamente sustentável e viável e justa, né? Porém, esse era um sonho que já virou utopia mesmo. Mas aqui no meu lote mesmo, nesta parcela de terra que eu chamo de minha — a gente se acostumou a falar que é meu, mas a terra é da União e eu só tenho obrigação de cuidar dela, procurar viver da maneira melhor possível com ela, e poder mostrar para a sociedade que é possível se viver com os recursos da floresta de maneira sustentável. Não temos dúvidas disso. De forma alguma. Nossa alimentação é com o óleo da castanha-do-brasil — eu ainda estou com a história do Pará, essa mudança, esse renome que deram para ela, renomeando ela de castanha-do-brasil… A gente se acostumou historicamente falando castanha-do-pará.

F: A sua família trabalhava com castanha?

M: Sim, o meu pai trabalhava, e a minha mãe.

F: Eles eram castanheiros?

M: Eram. Minha mãe tirava castanha, e o meu pai. Eu me lembro assim, às vezes eu conto para o Zé Cláudio, que eu era tão pequena, mas eu lembro que eles saíam cedo, os dois, me deixavam em casa. Daí, deixavam e colocavam uma vasilha, uma lata de água junto da panela, que era para, quando fosse secando, eu subir, assim. Fizeram um jirauzinho, assim, para eu subir, que era para não deixar a panela queimar. E a minha mãe atravessava um igarapé muito grande, chamava Ubá. E, nessa travessia, um dia, ela estava com um paneiro de castanha, e uma arraia vinha descendo. Estava muito cheio o igarapé, enchendo, e aí uma arraia vinha descendo a enxurrada e esporou a minha mãe. Eu lembro, assim, uma vaga lembrança. Porque a casa era muito perto da água, e ela gritando, e aí o meu pai a trouxe. E aquele esporão de arraia atravessou a perna dela de um lado para o outro, de tão grandão que era. Eu me lembro, eu era tão pequena, acho que eu tinha uns quatro anos, mais ou menos, era pequena. Mas meu pai, depois que eu contei isso para ele, ele só acreditou porque eu estava contando. Ele não acreditava que eu tinha aquela memória. Mas, quando a gente é criança, a memória está bem limpinha, não tem muita sujeira. A gente vai ficando cheio, juntando tanto problema, que acontece uma coisa hoje e amanhã a gente fica tentando lembrar, o que era aquilo, o que foi. Tem essa coisa mesmo de idade.

F: A cidade onde a senhora nasceu vai ser inundada pela hidrelétrica de Marabá?

M: Pois é, que pena.

F: A floresta aqui virou pasto. O que está acontecendo com o mundo aqui, como a senhora vê isso?

M: É, só tem uma palavra que defina todas essas coisas: é a ganância. A ganância é muito grande. E este projeto, este projeto, eu acho que vai perdurar para o resto das gerações. Porque o pequeno, ele copia o grande. O fazendeiro chega, se instala do lado de um pequeno agricultor e começam as ideias a impregnar naquelas famílias, que ele tem que criar gado. Então, vai criando gado, vai acabando. Hoje, o assentamento, eu digo assim: hoje, o ar é cinza grafite. Agora há pouco, estava tudo tomado de fumaça. Fumaça para todo canto. Aqui, não tinha esta quentura que tem hoje. E ainda com esses fragmentos de coisas, mas é assim. Aqui, hoje, o assentamento só existe mesmo no papel, porque não vão mais derribar aquela portaria para criar outra para mudar o nome. Mas o Praialta Piranheira de 1997, daquela filosofia, daquela luta, não, jamais. É triste você ver um plano de recuperação. Quando criou o assentamento, um PDA, Plano de Desenvolvimento do Assentamento. E agora, em 2009, Plano de Recuperação do Praialta Piranheira.

F: Recuperação por quê?

M: Recuperar não sei o quê. Que eu não sei qual é a ação de recuperação, que não lutaram nem para conservar o que tinha, para nos ajudar. Você vê homem público dizer assim, na minha cara, dizer assim: que as pessoas aqui não gostam de mim por conta da nossa luta. Porque a gente vai e denuncia madeireiro, denuncia carvoeiro, e esse grupo de empresários de Ipixuna, nenhum gosta de nós. Eu falei: "Entrem na fila. Não gosta? Pode entrar na fila. Não me preocupo nenhum pingo". Não gostou, não gostou. Não sento para discutir. Vou continuar com a minha ideia mesmo. Nesse ponto, eu tenho um pouco da ideia marxista, né, e não deixa de o Paulo Freire vir junto, e o Gadotti, e todo mundo. Esses grandes pensadores de luta. Leonardo Boff e todo mundo.

F: A senhora tem bastante coisa escrita?

M: Tenho uma porção de coisas. E alguém vai juntar, fazer os recortes, e outro vai pegar e dizer: "Não, a dona Maria tinha esse plano, esse projeto de vida, não deu para fazer". Mas alguém chega e fundamenta, dá uma melhorada aí, pega o que eu já tenho aqui, e faz alguma coisa. Mas tem que ficar alguma coisa.

F: É a senhora mesmo que tem que fazer.

M: Pois é. [*Silêncio, engasga.*] Companheiro, a luta não é muito fácil, não. Porque o ecologista, o ambientalista é visto como a pessoa do atraso. Isso é o que dificulta a relação. E não tem como um ambientalista ter diálogo com grupo de agronegócio e fazendeiro. Não tem como. É inviável. De forma alguma. Nunca dá. Não dá certo. A água não se mistura com o óleo. E o ecologista é a água, o óleo é o que fica em cima, que são eles, e nós é que ficamos aqui na luta, na base mesmo. Eles não têm o discurso de que "Ah tem que sentar", para negociar, conversar? Uma época sentaram. Chamaram o Ibama, diz que era para discutir o futuro do Praialta Piranheira. Lá fui eu, mais o Zé Cláudio, para Nova Ipixuna.

Quando chega lá, a pior decepção do mundo. Meio mundo de moto e carro. E eu falei: "Ôxe, que história é essa de reunião com madeireiro?". Eu estranhei, porque a reunião era com os movimentos que ajudaram a criar o assentamento. Quando chego lá, o presidente da Câmara me chamou em um quarto separado e me falou: "Aconteceu uma coisa. A reunião vazou, os madeireiros e os carvoeiros estão todos na plenária para conversar". Falei: "Estou fora. Não sento e não discuto, porque a nossa fala vai ser debate, vai ser discurso e não vamos chegar a lugar nenhum". E então vai discutir o futuro. Que futuro? Com carvoeiros que estão aqui acabando com o assentamento?

E cada dia mais está passando as imagens, tem satélite que capta as imagens do Praialta Piranheira, tem não sei o quê. Para nada! A serraria em Nova Ipixuna está fechada e não sei onde estão serrando castanha. Foram fechadas. Eu não vou dizer que não foram. Duas, eu vi fechadas, lacradas, tudo mais. Mas, aí, o cara é truculento, muda, vai serrar na outra. E é castanheira. Não é outra coisa.

Aí, vem um palmiteiro lá de outro município acabar com os palmitos aqui dentro do assentamento. Aí, vem um outro que é da colônia de pesca, que, na época do defeso, da piracema, o peixe é todo... É feito o tráfico do peixe de madrugada daqui para o Maranhão, para Imperatriz, para Teresina, peixe não fica em Nova Ipixuna. Então, todo tipo de truculência, todo tipo de atitudes que são negativas, consideradas negativas, acontece aqui. Tudo acontece aqui. Quando se criou o assentamento, até 2005, ainda se pode falar de uma história decente. Aí, hoje, ficou o quê? As experiências que o Lasat trouxe.

F: O que é o Lasat?

M: O Laboratório Socioeconômico do Tocantins, que é por isso mesmo que nós estamos ainda nesta luta. Eu até, esses dias, falei para o Claudionísio[38] uma coisa: "Cláudio, se você tivesse indo embora da região, tivesse voltado para o Ceará, que é a tua terra natal, ou estivesse lá na Amazônia, lá para o oeste do Pará, lá para Tapajós-Arapiuns, nós íamos vender aquilo ali, isso aí. Porque eu tenho vergonha".

F: A senhora pode vender aqui?

M: Não, vender não. Mas os outros passam a parcela para outra pessoa. De tanta angústia. Nós somos seres humanos, e chega um momento em que você não dorme. Você fica até uma e meia da manhã... Ontem, nós ficamos até uma e meia da manhã conversando. Porque às vezes você sente angústia demais. Você fica sem força. Se você vai com o vereador, o vereador, que é um homem público, chega um vereador aqui só com demagogia. Chegou um grupo de vereadores, admirando: "Meu deus, vocês têm todas essas

---

[38] Claudionísio de Souza Araújo, engenheiro florestal que apoiou o casal na elaboração de um plano de manejo sustentável.

experiências aqui. Ave Maria, não sabia…". Falam como se eles viessem lá do Iraque.

F: E eles vêm de onde, Nova Ipixuna?

M: Nova Ipixuna. Admirando! Do óleo da castanha, do não sei o quê. "Ah, meu deus do céu, dona Maria, ave Maria, mas eu não sabia." Só demagogia. Que são políticos, não é? Só demagogia. É como se eles fossem de fora do planeta. Aí, eu sou convidada mais ele para uma reunião, e vem o secretário: "Dona Maria, eu quero que a senhora… Discutimos ontem uma festa da castanha! E a senhora foi a pessoa principal colocada na pauta". Eu digo: "Para quê? Para ir fazer mais aquele ritual de ficar na mesa? 'E agora vamos compor a mesa: fulano de tal e fulano de tal, representa não sei o quê para quê.' Não. Se for para isso, meu irmão, pode virar a página. Não funciona". "Não, senhora, não é…" "Pois cuide, porque, senão, daqui a pouco, vão fazer uma festa simbólica da castanha, pegando massa de modelar e massa de durepox e desenhando as amêndoas e os ouriços e as árvores da memória da castanha." Porque é justamente como diz o Pedro Oliveira. No livro *Castanheiro*, ele fala que realmente criaram em Marabá o Festival da Castanha. Realmente, quando morre alguém, a gente costuma comemorar. A memória póstuma de alguém. Eu falei: "Se for para fazer isso, pois cuidem, que as castanheiras estão sendo serradas aqui e ninguém vê". Eu digo mesmo. Não estou para agradar, o que eu quero falar, eu falo. Eu não estou para agradar.

F: E eles sabem que a castanha está sendo serrada?

M: Se está serrando toda em Nova Ipixuna…

F: E eles fingem que não sabem?

M: Fingem que não sabem. Vêm dizer Festival da Castanha. Que festival de castanha? Só se for simbólica. Aí, vão gastar muita massa de modelar para fazer as amêndoas, né? Porque nem os derivados comestíveis não vão poder, é uma festa simbólica. Em homenagem às memórias das castanheiras, porque estão sendo serradas todas em Nova Ipixuna, para os olhos de todos. Só que não querem ver. Aí, você sente angústia. Eu, em alguns momentos, a gente fica um pouco, tipo assim, a palavra certa seria "decepção". Eu imaginava que, criando este assentamento, tanta gente que veio, tanta gente que acompanhava... Depois, ficam duas pessoas aqui dentro e a CPT lá em Marabá e o Lasat com a pesquisa aqui. Só. Hoje não tem mais aqui sindicato, aqui não tem mais Fetagri, aqui não tem mais nenhuma das organizações que ajudaram a criar.

F: Vocês ficaram sós?

M: É. Ficamos só. Parar caminhão madeireiro é ousadia para poucos. O companheiro para. A mulher faz fotos. Descobrimos agora que não tem como pegar mais eles aqui, porque eles já descem, vêm com tudo, o caminhão em silêncio, só vem reduzindo. A gente vai lá no topo da ladeira, que é o jeito mais prático, porque não tem como ele subir, não tem como voar, aí a gente pega do jeito que a gente quer. Pelo menos que fique isso aí documentado.

F: A denúncia?

M: É, a denúncia.

F: É o que vocês podem fazer?

M: É só o que nós fazemos aqui. Aí, como a gente faz: a gente vai à CPT. Lá, o Batista... A gente leva tudo aqui, arruma todas as fotos. Eu faço, digito alguma coisa, aí o Batista, como advogado, tem as palavras mais adequadas na questão da lei mesmo, para poder estar pressionando eles. Mas, se não tivesse a CPT, nessa questão de denúncia, tanto quanto a nossa vida, a integridade física nossa mesmo... Porque a gente está correndo risco mesmo, então a gente vive aqui em constante ameaça. E agora nós estamos vivendo este momento. Não sei nem quando nós vamos dizer assim: que não vamos viver. Porque, enquanto a gente estiver aqui, vai ser dessa forma. Nós não vamos mudar nosso ritmo de vida. De maneira nenhuma. Mudar por quê? Ser omissa? Não. Então, não tem debate. Tem Semana de Meio Ambiente em Nova Ipixuna, é com flores artificiais. Então, realmente, eles estão prevendo o futuro do que vai acontecer. Porque a única floresta nativa do município, ainda fragmentada, é esta.

F: Não sobrou mais nada?

M: Não sobrou nada, nada. Acabou tudo. E aí, então, vêm as consequências. As consequências são muito grandes. As águas, aquelas águas pequenas que tinha aqui, não tem mais. Acabou tudo. Estão secando todas elas, por conta do desmatamento que está muito grande. O Ibama vem em Nova Ipixuna, tudo bem. Agora mudou de gestão, o Ibama, agora. Tem uma pessoa agora que, aparentemente — não posso nem dizer que não seja —, ele foi o único que fez uma ação que nunca tinha acontecido no município: fechar a serraria, lacrar.

F: Isso nunca tinha acontecido?

M: Nunca tinha acontecido.

F: Aconteceu quando, este ano?

M: Agora, no mês de agosto. Agosto para setembro. Ele fechou duas serrarias em agosto. Lacrou duas serrarias, depois de Ipixuna, em direção a Marabá. Elas estão fechadas, lacradas.

F: Elas serravam castanha?

M: Só castanha.

F: Isso diminuiu a pressão sobre as castanheiras ou levam para outra serraria?

M: A gente está acreditando agora que eles estão levando para outra serraria.

F: Porque continua saindo castanha.

M: Porque continua serrando castanha, continuam.

F: Castanha?

M: Só castanha.

F: Não tem outras árvores?

M: Não tem outras mais. Eles estão levando aqueles fragmentos, que fica um pouquinho… Mas, geralmente, é só castanheira. E agora elas estão no período, algumas já têm ouriço já bem grandinho. Já estão em formação, as amêndoas. Eles estão derribando. Aqui, logo a semana passada, eles derribaram aqui no lote do vizinho, os ouriços todos em formação. Aí derriba, leva, vai embora. Sem se falar da riqueza, a importância dela viva, da floresta em si. Especificamente a castanha, porque é a maior fonte de renda. A castanha aqui foi quem regeu a economia deste município. Ela começa lá nos Mutran, porque era onde concentrava, e concentra até hoje, infelizmente. Castanha mesmo, é pouca. O número, a quantidade de produção, é pouca. Mas eles ainda conseguem, lá em Belém, trabalhar a castanha. Pouca, mas ainda tem. Indo daqui. Isto aqui só predominava castanha. Só predominava castanha. Era castanha. Você vê ainda aí o que predomina acima das demais árvores, como ela é excelsa mesmo, ela é soberana das outras árvores, ela fica acima de todas ali. Então, ela é, a castanheira, para nós, é uma fonte de renda. Não tem dinheiro, na nossa linguagem… Se ela der vinte litros de amêndoas… Para nós, ela tem um valor significativo, muito grande.

F: A outra opção é não ter essa fonte de renda?

M: Pois é, aí vira uma monocultura. Aqui já tem o morador rural, que tem o lote, desmatou todinho, e colocou pasto. Pasto acabou, porque ele colocou gado demais, não deu conta. E hoje ele está morando, mas está trabalhando no lote de outro, colhendo arroz no lote de outro, indo fazer farinha, arrancar mandioca, pegar banana, enfim. Então, hoje, ele é o morador rural, porque ele tem benefícios como morador rural. Porque ele tem o lote que está dentro do critério do assentamento, ele recebe benefício do governo, ele vai se aposentar, é um lugar tranquilo, está mais livre de bandido. Então, de certa forma, ele está protegido. Mas, por outro lado, ele está sobrevivendo como um morador rural, trabalhando para os outros. Prestando serviço para a comunidade. Mas não é mais um agricultor.

F: O Incra não ajuda vocês?

M: Não, até agora não. Diz que criaram um setor de Meio Ambiente desde 2007; agora, eu não sei, de fato, qual é o papel desse departamento dentro do Incra de Marabá.

F: Nunca vieram aqui?

M: Não. Aqui não.

F: Nem para prestar auxílio?

M: Nada. E se for falar disso, se trouxer alguém do Incra e for falar dessas experiências, vão fazer igual aos vereadores. Ficar todo mundo aqui atônito: "Ó, meu deus…".

F: Eles tinham um convênio com a Coopserviços?

M: Eles têm convênio. A Coopserviços fazia a via-crúcis para poder falar com eles e nunca conseguiu. A Coopserviços, com a força que tem, do Mano Wambergue, que o Mano conhece esta realidade e isto aqui. Porque o Mano conhece isto aqui, o diretor da Coopserviços. Antes de criar este assentamento, ele estava nas discussões, o Mano. Participou lá no Santinho, no Praialta, lá para cima. Então, a Coopserviços, que tem um trabalho, que é uma prestadora de serviços, nunca conseguiu trazer ninguém aqui… E olha que eles tentaram, para ver a realidade. O Mano disse: "Maria, o povo faz tudo…". Eles desconhecem. Se trouxer alguém aqui lá do setor do Meio Ambiente do Incra, eles vão fazer igual aos vereadores, vão se espantar: "Ah, mas tem essa experiência aqui? Mas é importante demais, mas gente…". Aí, é tudo assim, você faz tudo assim. Você faz uma cartilha dessas heresias que eles fazem aqui. O setor de Meio Ambiente do Incra não funciona. E em Nova Ipixuna também tem a Secretaria de Meio Ambiente. Mas o secretário é madeireiro.

F: O secretário de Meio Ambiente?

M: O secretário de Meio Ambiente é madeireiro.

F: Ele não ajuda vocês?

M: Nem. Só porque ele recebe dinheiro todo mês. Porque diz que ele é mais envolvido com esporte que com a questão de meio ambiente, e chegam lá e nunca encontram. Eu nunca fui lá. Mas eu pretendo, quando eu folgar um pouco das minhas escritas aqui, eu vou lá saber de fato qual é o papel e que ações eles têm. Porque ele tem que dizer qual é o papel dele aqui dentro, da secretaria no município, especificamente aqui, e que ações eles já pensaram em fazer aqui. Nenhuma. Porque, se ele é madeireiro… O gestor municipal, não é hoje, agora, mas tem serraria aí para o rumo do oeste do Pará.

F: A luta de vocês agora é para que não tirem madeira da terra de vocês?

M: Da nossa terra não tiram. Isso aí, nós não temos medo, não. Essa ousadia de a gente fazer foto é, em uma ideia geral, de preservar mesmo a filosofia e preservar a floresta. Porque, do nosso lote, não tiram, não. Porque o nosso lote tem um plano de manejo. Se nós não tirarmos nem uma árvore, ela está aí. Nós fizemos, de fato, o plano de manejo, nem tanto pensando nessa questão de vender madeira. Nós fizemos o plano de manejo porque nós temos a consciência da importância que tem a floresta em pé. Esse que foi o objetivo principal: é a floresta em pé. E a sociedade ver. Porque nós já serramos madeira aqui, para a construção de casas. E a gente sabe quanto os trabalhadores são lesados pelas empresas madeireiras. São lesados. Porque eles compraram, teve um certo madeireiro empresário em Nova Ipixuna, e foram uns três ou quatro que, em 2006 ou 2007, compraram a floresta inteira dos agricultores: seis alqueires de floresta, por 3,5 mil reais. Eu tenho documento, recibo de agricultor, que foi lesado. A floresta inteira! E o pior…

F: Eles não sabiam o valor da floresta?

M: Não sabiam. O que o madeireiro fez: veio com o dinheiro na frente, logo. Fizeram uma reunião para lá, com acordo de organização local, na época. E trouxeram os madeireiros. E lá já estava todo mundo com a pasta com dinheiro. E aquele recibo. Tudinho igual, vários. Só mudava a assinatura. Quem não sabia assinar, colocava a impressão. Mas cadê a condição que deram para eles lerem aqueles recibos?

F: Tinha gente que não sabia ler?

M: A maioria. Eu tenho recibo aqui de gente que não leu, que não sabe ler, só colocou a impressão. Quando ele chegou aqui para mim com o recibo, que eu li, e que diz assim: "Por tempo indeterminado, a extração de madeira no lote do fulano de tal de x, agricultor, a extração de todas as espécies que lhe convêm para a sua indústria madeireira".

F: Mas esse contrato é ilegal.

M: É ilegal, claro. Nós sabemos que é ilegal. Acontece que os agricultores foram lesados.

F: E eles não entraram na justiça?

M: Não, não entraram na justiça. Se acomodaram, ficaram com medo. Porque teve madeireiro que ameaçou agricultor. Chegou com a polícia. Em um desses núcleos, ele trouxe a polícia disfarçada de fiscal, e entrou no lote de dois agricultores e tirou toda a madeira. Porque ele já tinha pego toda a orientação, e o Zé Cláudio falou: "Não deixe tirar, porque o plano de manejo não é assim". Mostrou como era o plano de manejo nosso, falou direitinho. Não mostrou, porque ele não sabe ler. Mostrou assim, com palavra. Falando: "Não faça isso... O plano de manejo é isso...". Ficaram bem orientados. Eles ainda aguentaram um ano, segurando. Certo dia, eles chegaram lá. Aí, falou que ia levar mesmo, e levou tudo. Carregou tudo. Ameaçou. Ameaçou de morte. Se ele não deixasse, eles iriam tirar mesmo.

F: A senhora tem medo de que isso aconteça aqui com vocês?

M: Não. Com relação à floresta, para tirar, não. De forma nenhuma. Isso aí, eu...

F: E ameaçando...

M: Agora, ameaça é essa ameaça que a gente faz que denuncia eles. Aí, isso aí...

F: E já vieram fazer ameaças direto?

M: Já. Assim, um dos madeireiros veio oferecer propina. Disse que era para poder trabalhar aqui. Os outros, a maioria, já vêm já mandando. A pessoa já vem mesmo aqui, assim, na intenção de fazer a ação. O que eles vêm lutando há muito tempo.

F: O que é fazer a ação?

M: É matar, né. Porque foi o mês de agosto — eu não estou lembrada quando é que nós fotografamos um madeireiro. Coincidiu. Essa foto nem tinha chegado à CPT. Nós fizemos a foto em um dia. Mas nós tínhamos feito uma denúncia na Procuradoria da República, em Belém, com o doutor Felício Pontes [MPF]. O doutor Felício Pontes cobrou do Ibama a fiscalização. Coincidiu. No dia em que fizemos as fotos aqui, no outro dia o Ibama chega em Nova Ipixuna. Aí, o madeireiro falou: "Foram eles, ontem tiraram as fotos dos caminhões". Coincidiu. As fotos não tinham nem saído daqui. Aí, coincidiu essa denúncia com a foto. Aí, virou uma confusão.

Dali a pouco, o Zé Cláudio saiu para a floresta e, aí, chegou um rapaz de moto — ele não chegou de moto, chegou de pé com o capacete, com o boné e um óculos escuro. Aí perguntou: "É aí que mora o…?". Ele ficou logo ali assim: "O seu Zé Cláudio mora aqui?". Eu falei: "Sim". "Cadê ele?" "Está para a floresta." Mas o Zé Cláudio estava era para Nova Ipixuna [Marabá, corrige José Cláudio ao fundo]. "Ele vai demorar para chegar?", perguntou. "Ah não, quando ele vai para a floresta, não tem hora de chegar", eu falei. E perguntei: "O que é que é?". "Não, é porque a minha moto deu um probleminha ali na entrada, travou a corrente, aí me informaram que ele mexe com moto." Eu falei: "Não, quem lhe falou informou errado. Ele não mexe com moto. O rapaz que trabalha com moto mora daqui uns três ou quatro quilômetros". "Não, mas ele tem moto." "Sim, ele tem moto, mas ele não conserta moto." Eu falei: "Você quer a chave?". Ele falou: "Era. Mas é só com ele, porque ele tem habilidade". Eu falei: "Pois é, então não vai ser possível".

Aí, ele olhou assim, para um lado e para o outro, e falou: "Ah, você mora dentro do mato, né?". Eu falei: "Não. A gente mora dentro de casa. Nós somos rodeados de floresta, que é diferente. Morar dentro do mato é um fato, mas eu não moro dentro de mato, eu moro dentro de casa. Agora, em volta da minha casa é que tem floresta. Quem mora dentro do mato são os animais". Aí, ele disse e olhou: "E aquilo ali?". Ele olhou para o paneiro de castanha. "Aquilo ali é castanheira?" Eu falei: "Não, ali é castanha. Castanheira é a que sai em cima dos caminhões". Aí, ele disse: "Então, tudo bem, é só isso". E desceu. E eu desci aqui embaixo, por baixo do sítio, e aí estava outro lá em cima na ladeira. Aí, virou assim para ele, como quem diz: "E aí?". E ele fez um gesto. E logo a moto funcionou. A moto tinha travado a corrente havia pouco tempo e, com pouco tempo, a moto já funcionou, chegou lá e foi embora. Isso foi no mês de agosto.

F: Agosto, quando?

M: Agora, de 2010. Então, assim, está bem recente. E, dali para cá, vem, né? E eles vêm, fazem discussão em Ipixuna. A gente sabe que... Então, hoje, nós... A gente não sai. Ipixuna, só vai alguma coisa, é rapidinho. Não participa mais de reunião, aglomeração de pessoas. Porque somos muito conhecidos. Chega em um lugar desses, aí não tem jeito, aí você sabe lá, eles usam a arma com silencioso, você está lá no meio de gente e cai lá no meio mesmo: "Meu deus, caiu". E, olha, acabou. Porque eles têm, eles têm. Eles têm condição de fazer mais disso. Então, a gente aqui é que tem que ter cuidado. A gente muda. Como aqui hoje tem várias vicinais, a gente entra por um canto, sai por outro. Entra aqui e sai lá em Morada Nova. Outra hora, entra em Morada Nova, sai pelo quilômetro 41... A gente vai caçando essas vicinais para se proteger...

F: Eles querem fazer isso só para tirar madeira?

M: É. Porque eles acreditam que, matando eu e o Zé Cláudio… Agora, eu digo assim uma coisa: eu posso morrer junto com o Zé Cláudio, caso eu estiver junto com ele. Com ele, eu acredito, porque sou testemunha viva. É lógico que eles não vão me deixar. Assim como mataram dona Cleonice [Campos Lima], lá em Morada Nova, mataram o seu Dedé (o Zé Pinheiro). Mataram dona Cleonice, entraram no quarto e mataram seu Dedé, e foram saindo, o filho foi atender, e o mataram. Porque são testemunhas vivas. Agora, eu sempre digo: eles não me pegam sozinha. Não. Eu acredito que não, eles não vão ter coragem de me matar, sabendo que a pessoa forte que está do meu lado é o Zé Cláudio. Agora, eu estando com ele, por isso é que é mais fácil, porque já virou, assim, até uma cultura. Nada que o Zé Cláudio fala em ir a algum lugar, eu gosto de ir com ele. Eu não sei se é uma maneira já de gostar de andar junto mesmo, talvez seja mais isso mesmo. Mas onde sempre um está, o outro está junto. Qualquer lugar. Vai visitar agricultor, nós vamos juntos. Até coisa que ele pode ir só, ele fica esperando eu terminar alguma coisa para ir. Aí, eu tenho certeza que eu, sozinha, eles não me pegam. Não, de jeito nenhum.

Eles mataram a irmã Dorothy, mas não é o meu caso. Irmã Dorothy era uma freira, não tinha marido. Eu tenho marido de uma personalidade forte. Porque ele já teve, assim, momento de discutir com pistoleiro. Aqui em Nova Ipixuna, embaixo de posto de gasolina. E eu presenciei. Então, eles já sabem que ele tem a personalidade forte. Jamais eles vão me pegar e deixar o Zé Cláudio: nunca. Eles não vão fazer, cair em uma besteira dessas. Nunca, nunca. Se pegar, pega os dois. Agora, pegar a Maria e deixar o Zé Cláudio, isso eles não fazem. Que eu já fiquei em Nova Ipixuna, debaixo daquele posto, o pessoal me assombrava: "Dona Maria, a senhora está aqui, cuidado, o pessoal". Eu falei: "Mas não, eles não me pegam só, não. Eles só me pegam com o Zé Cláudio". Eu tenho sempre essa impressão, porque, todos os momentos, a gente estava junto. Todos os momentos de ameaça… Que aí vêm muitas ameaças. Antes, era fazendeiro. Aí, hoje, não, concentrou mais aí no grupo dos empresários, que é o latifúndio, porque nós denunciamos mesmo: concentração de terra, venda ilegal de madeira, produção de carvão vegetal. Isso aí…

E tem uma outra coisa que nós não atingimos ainda, que é a colônia de pescadores, que tem mais de mil cadastrados que não são pescadores. De fato, os pescadores que têm atividade de pesca, no mínimo, se chegar a cem, o número… E tem mais de mil cadastrados na colônia. Recebendo seguro-desemprego ilegalmente, porque estão roubando dinheiro da União. Nós não chegamos ainda aí, não. Mas eu pretendo chegar: fazer uma denúncia bem organizadinha, que eles tomam conhecimento. Porque, se vier a acontecer, não vão me achar omissa. Dizer: "Você sabia disso e não falou". Podem não fazer nada, mas o pouco vem acontecendo.

Agora, eu digo assim: o efeito que a CPT tem trazido para nós tem sido muito positivo. Porque, quando você publica alguma coisa, acontece qualquer coisa, nós vamos para a CPT. Eles colocam logo nos jornais locais. No *Liberal*, esses jornais de maior circulação no município. Então, esses jornais de maior circulação, todo mundo está com ele na mão no outro dia. Com isso, eles têm um pouco de receio. E dizer assim… Porque um dos empresários, eu não sei qual, mas disse que o Zé Cláudio ainda não morreu porque ele está nessa região, porque, se ele estivesse em outra região, ele já teria morrido. Não sei qual é a outra região, porque não sei se tem região para matar ninguém. Eles matam mesmo. Lá em Ipixuna, ainda bem que nunca aconteceram esses episódios, mataram só um companheiro nosso, o Geraldinho, mas esse não era questão ambiental. Era questão de ocupação de área. Não era essa questão nossa. Essa questão nossa, ela é muito mais perigosa. Eu, do meu ponto de vista…

F: Mexe no bolso deles?

M: É. Mexe no bolso. Mexe em muita coisa. Aí, eles conseguem colocar os trabalhadores contra a gente. Dizer que as serrarias estão paradas... Porque eu vinha dentro da van, logo assim, uns três ou quatro dias que tinham lacrado a serraria, aí eu estava para Marabá. Quando a van chegou em frente [à madeireira], a mulher falou: "Olha aí, o que fizeram, com o Ibama, o que o Ibama fez. Trancou as serrarias aí, lacrou as serraria todas aí. Agora, como é que o pessoal vai viver? E aí?". E um homem falou: "Isso aí é só lá um homem e uma mulher que tem lá para o rumo da Massaranduba, que não deixam o povo ter sossego". Eu estava do lado, com a Claudenir, e eu fiquei na minha, né? Descemos lá também e, aí, eu liguei para o Zé Cláudio. A mulher falou: "É o pessoal do atraso, é o pessoal do atraso. Hoje está aí, todo mundo de cara para cima, porque...".

Eu não ia, dentro de uma van, perder meu tempo, meu precioso tempo, até porque eu ia me desgastar também. Eu não ia saber também qual a reação. Elas podiam me pegar, me dar mesmo de bolacha, pancada. O lugar é apertado, não dava nem para eu me mexer, nem para correr — que a única coisa que eu sei é correr, porque, para outra coisa, eu não presto mesmo. Para correr, eu sei que eu fazia isso. Mas se tivesse um lugar que me oferecesse condições. Agora, dentro de uma van não dava. Aí, a Claudenir olhou para mim, sorriu. E a mulher: "É o atraso!". Aí, um homem lá atrás falou assim: "É, mas, enquanto eles vivem trabalhando na ilegalidade, vai acontecer é isso mesmo". "Não, não é, não, é porque tem gente atrasada, aí agora está o maior prejuízo." E falou o nome do madeireiro: "Pegou a multa, mais de trezentos mil reais, e não vai ter condição de pagar...".

Tipo assim: o oprimido defendendo o opressor. E eles conseguem fazer isso. O oprimido consegue defender o opressor, que é o patrão. E recebe lá uma hora extra, recebe um salário-mínimo. Escravos: são escravos mesmo. Nem a carteira assinada, a maioria não assina mesmo. Inventa um negócio de um serviço temporário, que é justamente para poder ludibriar a lei mesmo. E aí, fica enganando. Final de ano, são muito gentis. Ave Maria, são bons demais! Fazem cesta básica, colocam um vinho, colocam aquele panetone da marca pior que tem. Aí, o patrão faz uma cesta e leva. E todos os funcionários, à tarde, recebendo aquela cesta: "O patrão é muito bom, todo fim de ano dá uma cesta básica. Todo fim de ano, dia 23 de dezembro". E o que ele vai comer daqui para chegar o outro 23 de dezembro? Mas, infelizmente, são alienados ao sistema. Ninguém pode culpá-los. São alienados.

Não é o meu caso. Eu nem pensei. Eu nem imaginava assim. Quando eu paro para pensar quanto eu aprendi neste movimento... Aprendi muita coisa. Aprendi a ser ousada. Aprendi a me reconhecer como a minha classe. Aprendi com todo mundo que passa por aqui. Aprendi com as histórias do Chico Mendes. Digo mais: a minha luta, eu fundamentei mesmo toda a minha história foi na história do Chico, a partir do momento em que eu comecei a ler o que o Chico fez no Acre, e que é mais uma das sementes que ficou por aí. Nós somos dois, tem mais uns.

Tem educador aqui que trabalha temas voltados à questão do meio ambiente. A minha irmã, ela é educadora aqui no PAE e ela trabalha só essa questão mesmo. Mas ela diz assim, ela trabalha, mas cada um tem a sua forma. Ela trabalha dentro da sala e eu, no sistema informal, fora. Tem uma que está dentro da sala, tem outra que está fora. Precisa ter muita gente com essa ideia. Eu sou da denúncia e ela é da formação. Mas é porque o caso agora é de denúncia. Agora, não é mais da formação. Da formação, só mesmo na escola. Porque, começando, não tinha denúncia, agora tem que ter. Tem que barrar madeireiro, tem que barrar carvoaria.

E eu só vou ficar contente com uma coisa: no dia em que toda serraria de Nova Ipixuna… Que for, dizer assim, comprovado que todas são ilegais, que todas fechem, as serrarias, e que todas as carvoarias que tem dentro, que todos os fornos de carvão que estão sendo instalados aqui dentro sejam derribados. Aí, não vou dizer que eu estou contemplada. Não, não vou dizer ainda, não, porque a vida continua. A luta continua. Mas eu vou me sentir, posso me sentir um pouco mais aliviada das angústias. É angústia demais. Se anda para todo lado e é carvão, caminhão de carvão, caminhão com carvão, caminhão com castanheira, no período do defeso.

F: E queimam castanheiras para o carvão também?

M: As galhas, que vão ficando no caminho, eles aproveitam tudo. Vai ficando sem nada, o solo vai ficando completamente empobrecido. Tudo vira carvão. Porque alguém está fazendo carvão e está dando dinheiro, o outro também vai fazer porque está dando dinheiro também. Eu até costumo ironizar: se alguém está fazendo alguma coisa e diz: "Fiz isto aqui e isto aqui deu resultado para mim", eu vou fazer, porque fulano está fazendo. Tem pessoas aqui dentro que disseram para mim que pararam a atividade do carvão porque não viram o resultado. Outros não. Outros acham que é legal. Os caras do carvão patrocinam todo o material. Todo o material, eles patrocinam. Aí, tudo aquilo ali vai retornar em carvão quando queima o forno. Fica na dívida. É o caderno, é o escravo: o próprio dono do lote é escravo dele mesmo. Vive na escravidão. Porque tem gente que não conseguiu pagar mais o empresário do carvão e teve que pagar. Porque eles compram junto de boi, compram tudo junto.

Agora, outra coisa pior, associada ao carvão, é eles chegarem e dizerem para o agricultor: "Eu compro carvão e eu pago a roça tua, para fazer a tua roça". Eles pagam para fazer o roçado, brocam a floresta. Demora, demora para derrubar, que é justamente para não queimar. Aí, quando queima, eles passam outro tempo para tirar aquela madeira. Quando vai tirar a madeira, não dá mais tempo de o agricultor plantar mais nada. E o que o agricultor vai fazer? Botar capim, sem ter nem um jumento para comer capim. Nem ele mesmo vai comer capim. E aí, não tem lá uma banana, não tem uma mandioca, não tem nada. É o que os carvoeiros estão fazendo aqui. Eu não coloco agricultor como o principal culpado. Porque a pessoa, quando não tem o conhecimento, é fácil ser enganada.

F: Quem é o culpado?

M: Culpado é o empresário do carvão, que aliena as pessoas, que engana as pessoas, com as propostas indecentes. Porque tem gente que não tem essa ideia. Porque eu tenho minha ideia: eu sei que eu sobrevivo dos recursos da floresta. Eu tenho consciência disso. Porque eu arrisquei, me arrisquei a experimentar. Passar dificuldades aqui, de ficar quase no zero. Mas acreditar que era possível. Mas nem todo mundo quer ficar só com duas camisetas, com duas blusas, lavando uma para vestir no outro dia. Esperando que a floresta lhe retorne. Nem todo mundo vai botar só o feijão na mesa, porque está esperando que a floresta lhe dê retorno.

F: E hoje a floresta dá retorno?

M: Mas nem todos têm essa paciência de esperar, corre logo no imediatismo, enganado. Porque aqui a maioria dos agricultores foi enganada pela liderança, que se chama associação. Os coordenadores da associação, na época, foram os culpados. Porque foram eles que trouxeram os madeireiros.

F: Quando os madeireiros vieram?

M: Em 2007.

F: Agora?

M: Foi.

F: Até 2007 não tinha?

M: Não! Não e não. Eu deixei planos de manejo — inclusive, foram aprovados três.

F: Nem carvão?

M: Nem carvão. E quem é que não acredita no líder? É o rapaz que representa a instituição local, reúne os trabalhadores, traz o madeireiro. É claro que os trabalhadores vão acreditar. Eles não têm culpa. Quem tem culpa é quem assumiu ela, sabendo que aqui não podia fazer isso. E, por trás disso, tem alguma coisa, teve um interesse comum. Porque ele não ia trazer madeireiro para cá se não tivesse um interesse comum. Teve, sim. Sem dúvida nenhuma. Como trazer madeireiro para assinar, em cartório, um documento de cartório imoral? Que eu chamo isso aí de imoralidade.

F: Essa venda ocorreu em 2007?

M: É. Aí, o agricultor nem sabe ler. Só faz a fila. Foi assim, diz que foi feito ali. Não nos convidaram. Eles disseram que a reunião era às duas horas, mas a reunião foi às dez horas da manhã, para a gente não ir mesmo. Quando soubemos da reunião, saímos daqui para a reunião, chegamos lá na casa da dona Raimundinha e ela disse: "Vocês vão para onde?". "Para a reunião", eu disse. "A reunião foi de manhã." Tinham dito para a gente que era às duas horas da tarde, às catorze horas. Porque, se nós tivéssemos chegado na hora, podia ter dado uma confusão muito grande. Mas eles não iam fazer isso, não iam mesmo. Aí, era o que chamam de contrato de cartório de registro civil. É só: "Fulano de tal, assina aqui". E o outro já estava aqui com o dinheiro. A metade do dinheiro, 50%.

F: O outro era depois que tirassem a madeira?

M: É, o outro era depois que tirassem. Mas só que não fizeram o plano de manejo e tiraram tudo, inclusive as castanheiras, andiroba e tudo mais. Aí, os olhos ficam fechados. O empresário, quanto mais rico, mais alto poder aquisitivo, mais poder ele tem de destruição. Porque aqui saía carreta, daquelas bicarretas, carregadas de castanha. Não era um caminhão, era bi. Isso foi em um prazo de sessenta dias. Eles detonaram 53 lotes, madeira de 53 lotes, eles arrastaram.

F: Em quantos dias?

M: Não foram nem sessenta, acredito que precisamente sessenta dias não foram.

F: Em dois meses?

M: Não foi nem isso.

F: Cinquenta lotes?

M: 53 lotes. Eles conseguiram, em pouco tempo, em pouco espaço de tempo.

F: Quantos lotes são no total no assentamento?

M: O total aqui são 365 famílias. Total. Essa concentração foi mais em dois núcleos. A ex-fazenda Cupu e a ex-fazenda Mamona.

F: Há ainda outras áreas que eles estão pressionando para tirar, além da de vocês?

M: Tem. Ainda tem, porque ainda ficou. Tem um lote lá nesse outro núcleo, ainda ficaram dois lotes que eles estão tentando, ainda. Agora, eles não estão dentro, por conta dessa denúncia. Quando o Ibama chega em Nova Ipixuna, quando o Ibama faz qualquer coisa lá, segundo o rapaz que está no Ibama hoje, o gerente, ele é uma pessoa interessante. Porque ele vem lá de Porto de Moz [PA], ele saiu de lá, porque ele não deu mole lá para o pessoal. Aqui, ele tem demonstrado. Foi a primeira vez na história que Nova Ipixuna lacrava serraria. Foi a primeira vez.

F: Nem na [Operação] Arco de Fogo, em 2008?

M: Não, porque eles não chegaram até aqui. Mas eu digo que, em Nova Ipixuna, nunca tinha acontecido uma ação daquelas. O Ibama trabalhou foi no domingo. Eles pegaram madeireiro foi às cinco horas da manhã. Eles pensaram: "Ó, o Ibama não trabalha domingo". Mas eles vieram. Pegaram às cinco horas da manhã. Só que o Ibama tinha vindo uma semana antes, pegou todas as castanhas e botou no pátio da secretaria de obras da prefeitura. Aí, colocou aqueles lacrezinhos, com aqueles números. E eles dizem que estão monitorando aquilo. E quando abre, cadê? Não está. Aí, eles desceram em Nova Ipixuna e ele serrou tudo à noite. Quando o Ibama chegou lá, não tinha nem casca. Serrou tudo à noite. Aí, o Ibama, o que fez? Chegou, tinha uns caminhõezões carregando, botando castanheira no meio, para ir para Minas [Gerais], para o Espírito Santo, esse mundo aí. Eles trancaram os caminhões e botaram cadeado. Os madeireiros pegaram e serraram os cadeados, liberaram os caminhões de madrugada, no sábado. Quando foi às cinco horas da manhã no domingo, o Ibama chegou à serraria. Aí, o gerente avisou para um deles, que é o dono: "Pessoal está aqui". Respondeu: "Corre". E ele falou: "Não tem mais jeito". Estava cercado de polícia, de todo o jeito. Aí, lacrou tudo, deu essa multa. E aí, ele não se deixou cansar. A serraria do pai dele estava fechada por uma denúncia que nós tínhamos feito em anos anteriores, por 2008, mais ou menos. O pai dele pegou uma multa muito alta também. Não teve condição mais de pagar. Fechou a serraria. Aí, o Ibama lacrou, e ele falou: "Eu não vou mais mexer, eu não tenho mais condição de pagar multa para o Ibama". Foi o dito que veio aqui oferecer propina. No ano de 2007. Aí, ele muda lá para serrar na serraria do pai dele. Ele disse: "Vou serrar lá, porque eu tenho que pagar multa do Ibama, eu não tenho condição de pagar essa multa de trezentos mil reais". Agora, eu não sei o que que vai acontecer.

F: A gente vai ter que pegar a estrada agora.

M: Vocês não vão esperar para jantar, não?

F: É porque tem que pegar de dia ainda…

M: Ixi, uma hora e pouco para pegar… Chegar à noite. É verdade.

F: Muito obrigado pela…

M: Eu que agradeço.

F: Isto aqui é o início de uma conversa.

M: Está bem, nós estamos aqui, Felipe.

Referências

ALIMONDA, Héctor. "Sobre la insostenible colonialidad de la naturaleza latinoamericana". *In*: PALACIO CASTAÑEDA, German A. (org.). *Ecología política de la Amazonia: las profusas y difusas redes de la gobernanza*. Bogotá: Ilsa/Ecofondo/Universidad Nacional de Colombia, 2009, p.61-96.

ALIMONDA, Héctor (org.). *La naturaleza colonizada: ecología política y minería en América Latina*. Buenos Aires: Clacso, 2011.

ALLEGRETTI, Mary Helena. *A construção social de políticas ambientais: Chico Mendes e o movimento dos seringueiros* (tese de doutorado). Brasília: UnB, 2002.

ALMEIDA, Alfredo Wagner Berno de. "O intransitivo da transição: o Estado, os conflitos agrários e a violência na Amazônia". *In*: LENA, Phillippe & OLIVEIRA, Adélia Engrácia de (org.). *Amazônia: fronteira agrícola 20 anos depois*. Belém: MPEG/ORSTOM, 1991, p.259-90.

ALMEIDA, Mauro W. Barbosa de. "Direitos à floresta e ambientalismo: seringueiros e suas lutas", *Revista Brasileira de Ciências Sociais*, v.19, n.55, p.33-53, jun. 2004.

ALTVATER, Elmar. "Ecological and Economic Modalities of Time and Space", *Capitalism Nature Socialism*, v.1, n.3, p.59-70, 1989.

ARAÚJO, Roberto *et al*. "Territórios e alianças políticas do pós-ambientalismo", *Estudos Avançados*, v.33, n.95, p.67-90, jan.-abr. 2019.

ARNAUD, Expedito. "A ação indigenista no sul do Pará (1940-1970)", *Boletim do Museu Paraense Emílio Goeldi — Nova Série*, n.49, p.1-25, out. 1971.

ASCERALD, Henri; MELLO, Cecília Campello Amaral & BEZERRA, Gustavo das Neves. *O que é justiça ambiental?* Rio de Janeiro: Garamond, 2008.

BANERJEE, Subhabrata Bobby. "Necrocapitalism", *Organization Studies*, v.29, n.12, p.1541-63, dez. 2008.

BARCA, Stefania. "Laboring the Earth: Transnational Reflections on the Environmental History of Work", *Environmental History*, v.19, n.1, p.3-27, jan. 2014.

BARCA, Stefania. "Forças de reprodução: o ecofeminismo socialista e a luta para desfazer o Antropoceno", *e-cadernos CES*, n.34, p.25-45, 2020.

BARON, Dan et al. (org.). *Colheita em tempos de seca: cultivando pedagogias de vida por comunidades sustentáveis*. Marabá: Transformance, 2011.

BRASIL. Comissão Nacional da Verdade. *Relatório*. Brasília, DF: CNV, 2014.

BRASIL. Ministério do Meio Ambiente, Instituto Brasileiro do Meio Ambiente e dos Recursos Naturais Renováveis. *Diagnóstico do setor siderúrgico nos estados do Pará e do Maranhão: relatório técnico*. Brasília, DF: MMA, 2005.

BRASIL. Ministério de Minas e Energia. Secretaria de Geologia, Mineração e Transformação Mineral. *Plano Nacional de Mineração: geologia, mineração e transformação mineral 2030*. Brasília, DF: MME, 2011.

BUNKER, Stephen. *Underdeveloping the Amazon: Extraction, Unequal Exchange, and the Failure of the Modern State*. Chicago: The University of Chicago Press, 1985.

BUNKER, Stephen. "Da castanha-do-pará ao ferro: os múltiplos impactos dos projetos de mineração na Amazônia brasileira", *Novos Cadernos NAEA*, v.6, n.2, p.5-38, dez. 2003.

CARNEIRO, Marcelo S. "A exploração mineral de Carajás: um balanço trinta anos depois", *Revista Não Vale*, n.1, p.16-30, 2010.

CLEMENT, Charles R. et al. "The domestication of Amazonia before European Conquest", *Proc. R. Soc.*, v.282, n.1812, id. 20150813, 2015.

COMISSÃO PASTORAL DA TERRA. *Conflitos de terra no Brasil 1985*. [s.l.]: CPT, 1986.

DÓRIA, Palmério; CARELLI, Vincent; BUARQUE, Sergio & SAUTCHUCK, Jaime. *História imediata: a guerrilha do Araguaia*. São Paulo: Alfa-Ômega, 1978.

EMMI, Marília F. *Oligarquia do Tocantins e o domínio dos castanhais*. Belém: NAEA, 1999.

EMMI, Marília F., & MARIN, Rosa E. A. "Crise e rearticulação das oligarquias no Pará", *Revista do Instituto de Estudos Brasileiros*, n.40, p.51-68, 1996.

EMPRESA DE ASSISTÊNCIA TÉCNICA E EXTENSÃO RURAL DO ESTADO DO PARÁ. *Nova Ipixuna vista por dentro: diagnóstico rural participativo*. Marabá: EMATER, 2011.

ESPÍRITO SANTO DA SILVA, Maria do. *Memórias, histórias, lembranças e esquecimentos* (memorial de curso de magistério). Marabá: UFPA/Pronera, 2004.

ESPÍRITO SANTO DA SILVA, Maria do. *Biodiversidade e sustentabilidade como práticas pedagógicas nas escolas do Projeto de Assentamento Extrativista Praia Alta Piranheira, no município de Nova Ipixuna — Pará* (trabalho de conclusão de curso). Marabá: UFPA, 2011a.

ESPÍRITO SANTO DA SILVA, Maria do. "Treze". *In*: BARON, Dan et al. (org.). *Colheita em tempos de seca: cultivando pedagogias de vida por comunidades sustentáveis*. Marabá: Transformance, 2011b.

FANON, Frantz. *Os condenados da terra*. Juiz de Fora: Editora UFJV, 2006.

FANON, Frantz. *Pele negra, máscaras brancas*. Salvador: Edufba, 2008.

FAUSTINO, Deivison Mendes. "A 'interdição do reconhecimento' em Frantz Fanon: a negação colonial, a dialética hegeliana e a apropriação canibalizada dos cânones", *Revista de Filosofia Aurora*, v.33, n.59, p.455-81, maio-ago. 2021.

FEDERICI, Silvia. "Feminism and the politics of the Commons". In: HUGHES, Craig; PEACE, Stevie & VAN METER, Kevin (org.) *Movement, Movements, and Contemporary Radical Currents in the United States*. Oakland: AK Press, 2010, p.379-90.

FEDERICI, Silvia. *Calibã e a bruxa: mulheres, corpo e acumulação primitiva*. São Paulo: Elefante, 2017.

FERRAZ, Iara & LADEIRA, Maria Elisa. "Os povos indígenas da Amazônia Oriental e o Programa Grande Carajás: avaliações e perspectivas". In: HÉBETTE, Jean (org.). *O cerco está se fechando: o impacto do grande capital na Amazônia*. Petrópolis/Rio de Janeiro/Belém: Vozes/Fase/Naea, 1991, p.199-214.

FIGUEIRA, Ricardo Rezende. *A justiça do lobo: posseiros e padres do Araguaia*. Rio de Janeiro: Civilização Brasileira, 1986.

FOUCAULT, Michel. *Ditos e escritos*. v.5: Ética, sexualidade, política. São Paulo: Forense Universitária, 2004.

FOUCAULT, Michel. *História da sexualidade: o cuidado de si*. v.3. Rio de Janeiro: Graal, 2009a.

FOUCAULT, Michel. "O sujeito e o poder". In: DREYFUS, Hubert L. & RABINOW, Paul (org.). *Michel Foucault — uma trajetória filosófica: para além do estruturalismo e da hermenêutica*. Rio de Janeiro: Forense Universitária, 2009b, p.231-49.

FREIRE, Paulo. *Extensão ou comunicação?* Rio de Janeiro: Paz & Terra, 1997.

FREIRE, Paulo. *Pedagogia da indignação: cartas pedagógicas e outros escritos*. São Paulo: Editora da Unesp, 2000.

FREIRE, Paulo. *Ação cultural para a liberdade e outros escritos*. São Paulo: Paz & Terra, 2011.

FREIRE, Paulo. *Pedagogia do oprimido*. Rio de Janeiro: Paz & Terra, 2016.

FREIRE, Paulo & SHOR, Ira. *Medo e ousadia: o cotidiano do professor*. Rio de Janeiro: Paz & Terra, 1987.

FUNDAÇÃO VALE. *Diagnóstico integrado da socioeconomia do sudeste do Pará*. Rio de Janeiro: Fundação Vale, 2007.

FUNDAÇÃO VALE. *Atualização das projeções econômicas e demográficas do sudeste do Pará* [apresentação]. Rio de Janeiro: Fundação Vale (*mimeo*).

GEORGESCU-ROEGEN, Nicholas. *The Entropy Law and the Economic Process*. Cambridge, MA: Harvard University Press, 1971.

GOMES, Flavio Alcaraz. *Transamazônica: a redescoberta do Brasil*. São Paulo: Livraria Cultura Editora, 1972.

GREENPEACE. *Carvoaria Amazônia: como a indústria de aço e ferro-gusa está destruindo a floresta com a participação de governos*. São Paulo: Greenpeace Brasil, 2012.

GUDYNAS, Eduardo. "Diez tesis urgentes sobre el nuevo extractivismo: contextos y demandas bajo el progresismo sudamericano actual". *In*: SCHULDT, Jürgen *et al*. (org.). *Extractivismo, política y sociedad*. Quito: Caap/Claes, 2009, p.187-225.

GUDYNAS, Eduardo. "Conflictos y extractivismos: conceptos, contenidos y dinamicas", *Decursos Revista en Ciencias Sociales*, n.27-28, p.79-115, 2014.

GUDYNAS, Eduardo. "Transições ao pós-extrativismo: sentidos, opções e âmbitos". *In*: DILGER, G. & PEREIRA FILHO, J. (org.). *Descolonizar o imaginário*. São Paulo: Elefante, 2016. p.174-230.

HARVEY, David. "Population, Resources and the Ideology of Science", *Economic Geography*, v.50, n.2, p.256-77, jul. 1974.

HARVEY, David. *Condição pós-moderna: uma pesquisa sobre as origens da mudança cultural*. São Paulo: Loyola, 1992.

HICKEL, Jason *et al*. "Imperialist Appropriation in the World Economy: Drain from the Global South through Unequal Exchange, 1990-2015", *Global Environmental Change*, v.73, p.1-13, mar. 2022.

HOCHSTETLER, Kathryn & KECK, Margaret E. *Greening Brazil: Environmental Activism in State and Society*. Durham: Duke University Press, 2007.

HORNBORG, Alf. "Zero-Sum World: Challenges in Conceptualizing Environmental Load Displacement and Ecologically Unequal Exchange in the World System", *International Journal of Comparative Sociology*, v.50, n.3-4, p.237-62, 2009.

IANNI, Octavio. *A luta pela terra: história social da terra e da luta pela terra numa área da Amazônia*. Petrópolis: Vozes, 1979.

KRENAK, Ailton. *Ideias para adiar o fim do mundo*. São Paulo: Companhia das Letras, 2019.

KRENAK, Ailton & MILANEZ, Felipe. "Ecologia política", *Dicionário Alice*, 1º abr. 2019. Disponível em: https://alice.ces.uc.pt/dictionary/index.php?id=23838&pag=23918&entry=24271&id_lingua=1.

KRENAK, Ailton & SOUZA E SILVA, Jailson. "A potência do sujeito coletivo", *Revista Periferias*, n.1, 2018.

LEROY, Jean Pierre. *Uma chama na Amazônia*. Rio de Janeiro: Vozes, 1991.

LUMIAR. *Plano de desenvolvimento do assentamento: Projeto de Assentamento Agroextrativista Praialta Piranheira*. Nova Ipixuna: Projeto Lumiar, 1999.

MARTÍNEZ-ALIER, Joan. *O ecologismo dos pobres*. São Paulo: Contexto, 2007.

MARTÍNEZ-ALIER, Joan & MILANEZ, Felipe. "Ecologismo dos pobres, colonialismo e metabolismo social", *Revista InSURgência: Revista de Direito e Movimentos Sociais*, v.1, n.2., p.8-18, jul. 2015.

MARTINS, José de Souza. *Fronteira: a degradação do outro nos confins do humano*. São Paulo: Contexto, 2009.

MARX, Karl. *O capital: crítica da economia política*, livro 1, *O processo de produção do capital*. São Paulo: Boitempo, 2011.

MARX, Karl. *O capital: crítica da economia política*, livro 2, *O processo de circulação do capital*. São Paulo: Boitempo, 2014.

MARX, Karl. *O capital: crítica da economia política*, livro 3, *O processo global da produção capitalista*. São Paulo: Boitempo, 2017.

MBEMBE, Achille. "Necropolitics", *Public Culture*, v.15, n.1, p.11-40, 2003.

MBEMBE, Achille. *Políticas da inimizade*. Lisboa: Antígona, 2017.

MEDEIROS, Leonilde. "Conflitos fundiários e violência no campo". *In*: COMISSÃO PASTORAL DA TERRA. *Conflitos no campo Brasil 2014*. Goiânia: CPT, 2015. p.26-30.

MELLO, Thiago. *Faz escuro mas eu canto porque a manhã vai chegar*. São Paulo: Global, 2017.

MILANEZ, Felipe. *"A ousadia de conviver com a floresta": uma ecologia política do extrativismo na Amazônia* (tese de doutorado). Coimbra: Universidade de Coimbra, 2015.

MONTEIRO, Maurílio de Abreu. "Em busca do carvão vegetal barato: o deslocamento de siderúrgicas para a Amazônia", *Novos Cadernos NAEA*, v.9, n.2, p.55-97, dez. 2006.

NEVES, Eduardo Góes. *Sob os tempos do equinócio: oito mil anos de história na Amazônia Central (6.500 AC-1.500 DC)* (tese de livre docência). São Paulo: MAE-USP, 2012.

NIXON, Rob. "Fallen Martyrs, Felled Trees", *Conjunctions*, n.73, p.8-29, 2019.

NUNES, Maria do Rosário. *Nota Pública*. Ministra-chefe da Secretaria de Direitos Humanos. Brasília: Secretaria de Direitos Humanos da Presidência da República, 2011.

OLIVEIRA, Ariovaldo, Umbelino. "A longa marcha do campesinato brasileiro: movimentos sociais, conflitos e Reforma Agrária", *Revista Estudos Avançados*, v.15, n.43, p.185-206, dez. 2001.

PEIXOTO, Rodrigo Corrêa Diniz. "Memória social da Guerrilha do Araguaia e a guerra que veio depois", *Boletim do Museu Paraense Emílio Goeldi — Ciências Humanas*, v.6, n.3, p.479-99, dez. 2011.

PELUSO, Nancy Lee & WATTS, Michael. *Violent Environments*. Ithaca: Cornell University Press, 2001.

PEREIRA, Airton dos Reis. *Do posseiro ao sem-terra: a luta pela terra no sul e sudeste do Pará*. Recife: Editora UFPE, 2015.

ROLEMBERG, Igor. "Ritual, emoções e engajamento militante: a produção em ato da mística na Romaria dos Mártires da Floresta em Nova Ipixuna/PA", *Revista de Antropologia*, v.64, n.2, p.1-22, 2021.

SAMPAIO, Laisa Santos. *Mulheres: da luta pela terra à economia sustentável*. [Manuscrito não publicado], 2009.

SAMPAIO, Laisa Santos. *"Reescrevendo a história para escrever a vida": Maria do Espírito Santo: presente, agora e sempre*. [Manuscrito não publicado], 2012.

SANTOS, Claudelice. "10 anos sem Maria e Zé Cláudio", *Instituto Zé Cláudio e Maria* [podcast], 7 jun. 2021a.

SANTOS, Claudelice. "Impunidade e violência sistemática contra defensores no Brasil: os assassinatos dos ambientalistas Zé Claudio e Maria". *In*: MILANEZ, Felipe *et al.* (org.) *Senti-pensarnos Tierra: defensores ambientales: luchas por la vida*. Buenos Aires: Clacso, 2021b, p.14-9.

SANTOS, Claudelice & SANTOS, Claudenir. "Zé Cláudio e Maria: tombaram por defender a floresta em pé". *In*: ALMEIDA, Rogerio & SACRAMENTO, Elias (org.). *Luta pela terra na Amazônia: mortos na luta pela terra! Vivos na luta pela terra!* Santarém: Editora dos Autores, 2022.

SANTOS, Claudenir Ribeiro. *Saberes e experiências em educação ambiental como prática pedagógica nas escolas do projeto de assentamento Agroextrativista Praia Alta Piranheira (Nova Ipixuna-Pará)* (trabalho de conclusão de curso). Marabá: UFPA, 2011.

SEGATO, Rita Laura. *Las estructuras elementales de la violencia: ensayos sobre género entre la antropologia, el psicoanálisis y los derechos humanos*. Buenos Aires: Prometeo, 2010.

SEGATO, Rita Laura. *La guerra contra las mujeres*. Madri: Traficantes de Sueños, 2016a.

SEGATO, Rita Laura. "Patriarchy from Margin to Center: Discipline, Territoriality, and Cruelty in the Apocalyptic Phase of Capital", *South Atlantic Quarterly*, v.115, n.3, p.615-24, jul. 2016b.

SHEPARD JR., Glenn H. & RAMIREZ, Henri. "'Made in Brazil': Human Dispersal of the Brazil Nut (*Bertholletia excelsa*, Lecythidaceae) in Ancient Amazonia", *Economic Botany*, n.65, p.44-65, 2011.

SOUSA SANTOS, Boaventura de. *A gramática do tempo: para uma nova cultura política*. Porto: Edições Afrontamento, 2006.

SVAMPA, Maristella. *As fronteiras do neoextrativismo na América Latina: conflitos socioambientais, giro ecoterritorial e novas dependências*. São Paulo: Elefante, 2019.

TOXIC Amazon. Direção: Bernardo Loyola & Felipe Milanez. Estados Unidos: Vice, 2011. (64 min.)

TROCATE, Charles. *Quando as armas falam, as musas calam: entrevistas, cartas e reflexões sobre literatura*. Marabá: laguna, 2017.

VALE. *Um ano de extraordinário desempenho: relatório anual*. Rio de Janeiro: Vale, 2011.

VALE. *Relatório anual, de acordo com a seção 13 ou 15 (d) da Lei de Mercado de Capitais de 1934: para exercício encerrado em 31 de dezembro de 2014*. Rio de Janeiro: Vale, 2014.

Felipe Milanez é sociólogo, ecologista político e professor da Universidade Federal da Bahia (UFBA) e da Universidade Federal do Recôncavo Baiano (UFRB). Realizou o doutorado em sociologia no programa de ecologia política European Network of Political Ecology (Entitle), do Centro de Estudos Sociais (CES) da Universidade de Coimbra, em Portugal. Foi repórter e editor nas revistas *Brasil Indígena* (Funai) e *National Geographic Brasil*, além de atuar como freelancer para diferentes publicações, como *Carta Capital* e *Rolling Stone*, e como documentarista e roteirista para Vice.com, Netflix e TV Brasil. É coautor do livro *Guerras da conquista: da invasão dos portugueses até os dias de hoje* (HarperCollins, 2021) e co-organizador de diversos títulos, incluindo *Routledge Handbook of Latin America and the Environment* (Routledge, 2023) e *Memórias sertanistas: cem anos de indigenismo no Brasil* (Edições Sesc, 2015).

[cc] Editora Elefante, 2024

Esta obra pode ser livremente compartilhada, copiada, distribuída e transmitida, desde que as autorias sejam citadas e não se faça qualquer uso comercial ou institucional não autorizado de seu conteúdo.

Primeira edição, maio de 2024
São Paulo, Brasil

Dados Internacionais de Catalogação na Publicação (CIP)
Angélica Ilacqua CRB-8/7057

Milanez, Felipe
Lutar com a floresta: uma ecologia política do martírio
    em defesa da Amazônia / Felipe Milanez. — São Paulo:
Elefante, 2024.
    304 p.

Bibliografia
ISBN 978-65-6008-019-5

1. Ciências sociais 2. Ecologia florestal – Amazônia
3. Extrativismo 4. Florestas – Proteção I. Título

23-6162   CDD 300

Índices para catálogo sistemático:
1. Ciências sociais

---

elefante

editoraelefante.com.br   Aline Tieme [comercial]
contato@editoraelefante.com.br   Samanta Marinho [financeiro]
fb.com/editoraelefante   Sidney Schunck [design]
@editoraelefante   Teresa Cristina [redes]

fontes GT Walsheim & Fournier MT Std
papel Kraft 240 g/m² e Lux Cream 60 g/m²
impressão BMF Gráfica